Die gruppeninterne Drittsicherheit

Schriften zum Privat-, Wirtschafts- und Verfahrensrecht

Herausgegeben von Barbara Völzmann-Stickelbrock

Band 7

Zur Qualitätssicherung und Peer Review der vorliegenden Publikation

Die Qualität der in dieser Reihe erscheinenden Arbeiten wird vor der Publikation durch den Herausgeber der Reihe geprüft.

Notes on the quality assurance and peer review of this publication

Prior to publication, the quality of the work published in this series is reviewed by the editor of the series.

Till I. Kruth

Die gruppeninterne Drittsicherheit

Für und Wider ein materielles Konzerninsolvenzrecht

PETER LANG

Bibliografische Information der Deutschen Nationalbibliothek
Die Deutsche Nationalbibliothek verzeichnet diese Publikation in der Deutschen Nationalbibliografie; detaillierte bibliografische Daten sind im Internet über http://dnb.d-nb.de abrufbar.

Zugl.: Hagen, Fernuniv., Diss., 2022

D 708
ISSN 2193-262X
ISBN 978-3-631-89515-3 (Print)
E-ISBN 978-3-631-89820-8 (E-PDF)
E-ISBN 978-3-631-89821-5 (EPUB)
DOI 10.3726/b20636

Peter Lang – Berlin · Bruxelles · Lausanne · New York · Oxford

Diese Publikation wurde begutachtet.

www.peterlang.com

Für Erika Hemke

Für ihr Vertrauen sowie ihre hilfreichen Hinweise danke ich Frau Prof. Dr. Barbara Völzmann-Stickelbrock. Ihr danke ich auch für die Aufnahme in die vorliegende Schriftenreihe.

Herrn Prof. Dr. Ulrich Wackerbarth danke ich für die sehr zügige Erstellung des Zweitgutachtens genauso wie für seine Anregungen in der Disputation.

Besonders danken möchte ich Herrn Prof. em. Dr. rer. pol. Rudi Fischer für seine Unterstützung und seinen Rat, vor allem zu ökonomischen Fragestellungen der Arbeit.

Herzlich danken möchte ich meiner Familie und meinen Freunden.

Essen, im Dezember 2022
Till I. Kruth

Inhaltsverzeichnis

Die in dieser Arbeit verwendeten Abkürzungen richten sich nach Kirchner, Abkürzungsverzeichnis der Rechtssprache, 10. Auflage, Berlin 2021.

Einleitung

A. Anlass der Untersuchung und thematische Einführung

Laut Angaben des Statistischen Bundesamts ist die Anzahl der Unternehmensinsolvenzen weiterhin rückläufig. So bedeuten 10.682 beantragte Unternehmensinsolvenzen im Zeitraum 01. Januar bis 30. September 2021 einen Rückgang von 14,5 % bzw. 25,7 % gegenüber den entsprechenden Zeiträumen der Vorjahre 2020 und 2019.[1] Was auf den ersten Blick paradox anmutet, weil der mit der COVID-19-Pandemie einhergehende Rückgang des Bruttoinlandsprodukts im Jahr 2020 von 4,9 %[2] einen deutlichen Anstieg der Unternehmensinsolvenzen vermuten ließe, lässt sich teilweise mit den (befristet) geänderten gesetzlichen Rahmenbedingungen erklären: Um die Folgen der Pandemie zu bewältigen, hat der Staat eine Vielzahl von Hilfsprogrammen aufgelegt, um die von der Pandemie betroffenen Unternehmen zu stabilisieren.[3] Die Corona-Wirtschaftshilfen wurden bis Ende März 2022 verlängert.[4] Außerdem war vom 01. März 2020 bis 30. September 2020 die Insolvenzantragspflicht ausgesetzt.[5] Unter bestimmten Voraussetzungen wurde diese Frist bis zum 31. Dezember 2020[6] bzw. 30. April 2021[7] verlängert. Hinzu kommt eine weitere

---

1 *Statistisches Bundesamt Destatis*, Pressemitteilung Nr. 565 vom 10.12.2021, URL: https://www.destatis.de/DE/Presse/Pressemitteilungen/2021/12/PD21_565_52411.html [Stand: 25.04.2022].

2 *Statistisches Bundesamt Destatis*, Pressemitteilung Nr. 081 vom 24.02.2021, https://www.destatis.de/DE/Presse/Pressemitteilungen/2021/02/PD21_081_81.html [Stand: 25.04.2022].

3 Besonders relevant sind dabei die sog. November- und Dezemberhilfen, die Überbrückungshilfen I-IV und Härtefallhilfen, vgl. URL: https://www.bundesregierung.de/breg-de/themen/coronavirus/info-unternehmen-selbstaendige-1735010 [Stand: 25.04.2022].

4 *Bundesministerium für Wirtschaft und Energie* und *Bundesministerium der Finanzen*, gemeinsame Pressemitteilung vom 02.12.2021, URL: https://www.bundesfinanzministerium.de/Content/DE/Pressemitteilungen/Finanzpolitik/2021/12/2021-12-02-bedingungen-fuer-ueberbrueckungshilfe-IV-stehen.html [Stand: 25.04.2022].

5 § 1 COVID-19-Insolvenzaussetzungsgesetz (COVInsAG) i.V.m. Art. 6 Abs. 1 COVID-19-Pandemie-Gesetz

6 Art. 1 Gesetz zur Änderung des COVInsAG und Art. 10 Gesetz zur Fortentwicklung des Sanierungs- und Insolvenzrechts.

7 Art. 1 Gesetz zur Verlängerung der Aussetzung der Insolvenzantragspflicht und des Anfechtungsschutzes für pandemiebedingte Stundungen sowie zur Verlängerung

Aussetzung der Insolvenzantragspflicht bis zum 31. Januar 2022, soweit der Eintritt der Zahlungsunfähigkeit oder Überschuldung auf den Auswirkungen der Starkregenfälle oder des Hochwassers im Juli 2021 beruht.[8]

Es ist davon auszugehen, dass diese Maßnahmen gleichsam zu einem Rückstau geführt haben und die Zahl der Unternehmensinsolvenzen kurzfristig deutlich ansteigen wird.[9] Damit einhergehend wird auch das Insolvenzrecht wieder stärker an Bedeutung gewinnen. Der Gesamtverband der Deutschen Versicherungswirtschaft e.V. beispielsweise erwartet für das Jahr 2022 zwischen 15.500 und 17.000 Unternehmensinsolvenzen.[10] Dies bedeutete, dass die Zahl der Unternehmensinsolvenzen zum ersten Mal seit dem Jahr 2009 wieder steigen wird.[11] Überdies ist zu beobachten, dass von Januar bis September 2021 in wirtschaftlicher Hinsicht bedeutendere Unternehmen ein Insolvenzverfahren beantragt haben als im selben Zeitraum des Vorjahres. Dies lässt sich daraus ableiten, dass im Jahr 2021 die Forderungen der Gläubiger von ca. 39,3 Milliarden Euro auf ca. 45,5 Milliarden Euro gestiegen sind, obwohl die Zahl der Unternehmensinsolvenzen gegenüber dem Vorjahr weiterhin rückläufig ist.[12]

Unterdessen sind Unternehmen gesellschaftsrechtlich immer komplexer organisiert und Konzerne bzw. Unternehmensgruppen sind die wirtschaftlich dominierende Unternehmensorganisationsform.[13] Dabei unterscheiden sowohl der allgemeine als auch der juristische[14] Sprachgebrauch nicht zwischen Konzern oder Unternehmensgruppe, sondern verwenden die Begriffe synonym, sodass dem Konzernbegriff keine Beschränkung auf

---

der Steuererklärungsfrist in beratenden Fällen und der zinsfreien Karenzzeit für den Veranlagungszeitraum 2019.

8 § 1 Gesetz zur vorübergehenden Aussetzung der Insolvenzantragspflicht wegen Starkregenfällen und Hochwassern im Juli 2021.

9 Vgl. *Dörr/Murmann u.a.*, The COVID-19 Insolvency Gap, 33; *Morgen/Arends u.a.*, ZRI 2021, 305 (305).

10 *Gesamtverband der Deutschen Versicherungswirtschaft e.V.*, Medieninformation vom 09.12.2021, URL: https://www.gdv.de/de/medien/aktuell/wirtschaftliche-erholung-steht-auf-toenernen-fuessen-73864?ct=t() [Stand: 25.04.2022].

11 Vgl. *Statistisches Bundesamt Destatis*, Insolvenzen nach Jahren, URL: https://www.destatis.de/DE/Themen/Branchen-Unternehmen/Unternehmen/Gewerbemeldungen-Insolvenzen/Tabellen/lrins01.html [Stand: 20.04.2022].

12 *Statistisches Bundesamt Destatis*, Pressemitteilung Nr. 565 vom 10.12.2021, vgl. Fn. 1.

13 Nachweise in BT-Drucks. 18/407, 15.

14 MüKoAktG-*Bayer*, § 15 Rn. 6.

Konstellationen im Sinne von § 18 AktG immanent ist.[15] Auch Konzerne selbst bezeichnen sich oft als Unternehmensgruppe, was unter anderem positive Vorstellungen hervorrufen soll.[16] Der Konzern zeichnet sich wesentlich dadurch aus, dass sich Unternehmen durch Mehrheitsbeteiligung(en) und/oder Unternehmensverträge zu einer betriebswirtschaftlichen Einheit zusammenschließen, bei der die jeweilige rechtliche Selbstständigkeit nicht aufgegeben wird. Vielfach wird dementsprechend zusammenfassend von *„rechtlicher Vielheit bei wirtschaftlicher Einheit“*[17] oder auch umgekehrt von *„wirtschaftlicher Einheit mit rechtlicher Separierung“*[18] gesprochen. Schätzungen gehen davon aus, dass ca. 50 % der Gesellschaften mit beschränkter Haftung verbundene Unternehmen sind.[19] Laut eines Gutachtens der Monopolkommission entfielen im Jahr 2007 70 % der Umsätze und 53 % der Beschäftigten aller Unternehmen in Deutschland auf konzernverbundene Unternehmen.[20] Im Jahr 2015 waren sogar 65,4 % aller bei einem Unternehmen in Deutschland Beschäftigten bei einem Konzern tätig, der Anteil der Konzerne an der gesamten Bilanzsumme lag bei 83,9 %.[21] Zu den Ursachen von Konzernierung zählen neben dem steuerlichen Institut der Organschaft[22], das eine (zumeist vorteilhafte) konsolidierte Besteuerung ermöglicht, und der betriebswirtschaftlichen Ausnutzung von Synergie-Effekten[23] in Form von Cash-Management-Systemen oder simpler Marktmacht insbesondere die Diversifikation von (Haftungs-) Risiken[24].

15 Siehe zum Konzernbegriff unten Seite 35 ff.

16 *Druey*, in: FS Hommelhoff, 149 f.

17 *Schumann*, Die Unternehmensgruppe im Insolvenzrecht, 28; *Verhoeven*, Die Konzerninsolvenz, 7; *Windbichler*, NZG 2018, 1241 (1244); *Ehricke*, DZWIR 1999, 353 (353 f.).

18 *Fülbier/Gassen*, in: Kosten und Nutzen des faktischen Konzerns, 45.

19 *Wenner/Schuster*, ZIP 2008, 1512 (1512); *Hong*, Materielle Konsolidierung bei Konzerninsolvenz, 19.

20 BT-Drucks. 17/2600, 80 f.

21 *Fülbier/Gassen*, in: Kosten und Nutzen des faktischen Konzerns, 42.

22 *Wenner/Schuster*, ZIP 2008, 1512 (1512).

23 *Jakobs*, Das Konzerninsolvenzverfahren, 25; *Kühne*, in: Praxis der Insolvenz, § 32 Rn. 7; *Madaus*, NZI-Beilage 2018, 4 (4); *Verhoeven*, Die Konzerninsolvenz, 260; *Thommen/Achleitner u.a.*, Allgemeine Betriebswirtschaftslehre, 35; *Theisen*, Der Konzern, 91.

24 *Wenner/Schuster*, ZIP 2008, 1512 (1512); *Thommen/Achleitner u.a.*, Allgemeine Betriebswirtschaftslehre, 35; *Kußmaul*, Betriebswirtschaftslehre, 133; *Theisen*, Der Konzern, 616.

Die haftungsrechtlichen Grenzen zwischen den einzelnen Rechtsträgern des Konzerns werden dabei als „bedeutende Sollbruchstellen"[25] oder „insolvenzrechtliche Feuerwände"[26] angesehen. Es lässt sich zwar schwer sagen, wie hoch der Anteil der Konzerngesellschaften unter den Gesellschaften ist, über deren Vermögen ein Insolvenzverfahren eröffnet wird. Geschätzt wird, dass sieben bis acht Prozent aller Unternehmensinsolvenzen Folgeinsolvenzen bei Unternehmensbeteiligten nach sich ziehen.[27] Überdies sind es zumeist Konzerninsolvenzen, welche die aus wirtschaftlicher und gesamtgesellschaftlicher Sicht interessanten und viel beachteten Insolvenzverfahren darstellen.[28] Dies dürfte nicht zuletzt auf hohe Vermögensmassen und eine hohe Zahl von betroffenen Arbeitsplätzen zurückzuführen sein. Auch prominente Beispiele wie den jüngsten Insolvenzen der Air Berlin PLC & Co. Luftverkehrs KG im Jahr 2017 mit über 8.000 betroffenen Beschäftigten und einem Umsatz von 3,79 Milliarden Euro bei einem Verlust von 781,9 Millionen Euro im der Insolvenz vorhergehenden Jahr[29] oder der Galeria Karstadt Kaufhof GmbH im Jahr 2020 mit 28.000 betroffenen Beschäftigten[30] zeigen, dass die Insolvenz von Konzernen eine erhebliche praktische Bedeutung hat.

Diese allgemeine Einschätzung teilt auch der Gesetzgeber und hat entsprechend das Gesetz zur Erleichterung der Bewältigung von Konzerninsolvenzen (KIG) verabschiedet, das am 21. April 2018 in Kraft getreten ist.[31] Durch das Gesetz sollen die im Fall einer Konzerninsolvenz zu eröffnenden Einzelverfahren über die Vermögen konzernangehöriger Unternehmen in einem größeren Umfang durch Verfahrenskooperation und -koordination aufeinander abgestimmt werden.[32] Ziel dieser Abstimmungen ist die Massevergrößerung zugunsten der Gläubiger, indem die wirtschaftliche Einheit des Konzerns erhalten und so ein höherer Wert für die Gläubiger realisiert werden kann.[33] Dem liegt die Annahme zugrunde, dass der Konzern als

---

25 *Windbichler*, NZG 2018, 1241 (1245).

26 *Sester*, ZIP 2005, 2099 (2100); *Andres/Möhlenkamp*, BB 2013, 579 (581).

27 *Hantzsch*, Insolvenzen in Deutschland 2020, 19.

28 *Graeber*, NZI 2007, 265 (265).

29 *Air Berlin PLC & Co. Luftverkehrs KG*, Geschäftsbericht für das Jahr 2016, 14, URL: https://ircenter.handelsblatt.com/download/companies/airberlin/Annual%20Reports/GB00B128C026-JA-2016-EQ-D-01.pdf [Stand: 25.04.2022].

30 *Hantzsch*, Insolvenzen in Deutschland 2020, 17.

31 BGBl. Jahrgang 2017 Teil I Nr. 22, ausgegeben zu Bonn am 21. April 2017, 866 ff.

32 BT-Drucks. 18/407, 1.

33 BT-Drucks. 18/407, 1; *Pleister/Sturm*, ZIP 2017, 2329 (2329).

Gesamtkonstrukt mehr Wert ist als die Summe seiner einzelnen Bestandteile. Dieser Konzernmehrwert[34] ist dann insbesondere auf Synergieeffekte zurückzuführen, die bei seiner Auflösung verloren gehen.[35] Nicht zuletzt soll die vom Gesetz vorgegebene Koordination einen durch die Insolvenz einer einzelnen Konzerngesellschaft ausgelösten „Domino-Effekt“[36] aufgrund von finanzwirtschaftlichen Abhängigkeiten der übrigen Konzerngesellschaften oder haftungsrechtlichen Verflechtungen untereinander verhindern.[37] Die Regelungen des KIG sind allerdings lediglich verfahrensrechtlicher Natur; materiell-rechtliche Fragestellungen im Zusammenhang mit der Insolvenz von Konzernen wurden durch das kodifizierte Konzerninsolvenzrecht nicht gelöst.[38] Das insolvenzrechtlich verankerte Rechtsträgerprinzip blieb unangetastet.[39] Es bleibt bei dem schon in den Reichsjustizgesetzen aus dem Jahre 1877 im deutschen Insolvenzrecht geltenden Grundsatz „Ein Rechtsträger, ein Vermögen, ein Verfahren“.[40]

Im Fall von Konzerninsolvenzen stößt dieses Prinzip jedoch an seine Grenzen. Konzerne werden insbesondere[41] auch aus haftungsrechtlichen Gründen gebildet.[42] Dabei wird eine wirtschaftliche Einheit auf verschiedene Rechtsträger verteilt, die jeweils für sich ein Haftungssubjekt darstellen. Dadurch werden volkswirtschaftlich sinnvolle Investitionsanreize gesetzt, weil die Haftung für Unternehmungen separiert werden kann, die als besonders riskant eingeschätzt werden.[43] Gleichzeitig sind der ursprünglichen wirtschaftlichen Einheit allerdings auch Vorteile immanent, die durch die Haftungsseparierung nicht verloren gehen sollen. Dementsprechend wird über verschiedene rechtsgeschäftliche Gestaltungen versucht, die

34 Siehe dazu unten Seite 54 ff.

35 *Jakobs*, Das Konzerninsolvenzverfahren, 25; *Fölsing*, ZInsO 2013, 413 (413).

36 Siehe dazu unten Seite 61 ff.

37 BT-Drucks. 18/407, 15 f.; *Pleister/Sturm*, ZIP 2017, 2329 (2330).

38 *Flöther*, NZI-Beilage 2018, 6 (6); *Harder*, NJW-Spezial 2017, 469 (470).

39 *Madaus*, NZI-Beilage 2018, 4 (4).

40 *Flöther*, NZI-Beilage 2018, 6 (6); *Schade/Nissen*, NZI 2015, 1010 (1010); *Pleister/Sturm*, ZIP 2017, 2329 (2338); *Leithaus/Lange*, NZI-Beilage 2018, 44 (44); *Vallender/Deyda*, NZI 2009, 825 (826).

41 Daneben spielt die Ausnutzung von Synergieeffekten eine entscheidende Rolle; siehe dazu unten Seite 54 ff.

42 *Kühne*, in: Praxis der Insolvenz, § 32 Rn. 7; *Specovius*, in: Konzerninsolvenzrecht, § 3 Rn. 125.

43 *Specovius*, in: Konzerninsolvenzrecht, § 3 Rn. 125; *Paulus*, ZIP 2000, 2189 (2189); *Sester*, ZIP 2005, 2099 (2100); *Brünkmans*, ZIP 2013, 193 (194).

wirtschaftliche Einheit gleichsam wiederherzustellen, welche durch die Haftungsseparierung getrennt wurde.[44] Zu diesem Zweck werden insbesondere Beherrschungs- und Gewinnabführungsverträge abgeschlossen.[45] Auch Cash-Pooling-Verträge[46] und eine konzernweit organisierte Finanzierungspraxis sind von großer Bedeutung.[47] Durch diese verschiedenen Gestaltungen wird sich der Situation angenähert, die bestände, wenn die Unternehmung in einem einzigen Rechtsträger vereint wäre. Die Vorteile einer wirtschaftlichen Einheit wie Skaleneffekte oder die Vermeidung von doppelten Organisationsstrukturen können so weiterhin ausgenutzt werden.[48] Dadurch werden allerdings auch wechselseitige Haftungsverstrickungen zwischen den Konzerngesellschaften begründet, die durch die mit der Konzernierung verbundene Haftungsseparierung gerade verhindert werden sollten.[49] Diese – und die damit verbundenen Gefahren – sind umso größer, je enger die Konzerngesellschaften operativ oder finanziell miteinander verbunden sind.[50]

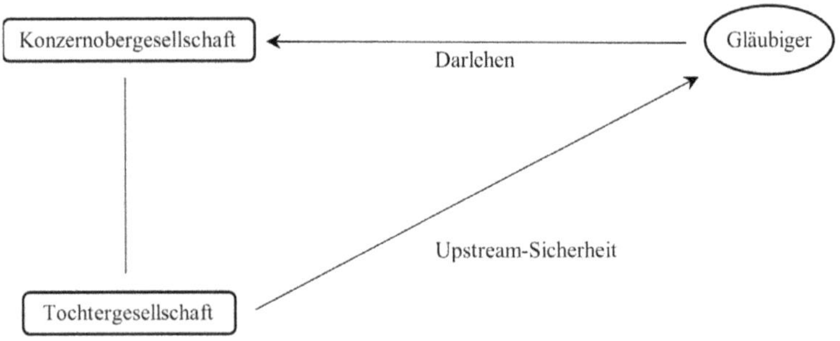

Abbildung 1

44 *Specovius*, in: Konzerninsolvenzrecht, § 3 Rn. 127.
45 *Specovius*, in: Konzerninsolvenzrecht, § 3 Rn. 127.
46 Siehe dazu unten Seite 62 ff.
47 *Specovius*, in: Konzerninsolvenzrecht, § 3 Rn. 129.
48 *Specovius*, in: Konzerninsolvenzrecht, § 3 Rn. 127.
49 *Wenner/Schuster*, ZIP 2008, 1512 (1512); *Kühne*, in: Praxis der Insolvenz, § 32 Rn. 7.
50 *Specovius*, in: Konzerninsolvenzrecht, § 3 Rn. 132; *Adam/Poertzgen*, ZInsO 2008, 281 (281).

Die Gefahren, die aus diesen Haftungsverstrickungen resultieren, sollen anhand eines Beispiels veranschaulicht werden. Dabei werden – wie in der gesamten folgenden Untersuchung – die Begriffe Konzernobergesellschaft und Tochtergesellschaft verwendet. Die Tochtergesellschaft ist dabei ein durch konzerntypische Beziehungen[51] mit der Konzernobergesellschaft verbundenes Unternehmen, das unter dessen Leitung steht. Kontextabhängig werden Konzernober- und Tochtergesellschaft jeweils einzeln oder gemeinsam als Konzerngesellschaft(en) bezeichnet.

Eine klassische Konstellation stellt sich so dar, dass eine operativ tätige Tochtergesellschaft Sicherheiten für Kredite stellt, welche die Konzernobergesellschaft erhält.[52] Derartige Sicherheiten werden als sog. Upstream-Sicherheiten bezeichnet.[53]

Dabei kommen sowohl Realsicherheiten wie Pfandrechte als auch Personalsicherheiten wie Bürgschaften zum Einsatz.[54] Im Gegenzug profitiert die operative Tochtergesellschaft über einen zentral gesteuerten Cash-Pool[55] oder weitergereichte Darlehen (sog. On-Lending).[56]

Dieses konzerntypische Finanzierungsmuster führt zu den bereits erwähnten Haftungsverstrickungen innerhalb des Konzerns.[57] Im Insolvenzfall einer Konzerngesellschaft münden sie in einer besonderen Gefährdungslage für die Tochtergesellschaft, die als „Melt-Down“[58] oder „Domino-Effekt“[59] bezeichnet wird. Wegen der mit dem Rechtsträgerprinzip einhergehenden Haftungstrennung kommt es im Fall der Insolvenz einer Konzerngesellschaft nicht zur Bildung einer einheitlichen Haftungsmasse durch Konsolidierung der Vermögen der verschiedenen Rechtsträger. Stattdessen wird durch die Insolvenz einer Konzerngesellschaft der Konzernverbund mit seinen komplexen wechselseitigen Besicherungen aufgelöst.[60] Das hat im Beispielsfall zunächst zur Konsequenz, dass sich die Insolvenzgläubiger der Konzernobergesellschaft

---

51 Siehe dazu unten Seite 35 ff.

52 *Möller*, Upstream-Kreditsicherheiten, 27 f.

53 *Pleister*, ZIP 2015, 1097 (1097); *Altmeppen*, ZIP 2017, 1977 (1977).

54 *Möller*, Upstream-Kreditsicherheiten, 28; *Cranshaw/Portisch*, ZInsO 2020, 2617 (2622).

55 Siehe dazu unten Seite 62 ff.

56 *Hoegen/Kranz*, NZI 2021, 105 (105).

57 *Pleister*, ZIP 2015, 1097 (1098).

58 *Hoegen/Kranz*, NZI 2021, 105 (105).

59 *Verhoeven*, Die Konzerninsolvenz, 3.

60 *Madaus*, NZI-Beilage 2018, 4 (4); *Schelo*, NZI Editorial 12/2005, V (V).

an den von der Tochtergesellschaft gestellten Sicherheiten schadlos halten können – und zwar als originäre Gläubiger der Tochtergesellschaft außerhalb des Insolvenzverfahrens der Konzernobergesellschaft.[61] Soweit die Tochtergesellschaft die Sicherheiten nicht bedienen kann, droht auch ihr die Insolvenz.[62] Verschlechtert wird ihre wirtschaftliche Lage zudem dadurch, dass sie wegen der sog. Regresssperre des § 254 Absatz 2 Satz 2 InsO keinen (vollumfänglichen) Erstattungsanspruch gegenüber der Konzernobergesellschaft geltend machen kann.[63] Trotz des haftungsrechtlichen Trennungsprinzips können Unternehmenskrisen den Unternehmensverbund auf diese Weise also infizieren und zur Insolvenz sämtlicher oder mehrerer Gesellschaften eines Konzerns führen.[64] Diese Folge, die aufgrund der oft großen wirtschaftlichen Bedeutung der operativen Tochtergesellschaft für den gesamten Konzern dem Sanierungserfolg der Konzernobergesellschaft in ihrem Insolvenzverfahren entgegenstehen kann und die durch die haftungsrechtlichen Grenzen zwischen den einzelnen Konzerngesellschaften gerade verhindert werden sollte, konnte bislang nur durch eine Einigung und Wohlwollen aller betroffenen Gläubiger vermieden werden.[65] In der Praxis wurden die einzelnen Konzerngesellschaften bislang bei Zustimmung aller Gläubiger durch Stillhalte-, Entschuldungs- oder Entflechtungsvereinbarungen stabilisiert.[66] Scheiterte die Einigung allerdings, konnte die konzernangehörige Tochtergesellschaft nur innerhalb eines eigenen Insolvenzverfahrens stabilisiert werden. Hieran änderten auch die auf Kooperation ausgerichteten Regelungen des KIG nichts.

Dieses Beispiel zeigt ganz allgemein, warum bei Konzernsachverhalten ein Bedürfnis bestehen kann, auch Sicherheiten in das Insolvenzverfahren einer insolventen Konzerngesellschaft einzubeziehen, die von einer (noch) nicht insolventen anderen Konzerngesellschaft zugunsten eines Gläubigers der insolventen Konzerngesellschaft gestellt wurden, um den im Konzernverbund liegenden Mehrwert zu erhalten und Folgeinsolvenzen von Konzerngesellschaften zu verhindern.[67]

---

61 Siehe dazu unten Seite 107.

62 Siehe zum etwaigen Schutz durch sog. Limitation Languages 158 f.

63 Siehe dazu unten Seite 107.

64 *Schumann*, Die Unternehmensgruppe im Insolvenzrecht, 38; *Verhoeven*, Die Konzerninsolvenz, 298; *Specovius*, in: Konzerninsolvenzrecht, § 3 Rn. 130.

65 *Hoegen/Kranz*, NZI 2021, 105 (105); *Madaus*, NZI-Beilage 2018, 4 (4).

66 *Hoegen/Kranz*, in: Sanierungsrecht, Kap. I Rn. 36 f.; *Spahlinger*, NZI-Beilage 2018, 49 (50); *Brünkmans*, in: Insolvenzplan, § 39 Rn. 32.

67 Vgl. BT-Drucks. 19/24181, 199.

Eine auf diesen Problemkomplex gerichtete Regelungsmechanik wurde mit dem Gesetz zur Fortentwicklung des Sanierungs- und Insolvenzrechts (SanInsFoG) unter dem Begriff der „gruppeninternen Drittsicherheit" ins deutsche Insolvenzrecht aufgenommen. Nunmehr bestimmt § 217 Absatz 2 InsO, dass „[d]*er Insolvenzplan* [...] *ferner die Rechte der Inhaber von Insolvenzforderungen gestalten* [kann], *die diesen aus einer von einem verbundenen Unternehmen im Sinne des § 15 des Aktiengesetzes als Bürge, Mitschuldner oder aufgrund einer anderweitig übernommenen Haftung oder an Gegenständen des Vermögens dieses Unternehmens (gruppeninterne Drittsicherheit) zustehen.*"

Das SanInsFoG setzt dabei die Richtlinie (EU) 2019/1023 v. 20.6.2019 (Restrukturierungsrichtlinie) in deutsches Recht um und beinhaltet die Umsetzung der Ergebnisse der ESUG-Evaluation zur Insolvenzordnung (Art. 5 SanInsFoG-E). Bemerkenswert ist insoweit insbesondere die Kürze des Gesetzgebungsverfahrens. Auf die Veröffentlichung des Referentenentwurfs des Bundesministeriums der Justiz und für Verbraucherschutz am 18. September 2020 folgte bereits am 14. Oktober 2020 der überarbeitete Regierungsentwurf[68]. Am 25. November 2020 fand hierzu im Rechtsausschuss des Bundestages eine Expertenanhörung statt und am 27. November 2020 gab der Bundesrat seine Stellungnahme ab[69]. Am 17. Dezember 2020 wurde das Gesetz in zweiter und dritter Lesung vom Bundestag beschlossen und am 29. Dezember 2020 im Bundesgesetzblatt verkündet[70], sodass das SanInsFoG schließlich bereits am 01. Januar 2021 in Kraft treten konnte. Zwischen der Veröffentlichung des Referentenentwurfs des SanInsFoG und seinem Inkrafttreten vergingen also gerade einmal 15 Wochen. Als Grund für dieses enorme Tempo ist auch hier die COVID-19-Pandemie und der mit ihr verbundene Handlungsdruck wegen der erwarteten wirtschaftlichen Auswirkungen zu nennen. Mit dem SanInsFoG wurde nämlich unter anderem auch das COVID-19-Insolvenzaussetzungsgesetz geändert.[71]

In bestimmten Konstellationen wird durch die neuen Bestimmungen eine materiell-rechtliche Regelung in Bezug auf Vermögenspositionen verschiedener Rechtsträger eines Konzerns in einem einzigen Insolvenzverfahren

68 BT-Drucks. 19/24181.

69 BT-Drucks. 19/24903.

70 BGBl. Jahrgang 2020 Teil I Nr. 66, ausgegeben zu Bonn am 29. Dezember 2020, 3256 ff.

71 Vgl. Artikel 10 des SanInsFoG, BGBl. Jahrgang 2020 Teil I Nr. 66, ausgegeben zu Bonn am 29. Dezember 2020, 3292 ff.

ermöglicht. Die im Beispielsfall von der Tochtergesellschaft gestellten Upstream-Sicherheiten können so etwa im Insolvenzverfahren der Konzernmutter in einem Insolvenzplan gestaltet werden. Dies stellt einen massiven dogmatischen Eingriff in die Regelungssystematik des deutschen Insolvenzrechts dar: Der Gesetzgeber bricht nämlich erstmalig auch in materieller Hinsicht mit dem insolvenzrechtlich verankerten Rechtsträgerprinzip.

B. Ziele der Untersuchung und Methodik

Aufgrund der Aktualität des Inkrafttretens des SanInsFoG hat noch keine umfassende wissenschaftliche Auseinandersetzung mit der gruppeninternen Drittsicherheit stattgefunden. Daneben wurde der seit langem geführte wissenschaftliche Diskurs zu möglicherweise einzuführenden Regelungen eines materiellen Konzerninsolvenzrechts in den letzten Jahren durch Studien über das verfahrensrechtlich geprägte KIG überlagert.[72] Insbesondere der Umstand, dass der Gesetzgeber nunmehr erstmals ein Abweichen vom starren Rechtsträgerprinzip mit seiner Haftungs- und Vermögenstrennung im Insolvenzverfahren ermöglicht,[73] bietet die Chance, neben der Analyse der neuen gesetzlichen Regelungen weiteren Erkenntnisgewinn zu erzielen, indem die Ergebnisse der Analyse anschließend als Argumente für oder gegen ein materielles Konzerninsolvenzrecht eingesetzt werden können. Dieser methodische Ansatz wurde bislang noch nicht durchgeführt.

Ziel der Arbeit ist zunächst die wissenschaftliche Aufarbeitung der lex lata. Der Regelungsgehalt und die möglichen Anwendungsbereiche der neuen Regelungen zur gruppeninternen Drittsicherheit sollen systematisch analysiert werden. Außerdem erfordert insbesondere der gesetzgeberische Eingriff in das auch insolvenzrechtlich verankerte Rechtsträgerprinzip eine Einordnung der gruppeninternen Drittsicherheit in die bestehende Systematik.

Zudem sollen die aus der durchgeführten Analyse entwickelten Ergebnisse für die grundlegende Diskussion zu Für und Wider eines materiellen Konzerninsolvenzrechts fruchtbar gemacht werden. Nachdem sich Möglichkeiten und Grenzen gesetzgeberischer Gestaltung immer erst am

---

72 *Schumann*, Die Unternehmensgruppe im Insolvenzrecht, 65 ff.; *Konold*, Konzerninsolvenz, 45 ff.; *Jensen*, Der Konzern in der Krise, 42 ff.; *Jakobs*, Das Konzerninsolvenzverfahren, 110 ff.; vgl. auch ohne Bezug zum KIG *Schmollinger*, Der Konzern in der Insolvenz, 315 ff.

73 Vgl. *VID*, Stellungnahme zum SanInsFoG-RefE, 92.

konkreten Text zeigen,[74] bietet sich die Chance, die bislang rein theoretisch geführte Diskussion am konkreten Beispiel zu erörtern und hieraus neue Argumente zu entwickeln bzw. bekannte Argumentationsstränge zu schärfen.

Diese beiden Problemkreise lassen sich zu folgenden Forschungsfragen verdichten:

- Inwieweit ist der dogmatische Eingriff des Gesetzgebers in das insolvenzrechtlich verankerte Rechtsträgerprinzip erforderlich, also nützlich und notwendig?
- Inwieweit lassen sich aus den Regelungen zur gruppeninternen Drittsicherheit Argumente für oder wider ein materielles Konzerninsolvenzrecht ableiten?

Um die lex lata wissenschaftlich analysieren zu können, müssen zu den neuen Regelungen Anwendungsfälle gebildet und passende Lösungen entwickelt werden. Außerdem soll die „gruppeninterne Drittsicherheit" in das bestehende Rechtssystem eingeordnet werden; Kritikpunkte, Schwächen und etwaige Widersprüche werden herausgearbeitet und beleuchtet.

Erkenntnisse können dabei aus Vergleichen zu den Regelungen gewonnen werden, die im parallel eingeführten Gesetz über den Stabilisierungs- und Restrukturierungsrahmen für Unternehmen (Unternehmensstabilisierungs- und -restrukturierungsgesetz – StaRUG)[75] zu gruppeninternen Drittsicherheiten getroffen wurden. Teilweise weisen die Regelungen Parallelen auf, teilweise wirken sie aber auch unterschiedlich.

Zudem sollen für eine dogmatische Einordnung der neuen Regelungen die grundsätzlichen Überlegungen zu den Anfechtungstatbeständen der §§ 130 ff. InsO auf mögliche Parallelen hin untersucht werden. Dies verspricht insofern Aufschluss, als in der Anfechtung eine Masseanreicherung mit Hilfe fremden Vermögens gesehen werden kann.[76]

Der Eingriff des Gesetzgebers in das Rechtsträgerprinzip muss sich in erster Linie daran messen lassen, wie groß die mit ihm verbundenen Vorteile im Hinblick auf die Ziele und Zwecke der Insolvenzordnung sind.[77] Die (Zwischen-) Ergebnisse sind deshalb immer wieder mit den allgemeinen Funktionen und Zielen des Insolvenzrechts abzugleichen, die den entscheidenden Maßstab

74 *Hirte*, ZIP 2008, 444 (444).

75 Artikel 1 des SanInsFoG, BGBl. Jahrgang 2020 Teil I Nr. 66, ausgegeben zu Bonn am 29. Dezember 2020, 3256 ff.

76 *Paulus*, ZIP 2005, 1948 (1954).

77 *Konold*, Konzerninsolvenz, 29; *Pleister/Sturm*, ZIP 2017, 2329 (2329).

darstellen müssen. Anhand der dabei gewonnenen Erkenntnisse soll letztendlich beurteilt werden, ob das legislative Tätigwerden nützlich und notwendig war.

C. Gang der Darstellung

Im ersten Teil der Untersuchung werden grundlegende Überlegungen zu einem materiellen Konzerninsolvenzrecht erläutert und rechtsdogmatisch eingeordnet. Dazu muss zunächst der Anwendungsbereich eines materiellen Konzerninsolvenzrechts definiert werden, bevor die grundsätzlich denkbaren Regelungsansätze dargestellt und bewertet werden. Dabei kann auf eine umfangreiche Diskussion aufgebaut werden, die es zu ergänzen gilt. Als Bewertungsmaßstab dienen die allgemeinen Wesensmerkmale des Insolvenzverfahrens und die mit ihm grundsätzlich verfolgten Ziele und Zwecke.[78]

Daran anschließend werden im zweiten Teil die einzelnen Regelungen zur gruppeninternen Drittsicherheit systematisch erschlossen. Insbesondere wird die Frage beantwortet, ob der Eingriff des Gesetzgebers in das insolvenzrechtlich verankerte Rechtsträgerprinzip erforderlich war.

Abschließend werden die Erkenntnisse des ersten und zweiten Teils im Hinblick auf die Frage bewertet, inwieweit sich aus den gesetzgeberischen Regelungen zur gruppeninternen Drittsicherheit Argumente für oder wider ein materielles Konzerninsolvenzrecht ableiten lassen. Hieraus resultiert die Darstellung eines möglichen Regelungsansatzes zu einem materiellen Konzerninsolvenzrecht de lege ferenda.

Um die Arbeit sinnvoll zu begrenzen, konzentriert sich die Darstellung bei Konzernobergesellschaften auf die als GmbH und AG verfassten Kapitalgesellschaften. Als Tochtergesellschaften stehen ausschließlich GmbHs im Fokus. Die GmbH ist nicht nur insgesamt die nach dem Einzelunternehmen[79] mit Abstand am häufigsten vorkommende Unternehmensform[80] und macht unter den Unternehmensinsolvenzen sogar vor dem Einzelunternehmen den Großteil aus.[81] Darüber hinaus ist sie auch in Konzernsachverhalten

---

78 Siehe dazu unter Seite 45 ff.

79 *Statistisches Bundesamt Destatis,* Finanzen und Steuern, 49.

80 MüKoGmbHG-*Fleischer,* Einleitung Rn. 201; Lutter/Hommelhoff GmbHG-*Hommelhoff,* Einl. Rn. 59; *Geißler,* ZInsO 2020, 1622 (1622).

81 *Alter/Feuerhake u.a.*, WISTA Wirtschaft und Statistik, 2021, 58 (66); *Hantzsch,* Insolvenzen in Deutschland 2020, 9; *Geißler,* ZInsO 2020, 1622 (1622).

der dominierende Rechtsträger. Im Jahr 2013 wurde angenommen, dass in Deutschland ca. 500.000 GmbHs konzernverbunden waren, während es lediglich etwa 12.000 AGs waren.[82] Dies ist darauf zurückzuführen, dass sie wegen ihrer besonderen gesellschaftsrechtlichen Organisationsverfassung für die Einbindung in einen Konzernverbund besonders geeignet ist.[83] Insbesondere verfügt das GmbHG über keine Vorschrift, die mit derjenigen des § 23 Absatz 5 AktG vergleichbar wäre, wodurch die Satzung der GmbH deutlich flexibler auf die jeweiligen Konzernbedürfnisse zugeschnitten werden kann.[84] Außerdem ist die Geschäftsführung der GmbH im Fall der Mehrheitsbeteiligung gemäß § 37 Absatz 1 GmbHG bereits gesetzlich gegenüber ihrem Gesellschafter weisungsgebunden, ohne dass es einer besonderen vertraglichen Grundlage beispielsweise in Form eine Beherrschungsvertrages bedürfte.[85] Übergeordnete Konzerninteressen können so leicht durchgesetzt werden. Die Untersuchung konzentriert sich auf Konzerngesellschaften, die sich im unmittelbaren oder mittelbaren Alleinbesitz der Konzernobergesellschaft befinden. Damit wird die Rechtspraxis in Deutschland widergespiegelt, in der die weit überwiegende Mehrzahl aller konzernverbundenen, abhängigen GmbHs in der Form der sog. Ein-Personen-Gesellschaft[86] existieren.[87] Dabei steht das Insolvenzplanverfahren im Mittelpunkt. Dies folgt aus der Untersuchung der neuen Regelungen zur gruppeninternen Drittsicherheit, die gerade im Insolvenzplan gestaltet wird.

Schließlich bleiben auch Sachverhalte mit internationalem Bezug weiteren Untersuchungen vorbehalten.

---

82 *Teichmann*, AG 2013, 184 (191).

83 Emmerich/Habersack-*Habersack,* Anh. § 318 Rn. 4; *Hommelhoff,* ZGR 2019, 379 (382); *Wiedemann*, GmbHR 2011, 1009 (1014); *Lutter*, ZIP 1985, 1425 (1435).

84 Emmerich/Habersack-*Habersack,* Anh. § 318 Rn. 4; Lutter/Hommelhoff GmbHG-*Hommelhoff,* Anhang zu § 13 Rn. 1.

85 *Göhmann/Winnen*, RNotZ 2015, 53 (53); MüKoGmbHG-*Stephan/Tieves,* § 37 Rn. 117; *Hommelhoff,* ZGR 2012, 535 (536).

86 Vgl. zur Aufnahme in das GmbHG BT-Drucks. 8/1347, 28.

87 *Hommelhoff,* ZGR 2012, 535 (537); *Wiedemann*, GmbHR 2011, 1009 (1010); Lutter/Hommelhoff GmbHG-*Hommelhoff,* Anhang zu § 13 Rn. 1.

Erster Teil Materielles Konzerninsolvenzrecht

A. Grundlagen

Bevor aus den Regelungen des Gesetzgebers zur gruppeninternen Drittsicherheit neue Erkenntnisse für den Diskurs um ein materielles Konzerninsolvenzrecht fruchtbar gemacht werden können, gilt es zunächst, diesen Bereich umfassend zu erschließen.

Dazu ist es im ersten Schritt zwingend notwendig, zu definieren, was unter „materiellem Konzerninsolvenzrecht" verstanden werden soll. Im zweiten Schritt muss der Bewertungsmaßstab festgelegt werden, an dem sich die möglichen Regelungsansätze zu einem materiellen Konzerninsolvenzrecht messen lassen müssen.

I. Definition eines materiellen Konzerninsolvenzrechts

Um ein Verständnis für den Begriff des materiellen Konzerninsolvenzrechts entwickeln zu können, muss man dazu den Begriff weiter aufgliedern. „Das Konzerninsolvenzrecht" eignet sich nur als Schlagwort für Buchtitel oder Kapitelüberschriften.[88] Dies wird umso deutlicher, wenn man sich die unterschiedlichen Erscheinungsformen und daraus abgeleiteten Definitionen vor Augen führt, die allein in der Rechtswissenschaft zum Konzernbegriff existieren.[89] Überdies ist die insolvenzrechtliche Untersuchung eines Konzerns undenkbar, ohne auch die wirtschaftlichen Aspekte zu berücksichtigen. Deshalb müssen neben rechtlichen auch betriebswirtschaftliche Konzernbetrachtungen einbezogen werden, um das Phänomen Konzern greifbar machen zu können.[90]

1. Der Begriff des Konzerns

Eine Konzerninsolvenz setzt begrifflich einen Konzern voraus. Zunächst wird deshalb definiert, was unter dem Begriff des Konzerns im Kontext des (bislang) nicht kodifizierten materiellen Konzerninsolvenzrechts verstanden werden soll. Dazu muss festgelegt werden, unter welchen Voraussetzungen ein

---

88 *Windbichler*, NZG 2018, 1241 (1246).

89 Siehe dazu unten Seite 37 ff.

90 *Theisen*, Der Konzern, 695 ff.; *Jakobs*, Das Konzerninsolvenzverfahren, 20 f.; *Trautmann*, Die Legitimation der beschränkten Haftung im Konzern, 39.

Rechtssubjekt zu einem Konzern gehören soll. Es liegt nahe, hierzu auf bereits existierende Definitionen zurückzugreifen. Dabei darf nicht übersehen werden, dass den unterschiedlichen Definitionen kein einheitliches Verständnis zugrunde liegt, sondern sie stets auf ihren jeweiligen Zweck ausgerichtet sind.[91] Die existierenden Definitionen können deshalb lediglich als Basis dienen, um sich über diese einer eigenen Bestimmung zu nähern.

a. Betriebswirtschaftliche Konzernbegriffe

Betriebswirtschaftlich kann zunächst zwischen horizontal und vertikal organisierten Konzernen unterschieden werden. Konzerne, in denen die Konzerngesellschaften Produkte gleicher Art herstellen, sich die Synergieeffekte also vor allem in den Bereichen Finanzierung, Verwaltung, Einkauf oder Forschung und Entwicklung ausnutzen lassen, werden als horizontal organisiert bezeichnet.[92] Vertikal organisierte Konzerne sind demgegenüber dadurch gekennzeichnet, dass sie Unternehmungen auf verschiedenen Produktions- und Handelsstufen einer durchlaufenden Wertschöpfungskette erfassen und in den Konzernverbund eingliedern.[93] Sie zeichnen sich beispielsweise dadurch aus, dass ein Produkt auf verschiedenen Produktionsstufen gleichsam integral hergestellt wird, also beispielsweise ein Computerhersteller Gehäuse, Monitor, Prozessor etc. produziert.[94] Sie dienen der Sicherung von Beschaffungs- und Absatzwegen.[95]

Außerdem existieren auch Mischkonzerne, die auch als konglomeral[96], lateral[97] oder anorganisch[98] bezeichnet werden. Ein Mischkonzern besteht aus Unternehmen, die in unterschiedlichen Branchen tätig sind und deren

91 *Koppensteiner*, in: FS Hopt, 960; *Schumann*, Die Unternehmensgruppe im Insolvenzrecht, 29; *Jensen*, Der Konzern in der Krise, 18; *Beck*, MwStR 2014, 359 (360); *Laroche*, ZInsO 2017, 2585 (2586); *Druey*, in: FS Hommelhoff, 153.

92 *Vahs/Schäfer-Kunz*, Betriebswirtschaftslehre, 179 ff.; *Wöhe/Döring u.a.*, Betriebswirtschaftslehre, 244; *Behringer*, Konzerncontrolling, 14; *Kußmaul*, Betriebswirtschaftslehre, 135.

93 *Behringer*, Konzerncontrolling, 12; *Vahs/Schäfer-Kunz*, Betriebswirtschaftslehre, 179; *Thommen/Achleitner u.a.*, Allgemeine Betriebswirtschaftslehre, 36; *Wöhe/Döring u.a.*, Betriebswirtschaftslehre, 233 und 244; *Kußmaul*, Betriebswirtschaftslehre, 135.

94 *Laroche*, ZInsO 2017, 2585 (2585); Uhlenbruck InsO-*Pape*, § 3e Rn. 4.

95 *Wöhe/Döring u.a.*, Betriebswirtschaftslehre, 244.

96 *Behringer*, Konzerncontrolling, 14.

97 *Behringer*, Konzerncontrolling, 14.

98 *Wöhe/Döring u.a.*, Betriebswirtschaftslehre, 244.

Produkte keinen Bezug zueinander haben.[99] Ihr Zweck ist die Diversifizierung von Risiken.[100]

Schließlich werden nach ihrer Organisationsform Stammhaus- und Holding-Konzerne unterschieden. Im zentral organisierten Stammhaus-Konzern liegt das operative Geschäft in den Händen der Konzernobergesellschaft.[101] In dezentralen Holding-Konzernen verbleibt der Konzernobergesellschaft die Aufgabe der strategischen Konzernverwaltung, als Finanzholding lediglich die finanzielle Unternehmenssteuerung und optimale Verwaltung des Beteiligungsportfolios.[102]

b. Allgemeine juristische Konzernbegriffe

Im juristischen Diskurs finden sich weitere Einteilungen. Grundsätzlich lässt sich unterscheiden zwischen Vertragskonzernen und faktischen Konzernen.[103] Vertragskonzerne werden insbesondere durch einen Beherrschungsvertrag im Sinne von § 291 Absatz 1 Satz 1 Variante 1 AktG begründet. Die aktienrechtlichen Regelungen der §§ 291 ff. AktG werden dabei über den Wortlaut des § 291 Absatz 1 Satz 1 AktG hinaus weitestgehend auch auf GmbHs angewendet, welche die Leitung einem anderen Unternehmen unterstellen.[104] Eine Gesamtanalogie scheidet zwar wegen der unterschiedlichen gesellschaftsrechtlichen Struktur der GmbH im Vergleich zur AG aus,[105] sodass die Voraussetzungen einer Analogie jeweils im Einzelfall vorliegen müssen.[106] Diese Prüfung führt dann aber – wie beim Beherrschungsvertrag – zumeist dazu, dass dem Leitbild der §§ 291 ff. AktG gefolgt werden kann.[107] Auch der Gesetzgeber setzt die

---

99 *Laroche*, ZInsO 2017, 2585 (2585); *Behringer*, Konzerncontrolling, 14.

100 *Wöhe/Döring u.a.*, Betriebswirtschaftslehre, 244.

101 *Theisen*, Der Konzern, 169; *Behringer*, Konzerncontrolling, 9; *Wöhe/Döring u.a.*, Betriebswirtschaftslehre, 246.

102 *Wöhe/Döring u.a.*, Betriebswirtschaftslehre, 246; *Theisen*, Der Konzern, 174 ff.

103 Emmerich/Habersack-*Emmerich*, § 18 AktG Rn. 3.

104 BGH, Beschluss vom 24.10.1988, II ZB 7/88, NJW 1989, 295 (298 f.); BGH, Urteil vom 16.07.2019, II ZR 175/18, NZG 2019, 1149 (1150); OLG München, Urteil vom 20.11.2013, 7 U 5025/11, ZIP 2014, 1067 (1069).

105 A. A. und für eine Gesamtanalogie *Vetter*, ZIP 1995, 345 (353).

106 OLG Zweibrücken, Beschluss vom 29.10.2013, 3 W 82/13, GmbHR 2014, 251 (252); *Priester*, NZG 2012, 641 (643); MüKoGmbHG-*Liebscher*, Anhang zu § 13 Rn. 638; Emmerich/Habersack-*Emmerich*, Vor § 291 AktG Rn. 7; siehe allgemein zu den Voraussetzungen einer Analogie unten Seite 119.

107 MüKoGmbHG-*Liebscher*, Anhang zu § 13 Rn. 640.

rechtsformübergreifende Statthaftigkeit von Beherrschungsverträgen in § 30 Absatz 1 Satz 2 GmbHG voraus.[108]

In negativer Abgrenzung zum Vertragskonzern werden alle anderen Konzerne, die keine Vertragskonzerne sind, als faktische Konzerne bezeichnet.[109] Sowohl Vertragskonzern als auch faktischer Konzern können wiederum in einstufige und mehrstufige Konzerne untergliedert werden.[110] Bei einstufigen Konzernen stehen sich lediglich Konzernobergesellschaft und Tochtergesellschaften gegenüber. Sind die von der Konzernobergesellschaft einheitlich geleiteten Unternehmen nach dem Schema Konzernober-, Tochter-, Enkelingesellschaft auf mehreren Stufen hintereinander angeordnet, spricht man vom mehrstufigen Konzern.[111]

c. Kodifizierte Konzernbegriffe

Auch der Gesetzgeber hat je nach Regelungsziel unterschiedliche Definitionen des Konzerns normiert. Mit Berührungspunkten zum Insolvenzrecht kann so zwischen dem Konzern im aktienrechtlichen Sinne, dem Konzern im handelsrechtlichen Sinne und der Unternehmensgruppe im Sinne des § 3e InsO unterschieden werden.

aa. Der aktienrechtliche Konzernbegriff

Der aktienrechtliche Konzernbegriff nach § 18 AktG knüpft an das Merkmal der einheitlichen Leitung an. Ein Konzern besteht danach aus mehreren rechtlich selbständigen Unternehmen, die unter einheitlicher Leitung zusammengefasst sind.[112] Im Unterordnungskonzern im Sinne von § 18 Absatz 1 AktG handelt es sich bei den unter der einheitlichen Leitung zusammengefassten Unternehmen um herrschende und abhängige Unternehmen im Sinne von § 17 AktG.[113] Im

---

108 *Boor*, RNotZ 2017, 65 (67 f.).

109 Emmerich/Habersack-*Emmerich*, § 18 AktG Rn. 3; *Wissenschaftliche Dienste Deutscher Bundestag*, Konzernrecht, 4.

110 Emmerich/Habersack-*Emmerich*, § 18 AktG Rn. 4.

111 *Schneider/Burgard*, in: FS Ulmer, 579; Emmerich/Habersack-*Emmerich*, § 18 AktG Rn. 4; MüKoGmbHG-*Liebscher*, Anhang zu § 13 Rn. 433; K. Schmidt/Lutter AktG-*Vetter*, § 18 Rn. 14; *Goette*, DStR 2020, 453 (456).

112 K. Schmidt/Lutter AktG-*Vetter*, § 18 Rn. 1; MüKoAktG-*Bayer*, § 18 Rn. 1.

113 K. Schmidt/Lutter AktG-*Vetter*, § 18 Rn. 6; Scholz GmbHG-*Emmerich*, Anhang § 13 Rn. 40; MüKoAktG-*Bayer*, § 18 Rn. 2; Scholz GmbHG-*Emmerich*, Anhang § 13 Rn. 30.

Gleichordnungskonzern im Sinne von § 18 Absatz 2 AktG wird demgegenüber die einheitliche Leitung ohne beherrschenden Einfluss ausgeübt.[114]

Für die Anwendungspraxis unschädlich ist der Umstand, dass der Begriff der einheitlichen Leitung weder im Gesetz definiert ist noch sich eine allgemeingültige Definition in der Rechtswissenschaft herausgebildet hat.[115] Es ist nicht entscheidend, ob auf einen engen Begriff der einheitlichen Leitung abgestellt wird, der eine auf das Konzerninteresse ausgerichtete Planung für nahezu alle zentralen unternehmerischen Bereiche voraussetzt,[116] oder auf einen weiten Begriff, wonach eine konzernweite Gesamtplanung bereits in einem wesentlichen Bereich unternehmerischer Tätigkeit ausreicht.[117] Denn zum einen werden fast sämtliche Rechtsfolgen bereits an den Begriff der Abhängigkeit im Sinne von § 17 AktG geknüpft.[118] Zum anderen ist die Feststellung von einheitlicher Leitung im Unterordnungskonzern zumeist entbehrlich, weil das Bestehen eines Konzerns gesetzlich vermutet wird.[119] Zunächst wird gemäß § 18 Absatz 1 Satz 2 AktG insbesondere bei Bestehen eines Beherrschungsvertrages unwiderlegbar vermutet, dass zwischen den Vertragsparteien ein Konzern vorliegt.[120] Überdies gilt die sog. konzernrechtliche Kettenvermutung.[121] Danach wird von einem abhängigen Unternehmen aufgrund der Regelung in § 18 Absatz 1 Satz 3 AktG widerlegbar vermutet, dass es mit dem herrschenden Unternehmen einen Konzern bildet,

---

114 MüKoAktG-*Bayer,* § 18 Rn. 2; K. Schmidt/Lutter AktG-*Vetter,* § 18 Rn. 22; Koch AktG-*Koch,* § 18 Rn. 20.

115 Emmerich/Habersack-*Emmerich,* § 18 AktG Rn. 9; MüKoAktG-*Bayer,* § 18 Rn. 32.

116 *Lutter,* ZGR 1987, 324 (330); *Koppensteiner,* in: FS Hopt, 972.

117 Mittlerweile vorherrschende Ansicht, MüKoAktG-*Bayer,* § 18 Rn. 33; Scholz GmbHG-*Emmerich,* Anhang § 13 Rn. 33; K. Schmidt/Lutter AktG-*Vetter,* § 18 Rn. 11; Koch AktG-*Koch,* § 18 Rn. 9; vgl. zum Mitbestimmungsrecht auch OLG Düsseldorf, Beschluss vom 04.07.2013, I-26 W 13/08, AG 2013, 720 (721); BayObLG, Beschluss vom 06.03.2002, 3Z BR 343/00, NJW-RR 2002, 974 (975).

118 *Koppensteiner,* in: FS Hopt, 981; MüKoAktG-*Bayer,* § 18 Rn. 48; Emmerich/Habersack-*Emmerich,* § 18 AktG Rn. 9; vgl. zu vereinzelten Ausnahmen, in denen die Unterscheidung überdies praktisch ohne große Auswirkungen ist Emmerich/Habersack-*Emmerich,* § 18 AktG Rn. 2.

119 *Theisen,* Der Konzern, 38.

120 Koch AktG-*Koch,* § 18 Rn. 17; MüKoAktG-*Bayer,* § 18 Rn. 44; Emmerich/Habersack-*Emmerich,* § 15 AktG Rn. 20; K. Schmidt/Lutter AktG-*Vetter,* § 18 Rn. 1.

121 *Skauradszun,* Zeitschrift für Insolvenzrecht (KTS) 2020, 55 (56); Koch AktG-*Koch,* § 18 Rn. 9.

also eine einheitliche Leitung vorliegt.[122] Die Beherrschung wird ihrerseits nach § 17 Absatz 2 AktG vermutet, wenn an dem Unternehmen ein anderes Unternehmen mit Mehrheit beteiligt ist. Eine derartige Mehrheitsbeteiligung liegt nach § 16 Absatz 1 AktG vor, wenn die Mehrheit der Anteile des rechtlich selbständigen Unternehmens oder die Mehrheit der Stimmrechte einem anderen Unternehmen zustehen.

Umfasst sind von § 18 AktG demnach unterordnende und gleichordnende Konzerne sowie ihre Kombination.[123]

bb. Der bilanzrechtliche Konzernbegriff

Dagegen kommt es im Bilanzrecht gemäß § 290 HGB darauf an, dass die Möglichkeit eines – unmittelbaren oder mittelbaren – beherrschenden Einflusses einer Kapitalgesellschaft auf ein anderes Unternehmen besteht. Im Gegensatz zur aktienrechtlichen Definition ist also die Möglichkeit des beherrschenden Einflusses ausreichend.[124] Eine einheitliche Leitung ist nicht notwendig und eine nur einheitliche Leitung begründet keinen HGB-Konzern.[125] Der maßgebliche beherrschende Einfluss kann beispielsweise über die Mehrheit der Stimmrechte nach § 290 Absatz 2 Nummer 1 HGB oder vertraglich nach § 290 Absatz 2 Nummern 2 und 3 HGB begründet sein. Umfasst sind vom bilanzrechtlichen Konzernbegriff demnach ausschließlich Unterordnungskonzerne.[126]

cc. Die insolvenzrechtliche Unternehmensgruppe

Der Begriff der Unternehmensgruppe nach § 3e InsO kombiniert die Definitionen des AktG und des HGB.[127] Die Unternehmensgruppe besteht danach aus rechtlich selbständigen Gesellschaften, bei denen die Möglichkeit

---

122 Koch AktG-*Koch*, § 18 Rn. 19; MüKoAktG-*Bayer*, § 18 Rn. 46; K. Schmidt/Lutter AktG-*Vetter*, § 18 Rn. 1; Emmerich/Habersack-*Emmerich*, § 15 AktG Rn. 20.

123 Vgl. Emmerich/Habersack-*Emmerich*, § 18 Rn. 7; MüKoAktG-*Bayer*, § 18 Rn. 2 ff.; *Laroche*, ZInsO 2017, 2585 (2586).

124 BT-Drucks. 16/12407, 89; EBJS HGB-*Böcking/Gros u.a.*, § 290 Rn. 8; *Prosteder*, NZI-Beilage 2018, 9 (10); *Leutheusser-Schnarrenberger*, ZIP 2013, 97 (100); Baetge/Kirsch/Thiele-*Keitz*, § 290 HGB Rn. 1.

125 Hopt HGB-*Merkt*, § 290 Rn. 7.

126 BT-Drucks. 16/12407, 89; EBJS HGB-*Böcking/Gros u.a.*, § 290 HGB Rn. 2; Baetge/Kirsch/Thiele-*Keitz*, § 290 HGB Rn. 9.

127 HK-InsO-*Sternal*, § 3e Rn. 1; *Laroche*, ZInsO 2017, 2585 (2586); vgl. auch Andres/Leithaus InsO-*Andres*, § 3e Rn. 11; Braun InsO-*Baumert*, § 3e Rn. 4 ff.

der Ausübung eines beherrschenden Einflusses nach § 3e Absatz 1 Nummer 1 InsO oder eine einheitliche Leitung nach § 3e Absatz 1 Nummer 2 InsO besteht. Erfasst werden folglich sowohl unterordnende als auch gleichordnende Konzerne sowie Mischformen.[128] Außerdem werden – im Gegensatz zur bilanzrechtlichen Definition des HGB – auch Konstellationen erfasst, in denen die Konzernobergesellschaft nicht als Kapitalgesellschaft verfasst ist.[129]

d. Der Konzernbegriff eines materiellen Konzerninsolvenzrechts

Aus den unterschiedlichen Erscheinungsformen und Definitionen des Konzerns können sich signifikante Unterschiede im Hinblick auf den Forschungsgegenstand des materiellen Konzerninsolvenzrechts ergeben. Wesentlich für einen Konzern ist in jedem Fall, dass juristisch zu trennende Gesellschaften eine gewisse Form der Integration und wirtschaftlichen Zusammenarbeit aufweisen.[130] Darüber hinaus muss bei der Bestimmung des Konzernbegriffs an diejenigen Merkmale der unterschiedlichen Konzernbegriffe angeknüpft werden, die dazu geeignet sind, den Anwendungsbereich materiell-rechtlicher Regelungen eines Konzerninsolvenzrechts sinnvoll festzulegen.

aa. Gleichordnungskonzern als untauglicher Anknüpfungspunkt

Insoweit ist zunächst zu bedenken, dass es unter dem geltenden Recht gerade die engen gesellschaftsrechtlichen und funktionalen Verbindungen innerhalb von Konzernen sind, die im Falle der Insolvenz eines oder mehrerer Konzernunternehmen zu Problemen führen[131] – und deshalb die Diskussion um ein materielles Konzerninsolvenzrecht immer wieder befeuert haben.

Derartige Verbindungen liegen in Gleichordnungskonzernen, in denen häufig Gesellschaften mit ganz unterschiedlichen Unternehmensgegenständen zusammengefasst sind, regelmäßig nicht vor. In betriebswirtschaftlicher Hinsicht sind sie oft anorganische Mischkonzerne.[132] Überschneidungen der unabhängig wirtschaftenden Konzerngesellschaften in operativer Hinsicht gibt

---

128 BT-Drucks. 18/407, 28 f.; Uhlenbruck InsO-*Pape*, § 3e Rn. 4; Braun InsO-*Baumert*, § 3e Rn. 4 ff.; HK-InsO-*Sternal*, § 3e Rn. 2; *Laroche*, ZInsO 2017, 2585 (2586).

129 BT-Drucks. 18/407, 29; Braun InsO-*Baumert*, § 3e Rn. 5.

130 Siehe zur sog. rechtliche Vielheit bei wirtschaftlicher Einheit oben Seite 3.

131 Vgl. *Geiwitz*, in: Konzerninsolvenzrecht, § 4 Rn. 546; *Kühne*, in: Praxis der Insolvenz, § 32 Rn. 13; siehe dazu auch unten Seite 56 f.

132 Vgl. *Laroche*, ZInsO 2017, 2585 (2585).

es dann nicht. Die Geschäftsleitungen der Konzerngesellschaften agieren in dieser Konstellation autonom, wenn und soweit nicht die Konzernobergesellschaft von ihrer Konzernleitungsmacht tatsächlich Gebrauch macht.[133] Die einzelnen Konzerngesellschaften eines Gleichordnungskonzerns verfolgen dann vollkommen unterschiedliche Ziele und sind nur derart lose miteinander verbunden, dass ein Eingriff in das insolvenzrechtlich verankerte Rechtsträgerprinzip schon grundsätzlich nicht angezeigt scheint.[134] Dies wird durch einen weiteren Aspekt illustriert: Jede Konzerngesellschaft kann den Gleichordnungskonzern jederzeit und ohne Angabe von Gründen durch Kündigung des Gleichordnungsvertrags verlassen.[135]

Darüber hinaus ist die praktische Relevanz von Gleichordnungskonzernen insgesamt sehr gering.[136] Entsprechend ist die Bedeutung der Konzerndefinition des § 18 AktG überschaubar, zumeist wird auf die bloße Abhängigkeit im Sinne von § 17 AktG abgestellt.[137]

Nicht zuletzt führte eine Anknüpfung an den Begriff des Gleichordnungskonzerns zu Rechtsunsicherheit, die daraus resultiert, dass das Tatbestandsmerkmal der einheitlichen Leitung nicht klar definiert ist.[138] Es müsste zunächst durch Auslegung geklärt werden, ob im konkreten Einzelfall überhaupt ein Gleichordnungskonzern vorliegt. Dazu müsste nicht nur der Begriff der einheitlichen Leitung bestimmt, sondern darüber hinaus auch die tatsächliche Ausübung der Leitungsmacht festgestellt werden.[139]

bb. Unterordnungskonzern als Anknüpfungspunkt

Demgegenüber treten die konzernspezifischen Probleme in der Insolvenz regelmäßig in Unterordnungskonzernen auf, in denen enge Verbindungen zwischen den Konzerngesellschaften bestehen.[140] Gerade Mehrheitsbeteiligungen und Beherrschungsverträge bilden dabei die rechtliche Grundlage für besonders

---

133 *Fölsing*, ZInsO 2013, 413 (415).

134 Vgl. *Fölsing*, ZInsO 2013, 413 (417).

135 Emmerich/Habersack-*Emmerich,* § 18 AktG Rn. 35; Koch AktG-*Koch,* § 291 Rn. 34; K. Schmidt/Lutter AktG-*Vetter,* § 18 Rn. 37; MüKoAktG-*Altmeppen,* § 291 Rn. 215 ff.

136 *Wöhe/Döring u.a.*, Betriebswirtschaftslehre, 245; K. Schmidt/Lutter AktG-*Vetter,* § 18 Rn. 26; vgl. auch Emmerich/Habersack-*Emmerich,* § 18 AktG Rn. 26.

137 Siehe dazu oben Seite 39.

138 Siehe dazu oben Seite 39.

139 MüKoAktG-*Bayer,* § 18 Rn. 50.

140 *Laroche*, ZInsO 2017, 2585 (2599); siehe dazu unten Seite 56 ff.

enge Verbindungen.[141] Sie müssen daher im Zentrum des Konzernbegriffs eines materiellen Konzerninsolvenzrechts stehen.

Darüber hinaus sollten die Kriterien so definiert werden, dass langwierige Sachverhaltsermittlungen vermieden werden, die den Erfordernissen des Insolvenzverfahrens nach einer einfachen und schnellen Prüfung entgegenständen.[142] Dementsprechend sollte wie im Rahmen von § 290 HGB und abweichend von der aktienrechtlichen Definition des Unterordnungskonzerns die bloße Möglichkeit beherrschenden Einflusses ausreichend sein, um einen Konzern zu begründen. Ob von dieser Möglichkeit im Einzelfall tatsächlich Gebrauch wurde, soll für die Eröffnung des Anwendungsbereichs unerheblich sein.

Diese Vorgaben werden erfüllt, wenn man den Konzernbegriff auf Verbindungen von Gesellschaften begrenzt, die über Mehrheitsbeteiligung oder Beherrschungsvertrag vermittelt werden. Für den Rechtsverkehr und vor allem auch die Gläubiger, deren Interessen gemäß § 1 InsO im Insolvenzverfahren im Zentrum stehen[143], ist anhand dieser beiden objektiv überprüfbaren Kriterien erkennbar, ob sie es mit einem Konzern zu tun haben, der besonderen insolvenzrechtlichen Regelungen unterliegt. Sowohl die Mehrheitsbeteiligung als auch die Existenz eines Beherrschungsvertrags lassen sich zumindest in der abhängigen GmbH[144] grundsätzlich schon heute aus dem Handelsregister entnehmen.[145] Überdies müssen die derart verbundenen Konzernunternehmen ohnehin jährlich im Rahmen des Jahresabschlusses prüfen, ob sie dem Kreis der Unternehmen angehören, die gemäß § 290 HGB in den Konzernabschluss einzubeziehen sind.[146] Denn jedes so verbundene Konzernunternehmen ist gleichzeitig ein Konzernunternehmen im Sinne der Vorschrift des § 290 HGB, die ebenfalls die Möglichkeit eines beherrschenden Einflusses voraussetzt. Folglich wird ohnehin jährlich festgestellt, ob die Zugehörigkeit zu einem Konzern besteht. An diese Feststellung könnte ohne Mehraufwand angeknüpft werden, wenn beurteilt werden soll, ob die (im Folgenden zu entwickelnden) Regelungen des materiellen Konzerninsolvenzrechts greifen sollen.

---

141 Vgl. *Schumann*, Die Unternehmensgruppe im Insolvenzrecht, 30.

142 *Leutheusser-Schnarrenberger*, ZIP 2013, 97 (100).

143 Siehe dazu unten Seite 46 ff.

144 Siehe zur Bedeutung der GmbH als abhängige Gesellschaft im Konzern oben Seite 32 f.

145 Siehe zu Vorteilen der Erweiterung des Handelsregisters um einen expliziten Konzernvermerk unten Seite 192 ff.

146 Vgl. *Schmollinger*, Der Konzern in der Insolvenz, 257.

Schließlich ist eine eigenständige Begriffsbestimmung ohne Verweis auf bereits bestehende Definitionen vorteilhaft. Zum einen wird dadurch dem gesetzlichen Klarheitsgebot in besonderem Maße Genüge getan.[147] Zum anderen bestände bei der Übernahme einer bereits bestehenden Definition die Gefahr, falschen Vorstellungen oder Grundannahmen zu unterliegen. Jede Konzerndefinition wurde nämlich in einem spezifischen Kontext und zu einem spezifischen Zweck entwickelt.[148]

Nach alledem soll ein Konzern im Sinne des Anwendungsbereichs materiell-rechtlicher Regelungen eines Konzerninsolvenzrecht demnach vorliegen, wenn mindestens zwei Unternehmen durch Mehrheitsbeteiligung oder Beherrschungsvertrag mittelbar oder unmittelbar verbunden sind.[149]

2. Der Begriff der Konzerninsolvenz

Es liegt nahe, zur Definition des Begriffs der Konzerninsolvenz an die Legaldefinition der gruppeninternen Drittsicherheit in § 217 Absatz 2 InsO anzuknüpfen. Schließlich ist das Ziel der vorliegenden Untersuchung[150], zwischen dem Anwendungsbereich der Regelungen zur gruppeninternen Drittsicherheit[151] und der Diskussion um ein materielles Konzerninsolvenzrecht[152] eine Verbindung herzustellen. Für eine Konzerninsolvenz soll es demnach bereits ausreichen, wenn für mindestens eine der Gesellschaften eines Konzerns ein Eröffnungsgrund im Sinne von § 16 InsO vorliegt. Diese weite Definition bietet sich an, weil der Anwendungsbereich des § 217 Absatz 2 InsO ebenfalls schon bei der Insolvenz lediglich eines Unternehmens des Konzerns eröffnet ist.[153] Demgegenüber setzt beispielsweise der Anwendungsbereich des Gruppen-Gerichtsstands im Sinne von § 3a InsO mindestens zwei insolvente Gruppenunternehmen voraus.[154]

---

147 Vgl. *Hirte*, ZIP 2008, 444 (446).

148 *Druey*, in: FS Hommelhoff, 153; *Beck*, MwStR 2014, 359 (360).

149 Ähnlich, allerdings die in § 290 Absatz 2 Satz 1 Nummern 1-3 HGB aufgeführten Beispiele übernehmend *Schmollinger*, Der Konzern in der Insolvenz, 257; ebenfalls an § 290 Absatz 2 HGB anknüpfend: *Hirte*, ZIP 2008, 444 (446); unabhängig von 290 HGB lediglich auf Mehrheitsbeteiligung abstellend: *Vallender/Deyda*, NZI 2009, 825 (825).

150 Siehe dazu oben Seite 30 ff.

151 Siehe dazu unten Seite 110 ff.

152 Siehe dazu unten Seite 48 ff.

153 Siehe zum Anwendungsbereich des § 217 Absatz 2 InsO unten Seite 110 ff.

154 BT-Drucks. 18/407; Andres/Leithaus InsO-*Andres*, § 3a-e Rn. 5; Braun InsO-*Baumert*, § 3a Rn. 7.

3. *Der Begriff des materiellen Konzerninsolvenzrechts*

Zusammenfassend lässt sich der Gegenstand des materiellen Konzernin solvenzrechts dementsprechend folgendermaßen bestimmen: Das materielle Konzerninsolvenzrecht umfasst die rechtlichen Regelungen, die – in Abgrenzung zum formellen Konzerninsolvenzrecht – Inhalt und Voraussetzungen von Rechtsverhältnissen (wie Entstehung, Untergang und Veränderung) regeln, wenn für mindestens eine der durch Mehrheitsbeteiligung oder Beherrschungsvertrag verbundenen Gesellschaften ein Eröffnungsgrund im Sinne von § 16 InsO vorliegt, und die es ermöglichen (sollen), die verschiedenen Ziele der Beteiligten im Sinne einer bestmöglichen Gesamtreorganisation oder -liquidation auch gegen divergierende Einzelinteressen der verbundenen Gesellschaften und/oder einzelner Gläubiger durchzusetzen.

Diese Begriffsbestimmung deckt sich in Teilen mit einer Definition aus der Literatur, die ebenfalls auf die Summe der rechtlichen Regeln abstellt, aber sich bei der bestmöglichen Gesamtreorganisation ausschließlich an den Zielen des Konzerns und der Überwindung von Einzelinteressen von Konzerngesellschaften orientiert.[155] In Abgrenzung dazu steht bei der oben genannten Definition des materiellen Konzerninsolvenzrechts nicht nur der Konzern im Mittelpunkt. Stattdessen wird auf Regeln gezielt, die insgesamt zu einer bestmöglichen Verwertung im Sinne aller Beteiligten führen und in diesem Sinne auch gegen die Einzelinteressen aller Beteiligten durchgeführt werden können.

Auch die vom Gesetzgeber kodifizierte gruppeninterne Drittsicherheit lässt sich unter diese Definition subsumieren, soweit die von § 217 Absatz 2 InsO allgemein geforderte Verbindung der Unternehmen im Sinne von §§ 15 ff. AktG durch Mehrheitsbeteiligung oder Beherrschungsvertrag gebildet wird. Die Regelungen zur gruppeninternen Drittsicherheit stellen damit auf der Basis des erweiterten Begriffs die ersten Regelungen zu einem materiellen Konzerninsolvenzrecht im deutschen Recht dar.

II. Bewertungsmaßstab für mögliche Regelungsansätze

Der Bewertungsmaßstab, an dem sich die möglichen Regelungsansätze zu einem materiellen Konzerninsolvenzrecht messen lassen müssen, wird durch die allgemeinen Prinzipien des Insolvenzverfahrens und die mit ihm grundsätzlich

---

155 *Kübler*, ZGR 1984, 560 (591).

verfolgten Ziele und Zwecke gebildet.[156] Beim Insolvenzverfahren handelt es sich um ein Gesamtvollstreckungsverfahren. Dies ergibt sich insbesondere aus §§ 1, 35 Absatz 1 sowie 36 Absatz 1 InsO.[157] Das Insolvenzverfahren sorgt mit der ihm immanenten Ordnungsfunktion dafür, dass Unternehmen ohne marktgerechtes Geschäftsmodell den Markt in einem geordneten Verfahren verlassen müssen.[158] Deshalb ist es für die Funktionsweise der Marktwirtschaft von grundsätzlicher Bedeutung.[159] Dabei ist es nicht auf Umverteilung der Insolvenzmasse gerichtet, sondern vielmehr auf die Verwirklichung von Haftung.[160] Ein wesentliches Ziel von Insolvenzverfahren ergibt sich aus § 1 Satz 1 InsO. Danach sollen die Gläubiger eines insolventen Schuldners gemeinschaftlich befriedigt werden. Die einzelnen Verfahrensgrundsätze und Verfahrensziele sind allerdings nicht nur aus § 1 InsO zu entnehmen.[161] So ist insbesondere an den Regelungen in §§ 38 und 39 InsO abzulesen,[162] dass unter gemeinschaftlicher Befriedigung eine gleichmäßige Befriedigung (sog. par conditio creditorum) zu verstehen ist.[163] Hierin enthalten ist der Grundsatz der Gläubigergleichbehandlung.[164] Dieser greift über die Anfechtungsregelungen der §§ 129 ff. InsO bereits im Vorfeld der eigentlichen Insolvenz.[165] Das Insolvenzverfahren ist zudem vermögensorientiert und folglich auf die bestmögliche Verwertung des Schuldnervermögens gerichtet.[166] Dies spiegelt sich insbesondere in den Regelungen zur Haftung des Insolvenzverwalters (§§ 60 und 61 InsO) sowie im Obstruktionsverbot des § 245 InsO wider.[167] Auch der

---

156 Vgl. zur Methodik oben Seite 30 ff.

157 *Cranshaw/Portisch*, ZInsO 2020, 2072 (2078).

158 BT-Drucks. 12/2443, 75; *Schmidt*, ZInsO 2008, 291 (292).

159 BT-Drucks. 12/2443, 75; *Eidenmüller*, Unternehmenssanierung zwischen Markt und Gesetz, 51; zum internationalen Kontext jenseits der Marktwirtschaft *Paulus*, IPRax 1999, 148 (148 ff.).

160 Braun InsO-*Ludwig*, § 1 Rn. 2; *Andres/Möhlenkamp*, BB 2013, 579 (579); *Schade/Nissen*, NZI 2015, 1010 (1010).

161 Uhlenbruck InsO-*Pape*, § 1 Rn. 5; Kübler/Prütting/Bork InsO-*Prütting*, § 1 Rn. 3.

162 *Niering*, in: Konzerninsolvenzrecht, § 4 Rn. 2 f.; zur historischen Entstehung des par conditio Grundsatzes ausführlich *Konold*, Konzerninsolvenz, 30 ff.

163 BGH, Urteil vom 25.04.2002, IX ZR 313/99, ZIP 2002, 1093 (1095); Uhlenbruck InsO-*Pape*, § 1 Rn. 12; MüKoInsO-*Ganter/Bruns*, § 1 Rn. 52.

164 *Niering*, in: Konzerninsolvenzrecht, § 4 Rn. 3; MüKoInsO-*Ganter/Bruns*, § 1 Rn. 52.

165 Uhlenbruck InsO-*Pape*, § 1 Rn. 2.

166 BVerfG, Beschluss vom 23.05.2006, 1 BvR 2530/04, NZI 2006, 453 (454); BT-Drucks. 12/2443, 77; MüKoInsO-*Ganter/Bruns*, § 1 Rn. 20; Braun InsO-*Ludwig*, § 1 Rn. 3.

167 *Niering*, in: Konzerninsolvenzrecht, § 4 Rn. 4.

Regelung in § 163 InsO liegt dieser Ansatz zugrunde.[168] Weiteres wesentliches Merkmal des Insolvenzverfahrens ist das Prinzip der Gläubigerautonomie.[169] Die Gläubiger beschließen in der Gläubigerversammlung gemeinschaftlich über die konkrete Verwertung der Insolvenzmasse, beispielsweise gemäß §§ 157, 158 InsO darüber, ob ein Unternehmen fortgeführt oder stillgelegt werden soll.[170]

Zusammenfassend stellt das Insolvenzverfahren also ein marktordnendes Gesamtvollstreckungsverfahren dar, das unter Beachtung des Grundsatzes der Gläubigergleichbehandlung und des Prinzips der Gläubigerautonomie auf die bestmögliche gemeinschaftliche Befriedigung der Gläubiger gerichtet ist. Demnach zählen volkswirtschaftliche oder soziale Gesichtspunkte wie beispielsweise der Erhalt von Arbeitsplätzen nicht unmittelbar zu den Zielen eines Insolvenzverfahrens[171], wenngleich sie im gesamtgesellschaftlichen Interesse liegen mögen.[172] Auch der Erhalt eines Unternehmens ist für sich genommen grundsätzlich kein Verfahrensziel, sondern lediglich eine Variante, die zur bestmöglichen Gläubigerbefriedigung führen kann.[173]

Indirekt können diese Aspekte indes eine wesentliche Rolle spielen. Dementsprechend werden sie mitunter auch als sekundäre Verfahrenszwecke[174] oder Nebenziele[175] bezeichnet, die den übergeordneten Zielen dienen. Zum einen können sie nämlich zu einer bestmöglichen Gläubigerbefriedigung beitragen. So können beispielsweise durch den Erhalt von Arbeitsplätzen Kosten vermieden werden, die als Masseverbindlichkeiten die zu verteilende Insolvenzmasse verringern würden. Zu nennen sind insoweit sog. Auslauflöhne für Mitarbeiter oder die Kosten für Sozialpläne.[176] Auch gibt es Konstellationen, in denen nur mit den Arbeitnehmern und dem in ihnen liegenden Knowhow

---

168 *Niering*, in: Konzerninsolvenzrecht, § 4 Rn. 4.

169 Uhlenbruck InsO-*Pape,* § 1 Rn. 3; *Cranshaw/Portisch*, ZInsO 2020, 2072 (2078).

170 BGH, Urteil vom 12.03.2020, IX ZR 125/17, ZIP 2020, 1080 (1083); MüKoInsO-*Ganter/Bruns,* § 1 Rn. 56.

171 *Konold*, Konzerninsolvenz, 39; Uhlenbruck InsO-*Pape,* § 1 Rn. 12; a. A. indes für Arbeitsplätze *Trendelenburg*, NJW 2002, 647 (649).

172 *Vallender/Deyda*, NZI 2009, 825 (825); *Jensen*, Der Konzern in der Krise, 3.

173 *Brinkmann/Zipperer*, ZIP 2011, 1337 (1338); Uhlenbruck InsO-*Pape,* § 1 Rn. 7; *Vallender*, NZI 2020, 761 (762); *Eidenmüller*, Unternehmenssanierung zwischen Markt und Gesetz, 47.

174 MüKoInsO-*Ganter/Bruns,* § 1 Rn. 85.

175 Graf-Schlicker InsO-*Kexel,* § 1 Rn. 5.

176 *Konold*, Konzerninsolvenz, 39.

wirtschaftliche Vorteile realisiert werden können, welche die mit dem Erhalt der Arbeitsplätze verbundenen Kosten übersteigen.[177] Zu denken ist überdies an Warenvorräte oder halbfertige Leistungen, die oft besser verwertet werden können, wenn ein Unternehmen als Ganzes bestehen bleibt.[178] Nicht zuletzt sind Gewerbesteuereinnahmen unmittelbar mit dem Bestand eines Unternehmens verknüpft.[179] Zum anderen können die volkswirtschaftlichen oder sozialen Gesichtspunkte auch eine besondere Bedeutung für die Gläubiger haben, die außerhalb der rein quotalen Befriedigung ihrer Ansprüche im Insolvenzverfahren liegt. Diese sind dann im Rahmen der Gläubigerautonomie zu berücksichtigen.[180]

Bei der sich nun anschließenden Bewertung von möglichen Regelungsansätzen zu einem materiellen Konzerninsolvenzrecht bilden nach alledem die grundlegenden Ziele des Insolvenzverfahrens zwar den allgemeinen Maßstab der Bewertung. Darüber hinaus existiert allerdings eine Vielzahl von volkswirtschaftlichen oder sozialen Gesichtspunkten, welche zumindest indirekt die mit dem Insolvenzverfahren verfolgten Ziele unterstützen und daher in die Wertung einbezogen werden müssen.

B. Denkbare Regelungsansätze zu einem materiellen Konzerninsolvenzrecht

Im Zentrum der bisherigen rechtswissenschaftlichen Diskussion um mögliche Regelungen zu einem materiellen Konzerninsolvenzrecht steht dabei eindeutig die materielle Konsolidierung der Vermögen verschiedener Rechtsträger. Unter den klassischerweise diskutierten vier Modellen zur Lösung von mit Konzerninsolvenzen spezifisch verbundenen Problemkreisen[181] wird sie neben Verfahrenskoordination, Verfahrenskonzentration und Verfahrenskonsolidierung als einzige materiell-rechtliche Variante genannt.[182] Die Konzentration auf die materielle Konsolidierung ist derart ausgeprägt, dass sie teilweise sogar mit dem materiellen Konzerninsolvenzrecht

177 *Smid*, NZA 2000, 113 (114).
178 *Niering*, in: Konzerninsolvenzrecht, § 4 Rn. 8.
179 Kübler/Prütting/Bork InsO-*Olbing*, Steuerrecht in der Insolvenz, D. Gewerbesteuer Rn. 3.
180 Kübler/Prütting/Bork InsO-*Prütting*, § 1 Rn. 27.
181 Siehe dazu unten Seite 56 ff.
182 Vgl. beispielsweise *Eidenmüller/Frobenius*, Beilage ZIP 22, 2013, 1 (2); *Schumann*, Die Unternehmensgruppe im Insolvenzrecht, 65; *Konold*, Konzerninsolvenz, 45.

gleichgesetzt wird.[183] Insbesondere die aktuelle Gesetzgebung zur gruppeninternen Drittsicherheit zeigt indes, dass daneben weitere Varianten eines materiellen Konzerninsolvenzrechts denkbar sind, die nicht mit einer bedingungslosen Vermögenskonsolidierung einhergehen, wie dies bei einer Umsetzung des Ansatzes der materiellen Konsolidierung der Fall wäre. Diese Varianten sollen nach der Darstellung der materiellen Konsolidierung ebenfalls berücksichtigt werden.

I. Die materielle Konsolidierung

Auch wenn eine Vielzahl von Möglichkeiten denkbar ist, wie Regelungen eines materiellen Konzerninsolvenzrechts theoretisch aussehen könnten, wird im Folgenden der Ansatz der materiellen Konsolidierung den Schwerpunkt bilden. Er eignet sich für die argumentative Auseinandersetzung mit den Vor- und Nachteilen eines materiellen Konzerninsolvenzrechts deshalb besonders gut, weil er die weitreichendsten Eingriffe in dogmatische Grundprinzipien des Insolvenzrechts beinhaltet. Stärken und Schwächen werden so besonders sichtbar.

1. Materielle Konsolidierung der Vermögen sämtlicher Konzerngesellschaften

Die denkbar tiefgreifendsten Regelungen beständen in solchen, die zwar die einzelnen Rechtsträger eines Konzerns unangetastet ließen, aber zu einer grundsätzlichen Konsolidierung der verschiedenen Vermögen sämtlicher Konzerngesellschaften führten.[184] Umfasst wären von der Konsolidierung danach auch die Vermögen (noch) solventer Konzerngesellschaften. Das Ergebnis wäre eine einzige Konzerninsolvenzmasse, die aus den einzelnen Vermögensmassen der Konzerngesellschaften gebildet wird.[185] (Nur) Im Hinblick auf diese würde der Konzern im Insolvenzverfahren als eine rechtliche Einheit behandelt. Dieser Ansatz lässt sich allgemein als materielle Konsolidierung beschreiben.[186]

---

183 *Humbeck*, NZI 2013, 957 (958).

184 *Hirte*, in: FS Karsten Schmidt, 654.

185 *Konold*, Konzerninsolvenz, 46; *Beck*, DZWIR 2014, 381 (383).

186 *Jakobs*, Das Konzerninsolvenzverfahren, 110; *Verhoeven*, Die Konzerninsolvenz, 209; *Portisch*, Sanierung und Insolvenz aus Bankensicht, 454; *Konold*, Konzerninsolvenz, 46.

Die einheitliche Konzerninsolvenzmasse wird durch einen einzigen Konzerninsolvenzverwalter abgewickelt und auch im Übrigen wird das Insolvenzverfahren wie ein Einheitsverfahren durchgeführt. Deshalb wird neben dem Begriff der materiellen Konsolidierung auch die Bezeichnung der materiellen Verfahrenskonzentration verwendet.[187] So werden beispielsweise im Liquidationsfall die Insolvenzgläubiger sämtlicher Konzerngesellschaften entsprechend ihrer Quote an der Konzerninsolvenzmasse aus dieser befriedigt. Ein Insolvenzplanverfahren nach §§ 217 ff. InsO führt zur Erstellung eines einzigen, über die Grenzen der einzelnen Konzerngesellschaften hinweg geltenden Konzerninsolvenzplans. Der Plan erzeugt Wirkung für und gegen alle Gläubiger sämtlicher Konzerngesellschaften. Spielbildlich zur einheitlichen Konzerninsolvenzmasse müssen auch die Insolvenzgläubiger zusammengefasst werden.[188] Es gibt grundsätzlich nur eine Befriedigungsquote für alle Insolvenzgläubiger einer Gruppe – unabhängig davon, gegen welche Konzerngesellschaft ihr Anspruch ursprünglich gerichtet war. Auch die Gruppenbildung erfolgt unverändert.

Im Verhältnis der einzelnen, weiterhin fortbestehenden Konzerngesellschaften untereinander bedeutet die materielle Konsolidierung, dass ihre gegenseitigen Ansprüche im Insolvenzverfahren unberücksichtigt bleiben. Das Resultat ist mit demjenigen einer Konfusion vergleichbar,[189] bei der hingegen Schuldner und Gläubiger in einer Person zusammenfallen.[190]

Grundsätzlich sollten der Konzerninsolvenzverwalter und die Gläubiger darüber entscheiden können, einzelne Konzerngesellschaften von der materiellen Konsolidierung auszunehmen.[191] Dies erscheint beispielsweise in Konstellationen sinnvoll, in denen einzelne Konzerngesellschaften derart isoliert am Rande des Konzernkonstrukts stehen, dass sie für die Lösung der konzernspezifischen Probleme[192] unbedeutend sind oder die Einbeziehung ihrer Masse keinen wirtschaftlichen Vorteil für die Gläubiger verspricht.[193] Eine solche Freigabebefugnis entspräche auch der gesetzlich in § 32 Absatz 3

---

187 Beispielsweise *Jensen*, Der Konzern in der Krise, 43.

188 *Beck*, DZWIR 2014, 381 (383).

189 *Jensen*, Der Konzern in der Krise, 43; *Westpfahl/Janjuah*, ZIP 2008, 1 (6 f.).

190 BGH, Urteil vom 23.04.2009, IX ZR 19/08, MDR 2009, 950 (951).

191 Hiervon zu unterscheiden sind Varianten der materiellen Konsolidierung, in denen einzelne Konzerngesellschaften per se vom Konsolidierungskreis ausgeschlossen sind. Siehe dazu unten Seite 86 ff.

192 Siehe dazu unten Seite 56 ff.

193 Siehe zum Maßstab der Allokationseffizienz unten Seite 190 ff.

Satz 1 InsO lediglich vorausgesetzten, aber heute gewohnheitsrechtlich anerkannten[194] Möglichkeit des Insolvenzverwalters, Vermögenswerte freizugeben.[195] Der Insolvenzbeschlag freigegebener Vermögenswerte erlischt durch die Freigabeerklärung und der Schuldner erhält die Verfügungsbefugnis zurück.[196] Entsprechend könnten Konzerngesellschaften durch Freigabeerklärung des Konzerninsolvenzverwalters aus dem Konzerninsolvenzverfahren entlassen werden.

Für den Ansatz einer materiellen Konsolidierung sprechen insbesondere Überlegungen, die sich aus den (negativen) Folgen einer strikten Beachtung des Rechtsträgerprinzips in Konzerninsolvenzsachverhalten ableiten lassen. Danach soll mit der materiellen Konsolidierung eine Vereinfachung des Insolvenzverfahrens und eine Vergrößerung der Insolvenzmasse einhergehen. Besonders bedeutsam ist außerdem, dass das Konzept der materiellen Konsolidierung darüber hinaus zur Bewahrung eines Konzernmehrwerts und der Lösung konzernspezifischer Probleme beitragen könnte. Bestenfalls würde sich dies ebenfalls in einer Vergrößerung der Insolvenzmasse niederschlagen. Schließlich könnte mit einer materiellen Konsolidierung auch der sog. Domino-Effekt [197] verhindert werden.

a. Vereinfachung des Insolvenzverfahrens

Zunächst kann durch eine materielle Konsolidierung die Komplexität des Insolvenzverfahrens verringert und das Verfahren in der Folge insgesamt effizienter durchgeführt werden. Bei der Behandlung von Konzerninsolvenzen unter strikter Beachtung des Rechtsträgerprinzips, wie sie die InsO derzeit vorsieht, sind in vielen Konstellationen die verschiedenartigen Verflechtungen nur schwer aufzulösen.[198] Eine vollständige Entwirrung kann mitunter sogar derart hohe Kosten verursachen, dass sie die Insolvenzmasse(n) vollständig aufzehrt.[199] Die Vermögenspositionen werden im Konzernverbund nämlich in der Regel immer dorthin verschoben, wo sie den aktuell größtmöglichen

194 BVerwG, Urteil vom 23.09.2004, BVerwG 7 C 22.03, ZIP 2004, 2145 (2147).

195 BGH, Urteil vom 18.04.2013, IX ZR 165/12, ZIP 2013, 1181 (1183); MüKoInsO-*Peters*, § 35 Rn. 98.

196 BGH, Urteil vom 21.04.2005, IX ZR 281/03, ZIP 2005, 1034 (1034).

197 Siehe dazu unten Seite 61 ff.

198 A. A. im Jahr 1983 noch *Timm*, ZIP 1983, 225 (236 f.).

199 *Bezelgues*, Konzerninsolvenzen in der Europäischen Union, 72; *Hong*, Materielle Konsolidierung bei Konzerninsolvenz, 119.

Synergieeffekt für den gesamten Konzern versprechen.[200] Dies führt dazu, dass es nur mit sehr großem Aufwand möglich ist, die Vermögenspositionen stichtaggerecht und eindeutig einer Konzerngesellschaft zuzuordnen. Je größer der Konzernverbund, desto größer der damit verbundene Aufwand. Teilweise wird es – zumindest mit zeitlich und finanziell vertretbarem Aufwand – für außenstehende Dritte sogar unmöglich sein, Vermögenspositionen eindeutig zuzuordnen und den Konzernverbund vollständig zu entflechten.[201] Dies ist nicht zuletzt darauf zurückzuführen, dass für den Konzernverbund weniger bedeutende Konzerngesellschaften oft gar keinen umfassenden Zugang zu den benötigten Informationen und somit keine präzisen Kenntnisse sämtlicher Vorgänge im Konzern haben (können).[202] Außerdem ersparte eine materielle Konsolidierung auch den Aufwand, sämtliche konzerninterne zwischen den Konzerngesellschaften bestehende Ansprüche auseinanderzudividieren. Mitunter langwierige und kostenintensive hierauf gerichtete gerichtliche Auseinandersetzungen könnten vermieden werden.[203] Dadurch könnte die insgesamt zur Verfügung stehende Insolvenzmasse im Interesse aller Gläubiger gesteigert werden.[204] In diesem Kontext würde überdies vermieden, dass Anfechtungstatbestände zum Vorschein kommen, die ebenfalls komplizierte Rückabwicklungen nach sich ziehen können. Darüber hinaus könnten bereits im gewöhnlichen Geschäftsbetrieb, also bevor ein etwaiges Insolvenzverfahren überhaupt absehbar wäre, die innerhalb eines Konzerns liegenden Synergiepotentiale ohne Angst vor einer eventuellen Rückabwicklung voll ausgenutzt werden.[205]

b. Vergrößerung der Insolvenzmasse

Neben dem Gesichtspunkt einer vereinfachten Verfahrensdurchführung spricht für den Ansatz einer materiellen Konsolidierung die Aussicht auf eine Vergrößerung der Insolvenzmasse. Diese dient einem der Hauptziele des Insolvenzverfahrens, der bestmöglichen Gläubigerbefriedigung.[206] Dieser kann nämlich nicht nur durch gleichmäßige Umverteilung einer bestimmten Insolvenzmasse erreicht werden, sondern auch, indem die insgesamt zu

200 Siehe zum Konzernmehrwert unten Seite 54 ff.
201 *Druey*, in: FS Hommelhoff, 153.
202 *Verhoeven*, Die Konzerninsolvenz, 215.
203 *Madaus*, NZI-Beilage 2018, 4 (4).
204 Vgl. *Hirte*, ZIP 2008, 444 (449).
205 *Verhoeven*, Die Konzerninsolvenz, 232.
206 Siehe zu den Zielen oben Seite 46 ff.

verteilende Insolvenzmasse vergrößert wird.[207] In diesem Sinne beabsichtigte der Gesetzgeber eine marktkonforme Insolvenzbewältigung und die wirtschaftlich produktivste Verwendung der Insolvenzmasse.[208] Er folgt damit dem makroökomischen Ansatz, wonach eine wachsende Ökonomie für alle Marktteilnehmer vorteilhaft gegenüber einer Umverteilung ist. Oft wird in dem Kontext das Bild eines Kuchens verwendet, bei dem die (absolute) Größe eines Kuchenstücks mehr von der Gesamtgröße des Kuchens abhängt als von der relativen Größe der Kuchenstücke zueinander.[209]

c. *Reduzierung von Verfahrenskosten*

An der Schnittstelle zwischen Verfahrensvereinfachung und Massemehrung streitet für den Ansatz der materiellen Konsolidierung weiterhin der Umstand, dass Verfahrenskosten eingespart werden können.[210] Dies ergibt sich aus der simplen Logik, dass ein einziges Insolvenzverfahren über die Abwicklung einer einzigen Konzerninsolvenzmasse kostengünstiger durchgeführt werden kann als mehrere Insolvenzverfahren zur Abwicklung voneinander getrennter Massen der unterschiedlichen Konzerngesellschaften. Auch der mit einem einzigen Verfahren verbundene Verwaltungsaufwand ist entsprechend geringer. Voraussetzung ist freilich, dass mehrere Konzerngesellschaften von einer Insolvenz betroffen sind. Die geringeren Verfahrens- und Verwaltungskosten führen dann dazu, dass im gleichen Umfang die Masseverbindlichkeiten im Sinne von §§ 54 f. InsO reduziert werden. Spiegelbildlich wird die insgesamt zu verteilende Insolvenzmasse größer. An diesem Vorteil haben auch die Regelungen des Gesetzes zur Erleichterung der Bewältigung von Konzerninsolvenzen nichts geändert. Es wurde nämlich gerade keine verfahrensmäßige Zusammenfassung eingeführt, sondern stattdessen lediglich auf Kooperation unter Beibehaltung des strikten insolvenzrechtlichen Rechtsträgerprinzips gesetzt.[211] Es bleibt bei getrennten Insolvenzverfahren für jede einzelne Konzerngesellschaft und den damit verbundenen Kosten.

---

207 *Eidenmüller*, Unternehmenssanierung zwischen Markt und Gesetz, 18; *Konold*, Konzerninsolvenz, 33.

208 BT-Drucks. 12/2443, 77 f.

209 *Edmans*, Grow the pie, 15 ff.; *Rasmussen*, Fordham Journal of Corporate & Financial Law Vol. VII 2002, 393 (398).

210 *Hirte*, in: FS Karsten Schmidt, 645; *Jensen*, Der Konzern in der Krise, 48; *Hong*, Materielle Konsolidierung bei Konzerninsolvenz, 118.

211 Siehe insofern bereits die Ausführungen oben Seite 24 f.

d. *Effizienzgewinne durch Vermeidung von Interessenkonflikten*

Außerdem sind Effizienzgewinne dadurch zu erwarten, dass etwaige Interessenskonflikte eines oder mehrerer Insolvenzverwalter(s) von vornherein ausgeschlossen sind.[212] Solche Interessenskonflikte können zum einen auftreten, wenn ein Insolvenzverwalter für mehrere oder sämtliche Konzerngesellschaften zuständig ist.[213] Konzerngesellschaften treten einander nämlich oft als Gläubiger und Schuldner gegenüber, sodass der für mehrere Konzerngesellschaften bestellte Insolvenzverwalter Ansprüche gegen sich selbst geltend machen müsste.[214] Zu denken ist auch an Anfechtungssituationen, in denen die Ausübung des Anfechtungsrechts zugunsten der einen Gläubigergemeinschaft zu Lasten der anderen geht.[215] Zum anderen können sich naturgemäß zwischen mehreren Insolvenzverwaltern der unterschiedlichen Konzerngesellschaften Interessenskonflikte ergeben. Im Fall der materiellen Konsolidierung vertritt ein Konzerninsolvenzverwalter hingegen lediglich die Interessen einer einzigen Konzerninsolvenzmasse. Hierdurch sind aus Interessenskonflikten resultierende Ineffizienzen ausgeschlossen, eine effiziente Verwertung der Masse im Sinne sämtlicher Insolvenzgläubiger ist gewährleistet.

e. *Bewahrung eines Konzernmehrwerts und Lösung konzernspezifischer Probleme*

Besonders bedeutsam ist der Umstand, dass das Konzept der materiellen Konsolidierung darüber hinaus der Bewahrung eines Konzernmehrwerts dienen und zur Lösung konzernspezifischer Probleme beitragen kann. Auch dadurch ist es häufig dazu geeignet, die Insolvenzmasse zu vergrößern.

aa. *Konzernmehrwert*

Die materielle Konsolidierung ist grundsätzlich dazu geeignet, einen im Konzernkonstrukt selbst liegenden Mehrwert zu bewahren. Ob ein solcher Konzernmehrwert tatsächlich vorhanden ist, hängt insbesondere davon ab, wie stark die unternehmerischen und betrieblichen Funktionen der Konzerngesellschaften verflochten sind. Wenn ein Konzernmehrwert existiert, ist dieser nämlich insbesondere auf Synergieeffekte zurückzuführen, die sich nur bei Aufrechterhaltung der Konzernstrukturen weiterhin positiv auswirken

---

212 *Verhoeven*, Die Konzerninsolvenz, 232.

213 *Naraschewski*, in: Insolvenzrecht, Kap. 19 Rn. 7; vgl. zur Rechtsberatung im Konzern auch *Grunewald*, in: FS Prütting, 948.

214 *Graeber*, NZI 2007, 265 (266); *Fölsing*, ZInsO 2013, 413 (413).

215 *Humbeck*, NZI 2013, 957 (959).

können.[216] Diese ergeben sich beispielsweise aus der konzernweiten Nutzung von funktionalen Einheiten in den Bereichen Buchhaltung, IT, Rechtsberatung oder Kundenservice. Darüber hinaus können Betriebsstätten und Betriebsmittel konzernintern zu besonders günstigen Konzernverrechnungspreisen bereitgestellt werden. Konzernweite Cash-Pool-Systeme dienen der Optimierung der Liquiditätssteuerung.[217] Außerdem werden wechselseitig Darlehen gewährt oder besichert. IP-Rechte können auf verschiedene Konzerngesellschaften verteilt sein, ihr voller Wert aber nur gemeinsam mit anderen Patenten zu realisieren sein.[218] Schließlich führt auch die Ausnutzung schierer Marktmacht zu positiven Volumeneffekten beispielsweise in den Bereichen Finanzierung oder Einkauf, die mit dem Auseinanderbrechen der Konzernstruktur wegfallen. Nicht zuletzt kann die steuerliche Organschaft in Bezug auf Körperschaftssteuer (§ 14 KStG), Gewerbesteuer (§ 2 Absatz 2 Satz 2 GewStG) oder Umsatzsteuer (§ 2 Absatz 2 Nummer 2 UStG) schon mit Anordnung der vorläufigen Insolvenzverwaltung in der Regel nicht mehr genutzt werden, sondern es muss für die insolventen Konzerngesellschaften ein individueller Buchhaltungskreislauf eingerichtet werden.[219]

Dementsprechend ist die der materiellen Konsolidierung zugrundeliegende wirtschaftliche Betrachtung des Konzerns in der Regel vorteilhaft, wenn ein Konzernmehrwert vorliegt. So können die Konzernstrukturen und der in ihnen liegende Mehrwert für die Zeit des Insolvenzverfahrens aufrechterhalten werden. Hieraus resultiert dann ein höherer Fortführungswert im Falle des Verkaufs sämtlicher Konzerngesellschaften im Vergleich zum Verkauf nur der insolventen Konzerngesellschaften oder deren Liquidation.[220] Auch im Fall einer Liquidation des Gesamtkonzerns sind die Aussichten auf einen im Vergleich zur Einzelverwertung der Gesellschaften gesteigerten Liquidationserlös in der Regel höher.[221] Höherer Fortführungs- bzw. Liquidationswert sind dabei auf die Annahme zurückzuführen, dass im Konzern die Summe aller Konzerngesellschaften mehr wert ist als die einzelnen

---

216 *Fölsing*, ZInsO 2013, 413 (413); *Kühne*, in: Praxis der Insolvenz, § 32 Rn. 29.

217 Siehe dazu unten Seite 62 ff.

218 *Adam/Poertzgen*, ZInsO 2008, 347 (350).

219 *Wagner*, in: Steuerliche Organschaft, Rn. 24.42; vgl. auch Abschnitt 2.8 Absatz 12 UstAE; vgl. auch BFH, Urteil vom 27.11.2019, XI R 35/17, DZWIR 2020, 519 (522 ff.), wonach dies (nur) für Anordnung der vorläufigen Eigenverwaltung nicht (mehr) gilt.

220 *Hong*, Materielle Konsolidierung bei Konzerninsolvenz, 118; *Jensen*, Der Konzern in der Krise, 48; *Hirte*, in: FS Karsten Schmidt, 645.

221 *Jensen*, Der Konzern in der Krise, 48; *Hirte*, in: FS Karsten Schmidt, 645.

Teile.[222] Der Konzernmehrwert tritt dabei am offensichtlichsten bei Konzernen zutage, die im ökonomischen Sinne vertikal organisiert sind.[223] Löste man eine einzelne Konzerngesellschaft aus dem Konzern heraus, würde die durchlaufende Wertschöpfungskette, auf die vertikal organisierte Konzerne ausgerichtet sind, unterbrochen. Bei Mischkonzernen ist der Konzernmehrwert demgegenüber in der Regel nicht so stark ausgeprägt. Bei horizontalen Konzernen wird zumeist ein Konzernmehrwert festzustellen sein, der insbesondere auf Synergieeffekte vor allem in den Bereichen Finanzierung, Verwaltung, Einkauf oder Forschung und Entwicklung zurückzuführen ist. Auch hier gibt es allerdings Ausnahmen. Nur so ist es zu erklären, dass gewinnorientierte Hedgefonds nach der Übernahme von Konzernen einzelne Teile herauslösen und getrennt verkaufen.[224] Darüber hinaus ist auch die Separierung einzelner Konzerngesellschaften wie die jüngste Abspaltung der Aufzugssparte von Thyssenkrupp[225] ein Beispiel dafür, dass die Annahme von einem alles überragenden Konzernmehrwert im Einzelfall unzutreffend sein kann.

bb. Erhalt von Konzernstrukturen

Mit der materiellen Konsolidierung sämtlicher Konzerngesellschaften kann zudem konzernspezifischen Problemen entgegengetreten werden, die im Insolvenzfall eine Bewahrung des Mehrwerts erschweren oder gar verhindern. So ist in vertikal organisierten, organischen Konzernen[226], in denen die Konzerngesellschaften zusammen das Endprodukt herstellen, entscheidend,

---

222 *Madaus*, NZI-Beilage 2018, 4 (4); *Vallender/Deyda*, NZI 2009, 825 (826).

223 Siehe zu den betriebswirtschaftlichen Konzernbegriffen oben Seite 17 f.

224 Vgl. aktuell beispielsweise die Gerüchte um eine Zerschlagung der Münchener Rückversicherungs-Gesellschaft Aktiengesellschaft in München: *Süddeutsche Zeitung*, URL: https://www.sueddeutsche.de/wirtschaft/muenchener-rueck-dax-konzern-wehrt-sich-gegen-zerschlagung-1.811545 [Stand: 25.04.2022]; vgl. auch zur Bayer AG: *Manager Magazin*, URL: https://www.manager-magazin.de/lifestyle/glyphosat-vergleich-gescheitert-bayer-ag-bleibt-ziel-fuer-aggressive-hedgefonds-a-102b5bbe-6c6c-41c4-8eb5-1748bc8e849b [Stand: 25.04.2022].

225 Die Aufzugssparte wurde für 17,2 Milliarden Euro an die Finanzinvestoren Advent International und Cinven sowie die RAG-Stiftung verkauft: vgl. *Thyssenkrupp AG*, Pressemitteilung vom 27.03.2020, URL: https://www.thyssenkrupp.com/en/newsroom/press-releases/thyssenkrupp-sells-elevator-technology-business-for--17-2-billion-to-consortium-of-bidders-led-by-advent--cinven-and-rag-foundation-19840.html [Stand: 25.04.2022].

226 Siehe dazu oben Seite 35 ff.

dass jedes Glied der Lieferkette intakt und leistungsfähig bleibt. Die einzelnen Konzerngesellschaften sind wechselseitig aufeinander angewiesen, um ihre eigene Leistungsfähigkeit erhalten zu können. Fällt eine Konzerngesellschaft wegen einer Insolvenz aus, stellt dies die gesamte Lieferkette und damit den ganzen Konzern auf die Probe.[227] Gleiches gilt, wenn durch die Insolvenz (nur) einer Konzerngesellschaft Vermögensgegenstände nicht mehr konzernweit nutzbar sind, auf die aber viele andere Konzerngesellschaften für ihre Unternehmung angewiesen sind.[228] Zu denken ist etwa an Produktionsstätten oder Patente. Außerdem existieren Konzernstrukturen, in denen eine Sanierung außerhalb des Konzernverbundes unmöglich ist, obwohl sie im Sinne einer bestmöglichen Gläubigerbefriedigung gegenüber einer Liquidation vorzugswürdig wäre. Namentlich ist dies in zentral organisierten Unterordnungskonzernen[229] der Fall, in denen die einzelnen Konzerngesellschaften funktional so stark in die Konzernstrukturen eingebunden sind, dass sie allein nicht am Markt existieren können. Eine separate Sanierung ist dann faktisch ausgeschlossen.[230] Insgesamt ist in zentral organisierten Konzernen zu berücksichtigen, dass einzelne Konzerngesellschaften ihre ihnen zugedachte Funktion nicht mehr erfüllen können, wenn die Konzernstrukturen und die damit verbundene organisatorische Vernetzung durch ein Insolvenzverfahren aufgelöst werden. Auch in diesen Fällen geht der in der Struktur liegende Mehrwert verloren.[231]

cc. Erhalt des faktischen Informationszugangs

Ferner wird der optimalen Verwertbarkeit der Insolvenzmasse in Fallgestaltungen gedient, in denen zwar die rechtliche Verfügungsbefugnis – beispielsweise über Knowhow, Daten oder digitalisierte Werte wie Bitcoin – eindeutig geklärt, der faktische Informationszugang allerdings problematisch ist.[232] Schon in der Insolvenz eines nicht konzernierten Unternehmens stellt es für den Insolvenzverwalter eine schwierige Aufgabe dar, Zugang zu allen wesentlichen Informationen zu erhalten. Bereits dabei ist er grundsätzlich auf die Unterstützung des Schuldners bzw. seiner Organe angewiesen ist.[233] Diese

---

227 Vgl. zur Bedeutung von Lieferketten für die Weltwirtschaft *Paulus*, NZI-Beilage 2019, 8 (9 f.).

228 *Salord*, Fremdkapitalgeber in der Insolvenz, 114.

229 Siehe dazu oben Seite 38 ff.

230 *Jakobs*, Das Konzerninsolvenzverfahren, 48 f.; *Beck*, MwStR 2014, 359 (364).

231 *Jensen*, Der Konzern in der Krise, 12.

232 Vgl. *Paulus*, NZI-Beilage 2019, 8 (10).

233 *Geißler*, ZInsO 2020, 1622 (1622).

Aufgabe ist in Konzernen umso schwieriger.[234] Eine Aufrechterhaltung der Konzernstrukturen, wie sie mit der materiellen Konsolidierung verbunden ist, ist insoweit förderlich, als keine Informationsflüsse unterbrochen werden. Überdies führt die fortschreitende Wissensökonomie dazu, dass es immer schwieriger wird, einen faktischen Informationszugang zu schaffen. Zunehmend werden die Insolvenzgläubiger nämlich auf die Knowhow-Träger des Konzerns angewiesen sein, weil sie allein die im schuldnerischen Unternehmen liegenden Werte – selbst bei Kenntnis aller Informationen – gar nicht aktivieren können.[235] Auch insoweit ist die weitestgehende Aufrechterhaltung des Konzerns hilfreich.

dd. Erhalt der einheitlichen Leitung

Ganz grundsätzlich lässt sich der Konzernmehrwert nur (vollständig) realisieren, wenn die einheitliche Konzernleitung erhalten bleibt. Schon bei zwei getrennten Insolvenzverfahren ist dies nicht mehr möglich. Neben den bereits beschriebenen Interessenskonflikten[236] der Insolvenzverwalter bzw. Insolvenzmassen untereinander ist die Aufrechterhaltung der Leitungsmacht unmöglich, weil kein Insolvenzverwalter weisungsgebunden ist.[237]

Darüber hinaus ist auch bei der Insolvenz nur einer Konzerngesellschaft eine fortbestehende einheitliche Konzernleitung nicht garantiert. Die Auswirkungen der Insolvenz eines Konzernunternehmens auf die Konzernleitungsmacht sind nämlich sowohl im faktischen Konzern als auch im Vertragskonzern juristisch nicht abschließend geklärt. Bei Insolvenzsachverhalten von Vertragskonzernen ist seit der Ablösung der Konkursordnung durch die Insolvenzordnung nämlich immer noch umstritten, welche Auswirkungen die Insolvenz einer Konzerngesellschaft auf Beherrschungsverträge hat.[238] Die Auffassungen reichen von automatischer Beendigung[239] wie unter der Konkursordnung[240] über die Suspendierung des Weisungsrechts während

234 Vgl. *Ehricke*, Das abhängige Konzernunternehmen in der Insolvenz, 9 f. und 608 f.

235 *Paulus*, NZI-Beilage 2021, 9 (10).

236 Siehe dazu oben Seite 54.

237 *Graeber*, NZI 2007, 265 (269); MüKoInsO-*Vuia*, § 80 Rn. 111.

238 Ausführliche Darstellung bei *Göhmann/Winnen*, RNotZ 2015, 53 (61 ff.).

239 Emmerich/Habersack-*Emmerich*, § 297 AktG Rn. 52b; *Göhmann/Winnen*, RNotZ 2015, 53 (62); MüKoAktG-*Altmeppen*, § 297 Rn. 106 für den Regelfall der Insolvenz der Obergesellschaft und Rn. 116 ff. für den praktisch wenig relevanten Fall der Insolvenz der abhängigen Gesellschaft.

240 Dort unstreitig seit BGH, Urteil vom 14.12.1987, II ZR 170/87, DNotZ 1988, 621 (623).

des Insolvenzverfahrens der Tochtergesellschaft[241] bis hin zur einseitigen[242] oder beidseitigen[243] außerordentlichen Kündigungsmöglichkeit. Über die Ausübung dieser Möglichkeit soll der Insolvenzverwalter der abhängigen Konzerngesellschaft nicht nach freiem Ermessen entscheiden dürfen, sondern im Interesse der Gläubiger die Chance auf einen im Konzern liegenden Mehrwert wahren müssen.[244]

Parallel dazu wird auch zum faktischen Konzern einerseits argumentiert, dass die Leitungsmacht innerhalb eines Konzerns mit der Insolvenz eines Konzernunternehmens grundsätzlich beendet wird.[245] Die Leitungsmacht sei ausschließlich den Gesellschaftsorganen zugewiesen und der Insolvenzverwalter könne diese nicht ausüben.[246] Andererseits soll dies zumindest bei angeordneter Eigenverwaltung nicht gelten, weil die Leitungsstrukturen dort insgesamt aufrechterhalten würden.[247] Zwischen diesen Polen wird danach unterschieden, ob die Konzernobergesellschaft oder eine abhängige Konzerngesellschaft falliert. Im ersten Fall soll die Leitungsmacht erhalten bleiben, weil weiterhin (in Eigenverwaltung oder über den Insolvenzverwalter) gesellschaftsrechtlich von der Konzernobergesellschaft auf die abhängigen Konzerngesellschaften Einfluss genommen werden könne.[248] Im Fall der Insolvenz einer abhängigen Konzerngesellschaft soll die Leitungsmacht hingegen enden.[249] Die Ausübung von Leitungsmacht durch die Konzernobergesellschaft einerseits und der weisungsungebundene Insolvenzverwalter auf Seiten der abhängigen Konzerngesellschaft schließen einander aus. Dies gilt wegen der Regelung des § 276a InsO auch bei angeordneter Eigenverwaltung.

---

241 *Zeidler*, NZG 1999, 692 (697).

242 *Trendelenburg*, NJW 2002, 647 (650), nach der lediglich im Fall der Insolvenz der Obergesellschaft ein Kündigungsrecht der Untergesellschaft besteht.

243 Uhlenbruck InsO-*Hirte*, § 11 Rn. 407 für den Regelfall der Insolvenz der Obergesellschaft und Rn. 398 bei Insolvenz der abhängigen Gesellschaft.; *Beck*, MwStR 2014, 359 (365); einschränkend auf Kündigungsmöglichkeit für die jeweils nicht insolvente Gesellschaft *Zeidler*, NZG 1999, 692 (697).

244 Vgl. *Piepenburg*, NZI 2004, 231 (236).

245 Zur sog. faktischen Leitungsmacht auch bei AG als abhängiger Konzerngesellschaft MüKoAktG-*Bayer*, § 18 Rn. 9; zum Forschungsgegenstand indes oben Seite 32 f.

246 Uhlenbruck InsO-*Hirte*, § 11 Rn. 413.

247 *Ehricke*, ZInsO 2002, 393 (395).

248 *Beck*, MwStR 2014, 359 (365); *Specovius/Wilcken*, in: Insolvenzrechts-Handbuch, § 95 Rn. 104; *Böcker*, GmbHR 2004, 1314 (1315).

249 *Beck*, DZWIR 2014, 381 (385); *Specovius/Wilcken*, in: Insolvenzrechts-Handbuch, § 95 Rn. 104.

Unstreitig ist demgegenüber, dass sich die Aufrechterhaltung der Konzernhierarchien und die damit verbundene Konzernleitungsmacht positiv auf die Sanierungschancen auswirkt.[250] Ohne Leitungsmacht besteht nämlich die Gefahr, dass die wirtschaftliche Einheit aufgelöst wird und der Konzernmehrwert verloren geht. Folglich ist der Ansatz der materiellen Konsolidierung auch unter diesem Gesichtspunkt vorteilhaft. Auf die unterschiedlichen Sichtweisen zu Beendigung oder Aufrechterhaltung von faktischer oder vertraglich durch Beherrschungsverträge vermittelter Leitungsmacht kommt es dabei nicht an. Der Konzerninsolvenzverwalter kann im Rahmen des einheitlichen Konzerninsolvenzverfahrens in jedem Fall weiterhin auf die Binnenstruktur des Konzerns zurückgreifen und einheitliche Leitungsmacht im Sinne der Konzerninsolvenzmasse ausüben.

ee. Optimierte Abwicklung durch einen Gesamtplan

Außerdem ist eine bessere Verwertbarkeit der Insolvenzmasse zu erzielen, weil im Rahmen des Konzepts der materiellen Konsolidierung die Abwicklung durch einen Gesamtplan optimiert werden kann und sich der Mehrwert der konzernierten Gesellschaften auch so voll niederschlagen kann.[251] Ein Gesamtplan berücksichtigt den Umstand, dass die Ursachen der Unternehmenskrise oftmals gar nicht in der jeweiligen Konzerngesellschaft selbst liegen, sondern eine negative Folge des Konzernverbundes sind.[252] Eine beabsichtigte Sanierung muss dann zwingend eine konzernweite Dimension haben, um diese negativen Auswirkungen in den Fokus nehmen und beheben zu können. Schließlich kommt es darauf an, dass die Konzerngesellschaften nach Abschluss des Insolvenzverfahrens wieder als leistungsfähige Teilnehmer am Markt agieren können.[253] Auch nicht insolvente Konzerngesellschaften würden dabei von einer konzernweiten Neuausrichtung über einen Gesamtplan profitieren, die sich an den aktuellen Marktumständen orientiert.[254] Außerhalb der materiellen Konsolidierung handelte es sich hierbei um einen unzulässigen Vertrag zu Lasten Dritter.[255]

---

250 *Kühne*, in: Praxis der Insolvenz, § 32 Rn. 33; *Vallender*, NZI 2020, 761 (762); *Konold*, Konzerninsolvenz, 206.

251 *Verhoeven*, Die Konzerninsolvenz, 233.

252 *Wellensiek*, ZIP 1984, 541 (541); *Ehricke*, ZInsO 2002, 393 (394).

253 Vgl. zur Ordnungsaufgabe des Insolvenzrechts in der sozialen Marktwirtschaft: BT-Drucks. 12/2443, 75 ff.

254 *Ehricke*, ZInsO 2002, 393 (394).

255 *Westpfahl/Janjuah*, ZIP 2008, 1 (6); *Ehricke*, ZInsO 2002, 393 (394).

Demgegenüber existieren indes auch Konstellationen, in denen eine Verwertung des gesamten Konzerns nicht sonderlich vielversprechend ist und es folglich auf die Sanierungschancen einzelner Teilbereiche des Konzerns ankommt. Zu nennen sind hier insbesondere Mischkonzerne, in denen die Konzerngesellschaften als autonome Wirtschaftseinheiten agieren. Eine Gesamtstrategie ist hier für eine erfolgreiche Sanierung oder Abwicklung nicht notwendig.[256] Getrennte Insolvenzverfahren über die einzelnen insolventen Konzerngesellschaften sind in diesen Fällen aus wirtschaftlicher Sicht besser dazu geeignet, die konzernisolierten Zukunftschancen eines Unternehmens zu beurteilen.[257]

ff. Verhinderung von Insolvenzen durch Disziplinierungswirkung

Überdies könnte ein „drohendes" Konzerninsolvenzverfahren eine Disziplinierungswirkung entfalten.[258] Wenn die Insolvenz einer Konzerngesellschaft das Insolvenzverfahren über den gesamten Konzern nach sich zöge, müsste die Konzernleitung Kapitalausstattung und operative Führung der Konzerngesellschaften noch mehr im Blick haben. Nur so könnten negative Auswirkungen auf die Konzernstruktur verhindert werden, die neben der Haftungstrennung weitere wesentliche wirtschaftliche Vorteile beinhaltet.[259]

f. Verhinderung von Domino-Effekten

Schließlich verhinderte der Ansatz der materiellen Konsolidierung den sog. Domino-Effekt, der oftmals als Argument gegen die Aufrechterhaltung des strikten Rechtsträgerprinzips in Sachverhalten von Konzerninsolvenzen angeführt wird.[260] Dieser verhindert nämlich nicht selten Sanierungsvorhaben und vernichtet dabei den im Konzernverbund selbst liegenden Mehrwert.[261] Die konzerntypischen Gefährdungslagen, welche Domino-Effekte nach sich ziehen können, sind dabei vielfältig.[262] Sie reichen von rein funktionalen

---

256 *Kühne*, in: Praxis der Insolvenz, § 32 Rn. 32.

257 *Adam/Poertzgen*, ZInsO 2008, 281 (282); *Timm*, ZIP 1983, 225 (237).

258 *Ehricke*, DZWIR 1999, 353 (358).

259 Siehe dazu oben 54 ff.

260 Vgl. BT-Drucks. 19/24181, 199; *Siemon/Frind*, NZI 2013, 1 (4 ff.); *Humbeck*, NZI 2013, 957 (959).

261 *Westpfahl/Dittmar*, NZI-Beilage 2021, 46 (46).

262 Vgl. umfassende Aufzählungen bei *Laroche*, ZInsO 2017, 2585 (2586 f.); *Deyda*, Der Konzern im europäischen internationalen Insolvenzrecht, 27 f.; *Siemon/Frind*, NZI 2013, 1 (4 ff.).

Verflechtungen[263], deren Zusammenbruch den Konzern faktisch handlungsunfähig machen kann, über sog. Konzernkündigungsklauseln[264], die an die Bonität einer anderen Konzerngesellschaft anknüpfen, und sog. Covenants in Konzernrahmenkrediten[265], die auf das konzernweit zur Verfügung stehende Haftungssubstrat abstellen und eine Kündigungsmöglichkeit vorsehen, wenn die bei Vertragsschluss bestehende Haftungsmasse deutlich unterschritten wird, bis hin zu schuldrechtlichen oder dinglichen Haftungsverstrickungen durch wechselseitig bestellte Sicherheiten.[266] Dabei kann der Effekt sowohl in Konstellationen auftreten, in denen die Tochtergesellschaft Sicherheiten für die Konzernobergesellschaft stellt (sog. Upstream-Sicherheiten), als auch in solchen, in denen umgekehrt die Konzernobergesellschaft für ihre Tochter Sicherheiten stellen (sog. Downstream-Sicherheiten), als auch in solchen, in denen sich Tochtergesellschaften untereinander Sicherheiten stellen (sog. Sidestream-Sicherheiten).[267]

Wenn allerdings bereits mit der Insolvenz des ersten Rechtsträgers eines Konzerns die Vermögen sämtlicher Konzerngesellschaften zusammengefasst und in einem Konzerninsolvenzverfahren behandelt werden, sind der Domino-Effekt und die mit ihm verbundenen Auswirkungen ausgeschlossen.

Diese zeigen sich besonders eindringlich am Beispiel der Eingliederung einer Konzerngesellschaft in ein sog. Cash-Pool-System.[268] Dabei handelt es sich um ein oft genutztes Instrument der Konzerninnenfinanzierung.[269] Verfügbare Finanzmittel der einzelnen Konzerngesellschaften werden beim physischen[270] Cash-Pooling regelmäßig bei der Konzernobergesellschaft oder einer Finanzierungsgesellschaft gesammelt und bedarfsgerecht an die übrigen Konzerngesellschaften weitergeleitet.[271] Mit Hilfe dieses zentralen

---

263 *Wenner/Schuster*, ZIP 2008, 1512 (1513).

264 *Laroche*, ZInsO 2017, 2585 (2587).

265 *Burg/Westerheide*, BB 2008, 62 (64); *Freudenberger*, Das Schuldverschreibungsgesetz, 123 f.

266 Siehe dazu unten Seite 107 ff.

267 *Hoegen/Kranz*, NZI 2021, 105 (107); *Morgen/Arends u.a.*, ZRI 2021, 305 (310), die für Sidestream-Sicherheit den Begriff Crossstream-Sicherheit verwenden.

268 Frei übersetzt „Liquiditätsbündelung“, vgl. *Sieder*, Cash Pooling im GmbH-Konzern, 36.

269 *Vetter/Lauterbach*, in: Holding-Handbuch, § 11 Rn. 11.1.

270 Vgl. zum ebenfalls existenten virtuellen Cash-Pooling *Morsch*, NZG 2003, 97 (97 f.); *Holzborn*, in: Haftung und Insolvenz im GmbH-Recht, Rn. 252 ff.

271 *Sieder*, Cash Pooling im GmbH-Konzern, 36; *Morsch*, NZG 2003, 97 (97).

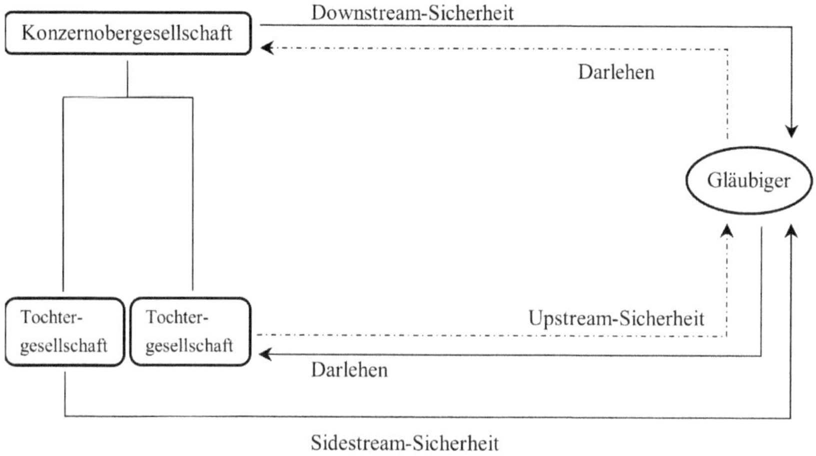

Abbildung 2

Liquiditätsausgleichs wird sichergestellt, dass die im Konzernverbund freien Finanzmittel dort eingesetzt werden können, wo sie aktuell benötigt werden.[272] Dadurch werden die Vorteile der wirtschaftlichen Einheit des Konzernverbundes wieder nutzbar, die durch die Verteilung der Unternehmungen auf verschiedene Rechtsträger rechtlich zunächst aufgehoben wurde.[273] Die einzelnen Konzerngesellschaften müssen die benötigten Finanzmittel nicht extern am Markt beschaffen, der Konzernverbund insgesamt spart damit verbundene Aufwendungen wie Überziehungszinsen.[274] Darüber hinaus wird die Beschaffung gegebenenfalls benötigter externer Finanzmittel gemeinsam organisiert, wodurch der Konzern seine durch Volumeneffekte verbesserte Verhandlungsmacht gegenüber den finanzierenden Gläubigern ausnutzen kann.[275] Rechtlich handelt es sich bei den Zahlungen innerhalb eines Cash-Pooling-Systems um Darlehen, die sich die Konzerngesellschaften wechselseitig

---

272 *Sieder*, Cash Pooling im GmbH-Konzern, 36; *Morsch*, NZG 2003, 97 (97).

273 *Specovius*, in: Konzerninsolvenzrecht, § 3 Rn. 128.

274 *Theisen*, Der Konzern, 455; *Vetter/Lauterbach*, in: Holding-Handbuch, § 11 Rn. 11.2; *Morsch*, NZG 2003, 97 (98).

275 *Geiwitz*, in: Konzerninsolvenzrecht, § 4 Rn. 520; *Morsch*, NZG 2003, 97 (98); *Holzborn*, in: Haftung und Insolvenz im GmbH-Recht, Rn. 247.

gewähren.[276] Dies führt bei einer Auszahlung von der Konzernobergesellschaft an eine später fallierende Konzerngesellschaft (sog. Downstream-Finanzierung) gemäß § 39 Absatz 1 Nummer 5 InsO dazu, dass die Ansprüche der Konzernobergesellschaft als Nachrangforderung zu behandeln sind.[277] Jede im Jahr vor dem Antrag auf Eröffnung eines Insolvenzverfahrens von der Konzerngesellschaft geleistete Tilgung ist dementsprechend anfechtbar, vgl. § 135 Absatz 1 Nummer 2 InsO.[278] Dem könnte nur mit einem sehr zeitigen Ausschluss der Konzerngesellschaft aus dem Cash-Pooling-System begegnet werden, was wiederum ihre Finanzierungsaussichten am externen Markt nicht verbessern wird.[279] Umgekehrt kann in einer akuten Krise der Konzernobergesellschaft auch die Geschäftsleitung einer Konzerngesellschaft wegen des Zahlungsverbots in § 15b Absatz 1 Satz 1 InsO dazu verpflichtet sein, ein solches Cash-Pooling-System sehr kurzfristig zu verlassen und die Upstream-Finanzierung der Konzernobergesellschaft einzustellen.[280] Auch wenn der Gesetzgeber die Ausnahmen vom Zahlungsverbot gegenüber der alten Regelungen in § 64 GmbHG aF und § 92 AktG aF jüngst erweitert hat,[281] müsste eine mit der Teilnahme am Cash-Pool-System verbundene Zahlung weiterhin im ordnungsgemäßen Geschäftsgang erfolgen, um § 15b InsO zu genügen. Dies wäre insbesondere dann der Fall, wenn sie der Aufrechterhaltung des Geschäftsbetriebs diente. Dabei ist auf den Geschäftsbetrieb der jeweiligen Konzerngesellschaft – und nicht denjenigen des Konzerns – abzustellen.[282] Es sind damit durchaus Konstellationen denkbar, in denen es aus der maßgeblichen Sicht der betroffenen Konzerngesellschaft und ihrer Gläubiger vorteilhaft wäre, das Cash-Pool-System zu verlassen und keine weiteren Zahlungen an die Konzernobergesellschaft zu leisten. Damit würden die Liquiditätsströme innerhalb des Konzerngeflechts von einem Tag auf den anderen unterbrochen. Die übrigen Konzerngesellschaften können hiervon vollkommen unvorbereitet

---

276 BGH, Urteil vom 16.01.2006, II ZR 76/04, NJW 2006, 1736 (1737); *Holzborn*, in: Haftung und Insolvenz im GmbH-Recht, Rn. 259; *Specovius*, in: Konzerninsolvenzrecht, § 3 Rn. 128; *Sieger/Hasselbach*, BB 1999, 645 (646).

277 *Geiwitz*, in: Konzerninsolvenzrecht, § 4 Rn. 527; *Holzborn*, in: Haftung und Insolvenz im GmbH-Recht, Rn. 278.

278 Siehe dazu unten Seite 99.

279 *Holzborn*, in: Haftung und Insolvenz im GmbH-Recht, Rn. 287.

280 Vgl. noch zu § 64 GmbHG aF: *Specovius*, in: Konzerninsolvenzrecht, § 3 Rn. 147.

281 Vgl. Artikel 5 des SanInsFoG, BGBl. Jahrgang 2020 Teil I Nr. 66, ausgegeben zu Bonn am 29. Dezember 2020, 3282 f.

282 *Hodgson*, NZI-Beilage 2021, 85 (86).

getroffen werden. Die so unvermittelt auftretenden Liquiditätsengpässe erhöhen die Gefahr weiterer Insolvenzen.[283] Befänden sich wegen einer materiellen Konsolidierung ohnehin sämtliche Konzerngesellschaften im Konzerninsolvenzverfahren, könnte es zu dieser Situation nicht kommen. Der Konzerninsolvenzverwalter wäre nämlich in der Lage, die notwendigen Zahlungsströme innerhalb des Cash-Pool-Systems aufrechtzuerhalten.

g. *Berücksichtigung von wirtschaftlichen Realitäten*

Neben den dargestellten Argumentationslinien bietet die materielle Konsolidierung einen weiteren Vorteil gegenüber der strikten Beachtung des Rechtsträgerprinzips. Er besteht darin, dass sie insgesamt zu Ergebnissen führt, welche die wirtschaftliche Realität besser abbilden.[284] Die isolierte Betrachtung nur der einzelnen Konzerngesellschaften ist hingegen künstlich.[285] Dies zeigt sich insbesondere am Außenauftritt vieler Konzerngesellschaften, die am Markt werbend als eine Unternehmung auftreten und sich selbst als Einheit darstellen. Genutzt werden dabei beispielsweise ein gemeinsamer Namenskern in der Firma der Konzerngesellschaften[286] oder explizite Erklärungen über die Zugehörigkeit[287] zu einem Konzern.[288] Sog. Markentransfers zielen gerade darauf ab, die verschiedenen Konzerngesellschaften am Goodwill der Konzernobergesellschaft oder erfolgreicher Produkte von Konzerngesellschaften partizipieren zu lassen.[289] Dementsprechend vertraut der Geschäftsverkehr beim Vertragsschluss auch auf den hinter dem jeweiligen konkreten Vertragspartner stehenden Konzern und eine entsprechende finanzielle Einstandspflicht.[290] Die Bonität einzelner Gesellschaften dürfte deshalb bei der Risikoabschätzung der Insolvenzgläubiger vor der Begründung einer Geschäftsbeziehung mit dem Schuldner nur in den seltensten Fällen eine Rolle

---

283 *Salord*, Fremdkapitalgeber in der Insolvenz, 114.

284 Vgl. *Verhoeven*, Die Konzerninsolvenz, 214 f.

285 *Beck*, DZWIR 2014, 381 (384).

286 Beispielsweise RWE AG, RWE Renewables GmbH, RWE Supply & Trading GmbH, RWE Nuclear GmbH, RWE Trading Services GmbH etc.

287 Beispielsweise MHP Management- und IT-Beratung GmbH mit dem Zusatz „A Porsche Company“ oder Aral AG mit dem Zusatz „Ein Unternehmen der BP Group“.

288 *Fleischer*, ZHR 163 (1999), 461 (466); *Koppensteiner*, in: FS Hopt, 978.

289 *Fleischer*, ZHR 163 (1999), 461 (466).

290 *Hong*, Materielle Konsolidierung bei Konzerninsolvenz, 116; *Fleischer*, ZHR 163 (1999), 461 (466); *Jensen*, Der Konzern in der Krise, 49; *Timm*, ZIP 1983, 225 (236).

spielen. Außerdem ist das Risikoprofil der einzelnen Konzerngesellschaften auch nicht vom Rechtsträgerprinzip als solchem abhängig. Entscheidend ist stattdessen vielmehr die Gewinnverteilungspolitik innerhalb des Konzerns.[291] Selbst Banken und Rating-Agenturen dürften daher Schwierigkeiten haben, die Zusammenhänge hinreichend genau zu bestimmen.[292]

Indes darf nicht übersehen werden, dass der Gesetzgeber mit der Schaffung des Rechtssubjekts der beschränkt haftenden juristischen Person bestimmte wirtschaftliche Ziele verfolgte. Eines dieser Ziele ist die Förderung von Investitionen und unternehmerischem Handeln.[293]

Durch die Haftungstrennung hat es der Gesetzgeber zunächst Unternehmern ermöglicht, das Insolvenzrisiko ihres unternehmerischen Handelns auf einen Teil ihres Vermögens zu begrenzen. Sie leisten mit dem Eigenkapital ihren Risikobeitrag, das übrige Privatvermögen wird durch § 13 Absatz 2 GmbHG geschützt. Dadurch besteht im Regelfall keine Gefahr, neben den in die Unternehmung eingebrachten Vermögenswerten auch noch das private Vermögen zu verlieren. Dies erzeugt eine wissenschaftlich belegte positive Risikoneigung, die Grundvoraussetzung für jede Investition ist.[294] Unternehmerisches Handeln wird durch diesen risikobegrenzten Kapitaleinsatz begünstigt.[295] Eine Durchbrechung dieser Haftungstrennung könnte demgegenüber die gesellschaftliche Wertschöpfung insbesondere dort negativ beeinflussen, wo das Risiko der Investition besonders hoch ist.[296] Das insolvenzrechtlich verankerte Rechtsträgerprinzip und die mit ihm einhergehende Haftungstrennung dienen also dem Schutz der Gesellschafter, die hinter der am Markt tätigen juristischen Person stehen – und nicht dem Schutz der Gläubiger.[297]

291 *Andres/Möhlenkamp*, BB 2013, 579 (581); siehe zur zufälligen Vermögensverteilung auch Seite 66 f.

292 *Andres/Möhlenkamp*, BB 2013, 579 (581).

293 Vgl. zuletzt im Rahmen des Gesetzes zur Modernisierung des GmbH-Rechts und zur Bekämpfung von Missbräuchen (MoMiG) BT-Drucks. 16/6410, 26.

294 *Sester*, ZIP 2005, 2099 (2100); *Paulus*, ZIP 2000, 2189 (2189); *Verhoeven*, Die Konzerninsolvenz, 236.

295 Vgl. zur finanzwirtschaftlichen Wirkung der Haftungsbeschränkung *Trautmann*, Die Legitimation der beschränkten Haftung im Konzern, 95 ff.

296 *Fülbier/Gassen*, in: Kosten und Nutzen des faktischen Konzerns, 50 f.

297 *Verhoeven*, Die Konzerninsolvenz, 244.

Die Haftungstrennung gilt grundsätzlich auch in Konzernsituationen zwischen den Konzerngesellschaften.[298] Die Haftungstrennung zwischen den Konzerngesellschaften ist häufig auch der eigentliche Beweggrund für die Bildung von Konzernstrukturen.[299] Dennoch wird diskutiert, ob der Gesetzgeber auch den Schutz des Risikokapitals ganz generell im Blick hatte, welches heutzutage in Konzernen nicht selten einen großen Anteil am Unternehmensvermögen ausmachen dürfte.[300] Der Zweck von § 13 Absatz 2 GmbHG besteht als Ausdruck des Trennungsprinzips zunächst darin, die *persönliche* Haftung des Gesellschafters auszuschließen.[301] Es wird daher vereinzelt eingewandt, dass eine rein formale Verteilung der Haftung auf mehrere Konzerngesellschaften von diesem Gesetzeszweck nicht mehr umfasst ist, soweit die Gesellschaften gemeinsam ein einheitliches unternehmerisches Ziel verfolgen.[302] Insbesondere in Konzernstrukturen, in denen auch die Konzernobergesellschaft als GmbH verfasst ist, wird die Frage gestellt, ob es des mehrfachen, über mehrere Ebenen wirkenden Schutzes von § 13 Absatz 2 GmbHG bedarf, welcher die Position der Gläubiger schwächt.[303] Der konzernierten GmbH könnte die von § 13 Absatz 2 GmbHG vorausgesetzte Selbständigkeit fehlen, soweit sie einer Betriebsabteilung gleich für die Ziele des Gesamtkonzerns eingesetzt wird.[304] Grundsätzlich bleibt aber die Wertentscheidung des Gesetzgebers bestehen, der eine Einschränkung der Haftungstrennung für den Fall von Konzernierungen nicht vorgesehen hat.[305]

Schließlich ist in diesem Zusammenhang zu beachten, dass die mit dem Rechtsträgerprinzip verbundene Haftungstrennung bei einer Insolvenz sämtlicher Konzerngesellschaften obsolet ist.[306] Folglich dürften die Gesellschafter der Konzerngesellschaften zumindest in solchen Konstellationen kein

---

298 *Trautmann*, Die Legitimation der beschränkten Haftung im Konzern, 341 f.; MüKoGmbHG-*Liebscher*, Anhang zu § 13 Rn. 214; MüKoAktG-*Heider*, § 1 Rn. 65.

299 *Brünkmans*, ZIP 2013, 193 (194); Lutter/Hommelhoff GmbHG-*Hommelhoff*, Anhang zu § 13 Rn. 1.

300 *Verhoeven*, Die Konzerninsolvenz, 245.

301 MüKoGmbHG-*Merkt*, § 13 Rn. 332.

302 *Sonnenschein/Holdorf*, JZ 1992, 715 (723); a. A. *Trautmann*, Die Legitimation der beschränkten Haftung im Konzern, 341 ff.; a. A. insbesondere in internationalem Kontext *Lutter*, ZIP 1985, 1425 (1432).

303 Zweifelnd bereits *Wiedemann*, ZGR 1986, 656 (670 f.).

304 *Sonnenschein/Holdorf*, JZ 1992, 715 (723); a. A. *Trautmann*, Die Legitimation der beschränkten Haftung im Konzern, 341 ff.

305 *Trautmann*, Die Legitimation der beschränkten Haftung im Konzern, 341 f.

306 Ähnlich *Verhoeven*, Die Konzerninsolvenz, 247.

schützenswertes Interesse mehr daran haben, die Haftungstrennung zwischen den einzelnen Gesellschaften aufrechtzuerhalten. Die mit der Haftungstrennung beabsichtigte Risikodiversifizierung zum Schutz des Konzerns vor einer Gesamtinsolvenz hat sich dann nicht positiv ausgewirkt.

h. Gegenwärtige Durchbrechungen der Haftungstrennung

Nicht zuletzt wurde die auf das Rechtsträgerprinzip zurückzuführende Haftungstrennung im deutschen Rechtssystem auch bereits mehrfach durchbrochen.

aa. Durchbrechung durch den Gesetzgeber

Der Gesetzgeber hat insbesondere mit den Regelungen in § 302 Absatz 1 AktG und § 311 Absatz 1 AktG Ausgleichspflichten statuiert, die zur Durchbrechung der Haftungsschranken zwischen Konzerngesellschaften führen.[307] Darüber hinaus gibt es beispielsweise im Kapitalmarkt- und Bankrecht[308], im Wettbewerbsrecht oder im Energie- und Umweltrecht bereits einzelne Durchbrechungen der Haftungssegmentierung.[309]

bb. Durchbrechung durch die Rechtsprechung

Daneben ist festzuhalten, dass auch die Rechtsprechung die grundsätzlich geltende Haftungsbeschränkung des § 13 Absatz 2 GmbHG in Einzelfällen bereits modifiziert hat. Zum einen ergingen Urteile in Missbrauchsfällen, in denen die Rechtsform der GmbH und die mit ihr verbundene Beschränkung der persönlichen Haftung der Gesellschafter von diesen missbraucht wurde. Die prominenteste Fallgruppe derartiger Missbrauchsfälle, die zu einer sog. echten Durchgriffshaftung führten, ist die Vermögensvermischung.[310] Soweit die Vermögen von Gesellschaft und Gesellschafter nicht mehr klar unterschieden werden können und dieser Zustand vom Gesellschafter herbeigeführt worden ist, können die Kapitalerhaltungsvorschriften des GmbHG nicht greifen. Deshalb bleibt auch für die Privilegierung des Gesellschafters über § 13 Absatz 2 GmbHG kein Raum. Er haftet dann in Analogie zu § 128 HGB persönlich und unbeschränkt für die Verbindlichkeiten der

---

307 *Verhoeven*, Die Konzerninsolvenz, 242.

308 Siehe dazu unten Seite 81.

309 Vgl. dazu im Einzelnen *Hommelhoff*, ZGR 2019, 379 (380), der einen dahingehenden Trend ausmacht.

310 *Bitter*, ZInsO 2018, 625 (656).

GmbH.[311] Zum anderen ermöglichte auch die Fallgruppe des existenzvernichtenden Eingriffs Gesellschaftsgläubigern zeitweise[312] in Form einer Durchgriffshaftung die Möglichkeit, direkt auf das Vermögen des Gesellschafters zuzugreifen. Dieser konnte sich nicht auf § 13 Absatz 2 GmbHG berufen, wenn er der Gesellschaft missbräuchlich Vermögen entzogen hat, das sie zur Erfüllung ihrer Verbindlichkeiten benötigte.[313] Mittlerweile wird der existenzvernichtende Eingriff als Fallgruppe der vorsätzlichen sittenwidrigen Schädigung gemäß § 826 BGB behandelt und ist als sog. Innenhaftung ausgestaltet. Der Anspruch ist demnach von der Gesellschaft (bzw. ihrem Insolvenzverwalter) gegenüber dem Gesellschafter geltend zu machen. Das Trennungsprinzip bleibt ausdrücklich wieder gewahrt.[314] Danach ist der Gesellschafter gegenüber der Gesellschaft nach § 826 BGB zum Schadensersatz verpflichtet, wenn er ihr mindestens bedingt vorsätzlich und in sittenwidriger Weise das Vermögen entzogen hat, das der Zweckbindung zur vorrangigen Befriedigung der Gesellschaftsgläubiger unterlag, und dadurch eine Insolvenz verursacht oder vertieft wird.[315] Dies gilt allgemein auch in Konzernkonstellationen.[316] Zu beachten ist hinsichtlich der Rechtsprechung zu dieser Thematik allerdings ganz grundsätzlich, dass es sich bei Konstellationen des Rechtsformmissbrauchs und des existenzvernichtenden Eingriffs um besondere Einzelfälle handelt, welche die Sanktionierung eines *Missbrauchs* bzw. eines vorsätzlichen *sittenwidrigen* Verhaltens zum Gegenstand haben. Diese Ansätze sind für eine Lösung der allgemeinen insolvenzrechtlichen Problematik, die aus der *berechtigten* Inanspruchnahme gesellschaftsrechtlicher Gestaltungsmöglichkeiten resultiert, folglich ungeeignet.[317]

---

311 BGH, Urteil vom 16.09.1985, II ZR 275/84, ZIP 1985, 1263 (1264); BGH, Urteil vom 14.11.2005, II ZR 178/03, ZIP 2006, 467 (468 f.).

312 Umfassend zur Entwicklung der Rechtsprechung und der Änderung des Haftungskonzepts von der Durchgriffshaftung zum existenzvernichtenden Eingriff als Fallgruppe des § 826 BGB *Witt*, DNotZ 2008, 213 (219 ff.).

313 BGH, Urteil vom 24.06.2002, II ZR 300/00, GmbHR 2002, 902 (903 f.).

314 BGH, Urteil vom 16.07.2007, II ZR 3/04, NZG 2007, 667 (671).

315 BGH, Urteil vom 16.07.2007, II ZR 3/04, NZG 2007, 667 (668); BGH, Teilversäumnis- und Teilendurteil vom 06.11.2018, II ZR 199/17, NZG 2019, 187 (190).

316 Vgl. *Bitter*, ZInsO 2018, 625 (626).

317 Ähnlich offenbar auch *Verhoeven*, Die Konzerninsolvenz, 223.

cc. Durchbrechung durch Rechtsgeschäft, insbesondere Verschmelzung

Eine rechtsgeschäftliche Abweichung von der zwischen Konzerngesellschaften grundsätzlich bestehenden Haftungstrennung, beispielsweise durch die Stellung von Sicherheiten oder die Übernahme von Bürgschaften, ist ohnehin möglich.[318] Hierdurch sorgen die Gläubiger und Schuldner selbst gemeinsam für die Aufweichung der aus dem Rechtsträgerprinzip folgenden Vermögenstrennung. Überdies können die Konzerngesellschaften auch allein und ohne Einflussmöglichkeit des Gläubigers die Vermögenstrennung beseitigen. So kann beispielsweise eine Verschmelzung der Tochter- auf die Konzernobergesellschaft vorgenommen werden (sog. Upstream-Merger).[319] Eine solche Verschmelzung durch Aufnahme im Sinne von § 2 Nummer 1 UmwG führt dazu, dass das Vermögen der Tochtergesellschaft mit dem Vermögen der Konzernobergesellschaft vereinigt wird. Das Vermögen der übertragenden Tochtergesellschaft sowie ihre Verbindlichkeiten werden dabei von der übernehmenden Konzernobergesellschaft im Wege der Gesamtrechtsnachfolge aufgenommen.[320] Dies kann nachteilige Auswirkungen auf die Gläubiger haben.[321] Die Gläubiger der übertragenden Tochtergesellschaft stehen nach der Verschmelzung einem völlig anderen Schuldner (nämlich der Konzernobergesellschaft) gegenüber. Diesen haben sie sich weder ausgesucht noch ist eine vergleichbare Bonität gesichert.[322] Auch die Gläubiger der übernehmenden Konzernobergesellschaft müssen zusätzlich mit den Gläubigern der übertragenden Tochtergesellschaft konkurrieren. Auch hieraus resultiert ein erhöhtes Risiko, wenn der Saldo von übergegangenem Aktiv- und Passivvermögen negativ ist.[323] Außerhalb von missbräuchlichen Einzelfällen der Sittenwidrigkeit im Sinne von § 138 BGB werden die Gläubiger lediglich durch § 22 UmwG geschützt.[324] Danach können sie eine Sicherheitsleistung verlangen, wenn durch die Verschmelzung die Erfüllung ihrer Forderung gefährdet wird.

---

318 *Verhoeven*, Die Konzerninsolvenz, 242; *Andres/Möhlenkamp*, BB 2013, 579 (581).

319 *Beisel*, in: Der Unternehmenskauf, § 6 Rn. 53.

320 Semler/Stengel/Leonard UmwG-*Stengel*, § 2 Rn. 24; *Beisel*, in: Der Unternehmenskauf, § 6 Rn. 50.

321 *Naraschewski*, GmbHR 1998, 356 (361); Semler/Stengel/Leonard UmwG-*Seulen*, § 22 Rn. 1.

322 Lutter UmwG-*Grunewald*, § 22 Rn. 1; *Naraschewski*, GmbHR 1998, 356 (356).

323 Lutter UmwG-*Grunewald*, § 22 Rn. 2.

324 OLG Hamm, Beschluss vom 03.11.2020, 27 W 98/20, AG 2021, 245 (245); *Beisel*, in: Der Unternehmenskauf, § 6 Rn. 54.

Eine derartige Aufhebung der Vermögenstrennung durch Verschmelzung zweier Rechtsträger zu einem ist grundsätzlich auch durch die umgekehrte Verschmelzung der Konzernobergesellschaft auf eine Tochtergesellschaft (sog. Downstream-Merger)[325] oder durch eine Verschmelzung zweier Schwestergesellschaften (sog. Sidestep-Merger)[326] möglich.

i. Das insolvenzrechtlich verankerte Rechtsträgerprinzip

Gegen all diese Überlegungen, die für den Ansatz einer materiellen Konsolidierung ins Feld geführt werden können, spricht die *prinzipielle* Wertentscheidung des deutschen Gesetzgebers, am Grundsatz der rechtlichen Selbständigkeit verbundener Unternehmen festzuhalten.[327] Im Gleichlauf mit dem Gesellschaftsrecht, das den auch zwischen Konzerngesellschaften geltenden[328] Grundsatz der Haftungstrennung beispielsweise in § 13 Absatz 2 GmbHG oder § 1 Absatz 1 Satz 2 AktG normiert, ist auch das Insolvenzrecht rechtsträgerbezogen (§ 11 Absatz 1 Satz 1 InsO). Der Konzern selbst ist keine juristische Person und damit nicht Adressat von Rechten und Pflichten.[329] Er kann auch kein eigenes Vermögen bilden, über welches das Insolvenzverfahren eröffnet werden könnte.[330] Er ist aktuell folglich auch nicht insolvenzfähig gemäß § 11 InsO.[331] Das Rechtsträgerprinzip bleibt auch im Fall der Insolvenz erhalten, die Haftungsmassen der einzelnen Konzerngesellschaften dementsprechend getrennt.[332] Dem Insolvenzgläubiger soll nur der Zugriff auf das Vermögen seines Vertragspartners möglich sein. Durch diese klare Regelung ist es den außerhalb des Konzerns stehenden Gläubigern, Insolvenzverwaltern und -richtern möglich, jedem Insolvenzgläubiger eindeutig einen Schuldner und jedem Schuldner eindeutig sein Vermögen zuzuordnen. Diese Klarheit führt zu Rechtssicherheit.[333]

325 *Beisel*, in: Der Unternehmenskauf, § 6 Rn. 53.

326 Semler/Stengel/Leonard UmwG-*Schröer/Greitemann*, § 5 Rn. 137.

327 BT-Drucks. 18/407, 17; vgl. auch *Bundesministerium der Justiz*, Erster Bericht der Kommission für Insolvenzrecht, 292.

328 Siehe dazu oben Seite 67 f.

329 *Jensen*, Der Konzern in der Krise, 41.

330 *Beck*, MwStR 2014, 359 (363).

331 *Verhoeven*, Die Konzerninsolvenz, 3; *Beck*, DZWIR 2014, 381 (381).

332 *Fölsing*, ZInsO 2013, 413 (414).

333 *Jensen*, Der Konzern in der Krise, 11.

aa. Kalkulierbarkeit von Insolvenzrisiken
Die Klarheit führt darüber hinaus dazu, dass die Marktteilnehmer die Haftungsmasse ihres (potentiellen) Vertragspartners einschätzen und dadurch Insolvenzrisiken bestmöglich untereinander kalkulieren können. Die Möglichkeit, das Ausfallrisiko des Vertragspartners einschätzen zu können, ist eine Grundvoraussetzung dafür, dass Kreditmärkte effizient funktionieren können.[334] Um Kreditgeber mit verschiedenen Zinserwartungen ansprechen zu können, werden in Konzernen unterschiedliche Risikoklassen für verschiedene Unternehmungen gebildet.[335] Je höher das kalkulierte Risiko einer Unternehmung, desto größer sind auch die mit einer Finanzierung verbundenen Zinserwartungen. Durch eine jederzeit mögliche materielle Konsolidierung würde dieser Mechanismus ausgehebelt. Der Aufwand einer Bonitätsprüfung würde sich erhöhen und auf sämtliche Konzerngesellschaften erstrecken, weil der Kreditgeber die Möglichkeit einer materiellen Konsolidierung aus ökonomischen Gründen berücksichtigen müsste.[336] Dementsprechend würde ein Konsolidierungsrisiko mindestens eingepreist werden und sich in höheren Zinsen niederschlagen.[337] Im Ausnahmefall könnte die bestehende Unsicherheit über das konkrete Insolvenzrisiko des potentiellen Vertragspartners sogar soweit führen, dass einige Marktteilnehmer überhaupt keine Verträge mehr mit Konzernunternehmen schließen bzw. Geschäftsbeziehungen von einer vollständigen (kostenverursachenden) Sicherung durch Dritte abhängig machen.[338] Die bewährte Form der Finanzierung von Konzernen würde grundlegend in Frage gestellt werden und die Kreditaufnahme für Konzerngesellschaften in letzter Konsequenz erschwert.[339] Mit der Auflösung der Haftungstrennung zwischen den Konzerngesellschaften wird außerdem die volkswirtschaftlich sinnvolle Konzernbildung[340] weniger attraktiv.[341]

---

334 *Eidenmüller*, ZHR 169 (2005), 528 (532); siehe zur sog. Negativauslese als Folge von Informationsasymmetrien Seite 201 f.
335 *Sester*, ZIP 2005, 2099 (2100).
336 *Brünkmans*, ZIP 2013, 193 (194); *Fölsing*, ZInsO 2013, 413 (414).
337 *Sester*, ZIP 2005, 2099 (2100); *Fölsing*, ZInsO 2013, 413 (414).
338 *Ehricke*, DZWIR 1999, 353 (359); *Fülbier/Gassen*, in: Kosten und Nutzen des faktischen Konzerns, 50; siehe zu einer möglichen Auflösung dieser Problematik durch sog. Organisationstransparenz Seite 202 f.
339 *Müller*, ZIP 2020, 2253 (2256).
340 Siehe oben Seite 25 f.
341 *Brünkmans*, ZIP 2013, 193 (194); *Trautmann*, Die Legitimation der beschränkten Haftung im Konzern, 222 ff.

Andererseits darf nicht übersehen werden, dass insbesondere Kreditgeber ihrer Beurteilung von Konzerngesellschaften bereits heute eine konsolidierte Betrachtungsweise des gesamten Konzerns zugrunde legen, um die wirtschaftliche Situation der kreditnehmenden Konzerngesellschaften beurteilen zu können – und zwar auch dann, wenn dies rechtlich nicht zwingend vorgeschrieben ist.[342] Insoweit dominiert die Wahrnehmung des Konzerns als wirtschaftliche Einheit.[343] Diese führt dann wiederum zu weiteren Haftungsverstrickungen. Die Kreditgeber werden die Erkenntnisse der konsolidierten Betrachtung nämlich bei der Vertragsgestaltung berücksichtigen, um sich beispielsweise gegen Vermögensverschiebungen innerhalb des Konzerns abzusichern. Der wirtschaftlich einheitlich agierende Konzern kommt so – zumindest gegenüber dem jeweiligen Kreditgeber – auch rechtlich dem einheitlichen Schuldner ein weiteres Stück näher.[344]

bb. Verhinderung von unproduktiven Rent-Seeking-Investments

Schließlich wäre das volkswirtschaftlich unerwünschte Rent-Seeking-Verhalten zu erwarten, wenn in der Insolvenz eine materielle Konsolidierung möglich wäre, während es außerhalb eines Insolvenzverfahrens beim Rechtsträgerprinzip mit Vermögens- und Haftungstrennung bliebe.[345] Der Begriff Rent-Seeking beschreibt grundsätzlich das Streben von Marktteilnehmern nach leistungslosem Einkommen durch Ausnutzung von politisch erwirkten Privilegien.[346] Unternehmen könnten entweder Maßnahmen treffen, um eine möglichst schnelle Einleitung des Konzerninsolvenzverfahrens zu ihrem Vorteil zu erreichen, oder – entgegengesetzt – ökonomische Vorteile durch eine möglichst lange Vermeidung des Insolvenzverfahrens anstreben. Im Gegensatz zum sog. Profit-Seeking, also dem Streben nach temporären Gewinnen im Rahmen des marktwirtschaftlichen Wettbewerbsprozesses, von dem unter anderem zentrale Anreize zu Innovation ausgehen, wäre dieses Rent-Seeking nicht auf produktive

342 Siehe dazu unten Seite 81.

343 *Becker*, Kooperationspflichten in der Konzerninsolvenz, 37.

344 Vgl. *Becker*, Kooperationspflichten in der Konzerninsolvenz, 36 f., der sogar schlussfolgert, dass der „wirtschaftlich einheitliche Schuldner durch Vertragsgestaltung auch rechtlich (annähernd) zu einem einheitlichen Schuldner“ wird.

345 *Eidenmüller*, ZHR 169 (2005), 528 (532).

346 Vgl. den Begriff am Beispiel der Errichtung von Zöllen zugunsten und auf Betreiben von inländischen Produzenten prägend *Krueger*, The American Economic Review Vol. 64, No. 3, 1974, 291 (291 ff.).

Aktivitäten, sondern einzig auf Umverteilung gerichtet.[347] Erfolgreiches Rent-Seeking wäre für die Volkswirtschaft somit schädlich. Dahinführende ökonomische Fehlanreize sollten folglich vermieden werden.[348] Außerdem entspricht es nicht dem Wesen der InsO, die gerade nicht auf eine Umverteilung von Vermögen gerichtet ist.[349]

j. Grundsatz der Gläubigergleichbehandlung

Neben dem Rechtsträgerprinzip spricht auch der im deutschen Insolvenzrecht verankerte Grundsatz der Gläubigergleichbehandlung, der in § 1 InsO normiert ist,[350] grundsätzlich gegen das Konzept einer materiellen Konsolidierung.

aa. Schutz des Vertrauens auf Schuldner und seine Masse

Ausfluss des Gläubigergleichbehandlungsgrundsatzes ist es, dass jeder Gläubiger auf seinen Schuldner und die ihm zugeordnete Masse vertrauen darf.[351] Jeder Insolvenzgläubiger steht im Insolvenzverfahren also zusammen mit allen weiteren Insolvenzgläubigern desselben Schuldners der Masse eben jenes Schuldners gegenüber. Das Insolvenzrisiko ist rechtsträgerbezogen.[352] Sollte es zu einer materiellen Konsolidierung der Massen kommen, müssten die Gläubiger indes unverhofft mit Gläubigern anderer Rechtsträger konkurrieren.[353] Es entstände eine einzige Insolvenzmasse mit neuem Vermögen und neuen Verbindlichkeiten.[354] Das Insolvenzrisiko wäre nicht mehr rechtsträgerbezogen, sondern konzernbezogen.[355] Als Konsequenz kommt es durch die Bildung einer gemeinsamen Konzerninsolvenzmasse demnach zu einer Gläubigerungleichbehandlung.[356] Diejenigen Insolvenzgläubiger, die Vertragspartner einer – gemessen am Konzerndurchschnitt – wirtschaftlich unterdurchschnittlich leistungsfähigen Konzerngesellschaft sind, werden

---

347 *Bartsch/Thomas*, Kiel Working Paper, Institute of World Economics (IfW), No. 564, 1993 (1).

348 Vgl. *Eidenmüller*, ZHR 169 (2005), 528 (565).

349 Siehe oben Seite 46 ff.

350 MüKoInsO-*Ganter/Bruns*, § 1 Rn. 52; siehe auch Seite 28 ff.

351 *Humbeck*, NZI 2013, 957 (958).

352 *Paulus*, ZIP 2000, 2189 (2189).

353 *Eidenmüller*, ZHR 169 (2005), 528 (532); *Verhoeven*, Die Konzerninsolvenz, 234; *Jensen*, Der Konzern in der Krise, 46; *Hong*, Materielle Konsolidierung bei Konzerninsolvenz, 113.

354 *Schelo*, NZI Editorial 12/2005, V (V).

355 *Verhoeven*, Die Konzerninsolvenz, 234.

356 *Humbeck*, NZI 2013, 957 (958); *Ehricke*, ZInsO 2002, 393 (393).

bessergestellt, während Insolvenzgläubiger einer wirtschaftlich überdurchschnittlich leistungsfähigen Konzerngesellschaft entsprechend benachteiligt werden.[357] Die Quoten der ersten Gläubigergruppe werden nämlich zu Lasten der Quoten der zweiten Gläubigergruppe erhöht. Überdies kann es zu unangemessenen Umverteilungseffekten[358] kommen, wenn pauschal die Massen von Konzerngesellschaften zusammengelegt werden, von denen einige über ein zukunftsfähiges Geschäftsmodell verfügen und andere nicht.[359]

bb. Ungleichbehandlung durch Gleichbehandlung von Ungleichem

Die Gläubigerungleichbehandlung durch das Konzept der materiellen Konsolidierung ergibt sich auch unter einem weiteren Gesichtspunkt. Gemäß Artikel 3 GG kann sich eine ungerechtfertigte Ungleichbehandlung auch daraus ergeben, dass wesentlich Ungleiches gleichbehandelt wird.[360] Im Insolvenzverfahren können sich zwei ungleiche Gläubigergruppen gegenüberstehen: einerseits Insolvenzgläubiger, die sich im Vorfeld und im Verlauf ihrer Geschäftsbeziehung zum Schuldner umfangreich über diesen informiert haben, andererseits solche, die sich verhältnismäßig schlechter oder gar nicht informiert haben. Diese schlechter informierten Insolvenzgläubiger, welche die Insolvenz regelmäßig gar nicht oder erst zu spät kommen sahen, profitieren vom Gläubigergleichbehandlungsgrundsatz. Sie hätten außerhalb des Insolvenzverfahrens im Einzelzwangsvollstreckungsverfahren der Zivilprozessordnung und dem dort geltenden Prioritätsprinzip[361] im Regelfall das Nachsehen gehabt. Im Insolvenzverfahren erhalten sie nun durch die gleichmäßige Befriedigung dieselbe Quote wie Insolvenzgläubiger, die Ressourcen zur besseren Information aufgewendet haben. Spiegelbildlich hierzu ist es den besser informierten Insolvenzgläubigern bei einer undifferenzierten Gleichbehandlung sämtlicher Insolvenzgläubiger im Regelinsolvenzverfahren nicht möglich, ihren Wissensvorsprung in Form von Einzelvollstreckungstiteln auszunutzen.[362]

---

357 *Jensen*, Der Konzern in der Krise, 46; *Humbeck*, NZI 2013, 957 (958); *Verhoeven*, Die Konzerninsolvenz, 235; *Westpfahl/Janjuah*, ZIP 2008, 1 (7).

358 Vgl. zur gerade nicht auf Umverteilung gerichteten InsO oben Seite 46 ff.

359 *Schumann*, Die Unternehmensgruppe im Insolvenzrecht, 70.

360 BVerfG, Urteil vom 23.10.1951, 2 BvG 1/51, BVerfGE 1, 14 (52); BVerfG, Beschluss vom 15.07.1998, 1 BvR 1554/89, BVerfGE 98, 365 (385).

361 Zöller ZPO-*Herget*, § 804 Rn. 5.

362 *Verhoeven*, Die Konzerninsolvenz, 240.

Überdies könnte sich eine Ungleichbehandlung ergeben von Insolvenzgläubigern, denen mehrere Konzerngesellschaften als Gesamtschuldner haften, weil ihre Insolvenzforderungen durch Personalsicherheiten wie eine Bürgschaft abgesichert sind, und solchen, die über derartige Sicherheiten nicht verfügen. Die konsequente Umsetzung einer materiellen Konsolidierung der Vermögen sämtlicher Konzerngesellschaften führte dazu, dass auch das zur Sicherheit dienende Vermögen der Sicherheitengeber wirtschaftlich Bestandteil der Konzerninsolvenzmasse wäre. Die neben der Insolvenzforderung zusätzlich bestehende Personalsicherheit könnte deshalb für die gesicherten Gläubiger faktisch wertlos sein, weil auch die ungesicherten Gläubiger gleichberechtigt auf die eine Konzerninsolvenzmasse zugreifen. Die außerhalb des Insolvenzverfahrens besser positionierten Gläubiger könnten dadurch ihren Vorteil verlieren, den sie in Form von Sicherheiten verhandelt haben.[363] Diese Überlegung ist indes nur dann stringent, wenn berücksichtigt wird, dass Ab- und Aussonderungsrechte auch gegenüber einer einzigen Konzerninsolvenzmasse bestehen bleiben. Wenn die Insolvenzforderung also beispielsweise durch eine Realsicherheit in Form eines Pfandrechts an einer beweglichen Sache abgesichert wurde, geht der verhandelte Vorteil mitnichten verloren. Der Insolvenzgläubiger kann sein Aussonderungsrecht dann gegenüber der Konzerninsolvenzmasse geltend machen.

cc. Ungleichbehandlung verschiedener Gläubigergruppen und durch Gläubigerprivilegien

Für den Ansatz der materiellen Konsolidierung streitet im Zusammenhang mit dem Gläubigergleichbehandlungsgrundsatz hingegen zunächst, dass eine Gleichbehandlung auch unter dem aktuellen Regime der Insolvenzordnung beispielsweise im Planverfahren lediglich innerhalb der zu bildenden Gläubigergruppen stattfindet.[364] Auch de lege lata werden also nicht sämtliche Insolvenzgläubiger gleich behandelt und es kommt zu Abweichungen vom Gebot der grundsätzlichen Gläubigergleichbehandlung. In dem Zusammenhang dürfen auch zahlreiche Gläubigerprivilegien nicht übersehen werden, die in bestimmten Konstellationen gelten.[365] Zu nennen sind

363 *Verhoeven*, Die Konzerninsolvenz, 235; *Adam/Poertzgen*, ZInsO 2008, 347 (351).

364 BT-Drucks. 12/2443, 201 f.; BGH, Beschluss vom 07.05.2015, IX ZB 75/14, ZIP 2015, 1346 (1347); Braun InsO-*Braun/Frank*, § 226 Rn. 1; Andres/Leithaus InsO-*Andres*, § 226 Rn. 1; Uhlenbruck InsO-*Lüer/Streit*, § 226 Rn. 1; *Verhoeven*, Die Konzerninsolvenz, 240.

365 *Konold*, Konzerninsolvenz, 35.

neben Ab- und Aussonderungsrechten beispielsweise Privilegien des Fiskus' oder vorrangige Masseverbindlichkeiten.[366] Auch die Gläubigergruppe der Arbeitnehmer wird wegen ihrer besonderen Betroffenheit insoweit bevorzugt, als Sozialplanansprüche gemäß § 123 Absatz 2 Satz 1 InsO als (nachrangige) Masseverbindlichkeiten qualifiziert werden.[367] Bereits an diesen Beispielen zeigt sich, dass der Grundsatz der Gläubigergleichbehandlung auch unter der lex lata nicht uneingeschränkt gilt.

dd. Ungleichbehandlung in Cash-Pool-Systemen

Darüber hinaus zeigt sich ein besonders anschauliches Beispiel in zentralfinanzierten Konzernen, in welchen Cash-Pool-Systeme[368] zu einer Ungleichbehandlung verschiedener Gläubigergruppen führen können. Bevorzugt werden dort diejenigen Insolvenzgläubiger, deren Schuldner Finanzmittel aus dem Cash-Pool erhalten haben. Benachteiligt werden demgegenüber die Insolvenzgläubiger der übrigen Konzerngesellschaften, die lediglich Finanzmittel in den Cash-Pool eingezahlt haben.[369] Zwar haben diese Konzerngesellschaften einen Rückzahlungsanspruch gegenüber der den Pool zumeist verwaltenden Konzernobergesellschaft. Indes sind die Finanzmittel, welche die Konzernobergesellschaft an ihre Tochtergesellschaften ausgezahlt hat, im Konzern als Gesellschafterdarlehen zu behandeln.[370] Dies gilt auch in reinen Vertragskonzernen, weil die Darlehensgewährung durch die Konzernobergesellschaft hier wirtschaftlich derjenigen durch einen Gesellschafter entspricht.[371] Dementsprechend kann die herrschende Konzernobergesellschaft ihre Forderungen gegen eine insolvente Konzerngesellschaft gemäß § 39 Absatz 1 Nummer 5 InsO nur nachrangig geltend machen und erhält gegebenenfalls nur einen Teilbetrag zurück. Deshalb ist nicht sichergestellt, dass die Konzernobergesellschaft den bestehenden Rückzahlungsanspruch der Konzerngesellschaften auch (vollständig) befriedigen

---

366 Vgl. zu Gläubigerprivilegien umfassend *Cranshaw*, ZInsO 2019, 1033 (1034 ff.).

367 BAG, Beschluss vom 11.12.2019, 7 ABR 4/18, ZIP 2020, 674 (678); Braun InsO-*Ludwig*, § 1 Rn. 7.

368 Siehe dazu oben Seite 62 ff.

369 *Beck*, DZWIR 2014, 381 (386).

370 BGH, Urteil vom 16.01.2006, II ZR 76/04, NJW 2006, 1736 (1737); MüKoInsO-*Behme*, § 39 Rn. 85; *Sieger/Hasselbach*, BB 1999, 645 (646).

371 Uhlenbruck InsO-*Hirte*, § 39 Rn. 42; Scholz GmbHG-*Bitter*, Anh. § 64 Rn. 321; Braun InsO-*de Bra*, § 135 Rn. 11; *Skauradszun*, Zeitschrift für Insolvenzrecht (KTS) 2020, 55 (71); *Geist*, ZIP 2014, 1662 (1665).

kann, was sich wiederum auf ihre Leistungsfähigkeit und somit letztlich auch zu Lasten ihrer Insolvenzgläubiger auswirkt.[372] Zwar handelt es sich hierbei um keinen formalen Verstoß gegen den Gläubigergleichbehandlungsgrundsatz des § 1 InsO, weil die Ungleichbehandlung lediglich zwischen Insolvenzgläubigern unterschiedlicher Schuldner stattfindet. Allerdings hängt es bloß vom Zufall ab, welche Gläubigergruppe gegenüber der anderen bevorzugt bzw. benachteiligt wird.

ee. Zufällige Vermögensverteilung im Zeitpunkt des Insolvenzantrags
Es müssen außerdem die real herrschenden Verhältnisse innerhalb eines Konzerns beachtet werden. Vermögensgegenstände werden auch außerhalb von Cash-Pool-Systemen zumeist hin und her verschoben.[373] Gewinne und Verluste werden ausschließlich unter strategischen Gesichtspunkten verlagert.[374] Dies passiert zumeist ohne Kenntnis oder gar Einflussmöglichkeit der Gläubiger.[375] Dieses Vorgehen ist weder widerrechtlich noch grundsätzlich zu verurteilen. Es werden lediglich die rechtlichen und wirtschaftlichen Rahmenbedingungen ausgenutzt. Unter Gerechtigkeitsgesichtspunkten ist es aber zumindest diskutabel und gerade um die Gleichbehandlung im Sinne einer gleichmäßigen und gerechten Verteilung geht es dem Insolvenzverfahren gemäß § 1 InsO.[376] Festzustellen ist daher zunächst, dass die Insolvenzgläubiger mitnichten immer das erhalten, worauf sich ihre Erwartungen konzentriert haben. Das konkrete Haftungssubstrat kann auch wegen der permanenten Fluktuation des Vermögens insbesondere für den durchschnittlichen Insolvenzgläubiger kaum nachvollzogen werden.[377] Außerdem kann sich die Vermögensverteilung zwischen den verschiedenen Konzerngesellschaften von einem Tag auf den anderen vollkommen unterschiedlich darstellen. Je nach dem konkreten Zeitpunkt des Insolvenzantrags führt dies willkürlich zur Bevorzugung respektive Benachteiligung der Insolvenzgläubiger der einen Konzerngesellschaft gegenüber denjenigen der anderen. Die aus der zufälligen Vermögensverteilung im Zeitpunkt des Insolvenzantrags resultierenden Ungerechtigkeiten zu Lasten einzelner Einzelmassen und ihrer Gläubiger würden vermieden, wenn man im

372 *Beck*, DZWIR 2014, 381 (386).
373 *Verhoeven*, Die Konzerninsolvenz, 216; *Ehricke*, Das abhängige Konzernunternehmen in der Insolvenz, 1.
374 *Paulus*, ZIP 2005, 1948 (1953).
375 *Paulus*, ZIP 2005, 1948 (1953).
376 Siehe dazu bereits oben Seite 46 ff.
377 *Jensen*, Der Konzern in der Krise, 48.

Sinne der materiellen Konsolidierung nur eine einzige Konzerninsolvenzmasse bildete und die Vermögensverlagerungen somit ausblendete.[378] Dieser Gedankengang lässt sich um eine zusätzliche Überlegung erweitern. Eine gleichmäßige Befriedigung sämtlicher Gläubiger wäre insbesondere gerecht, wenn die Konzerngesellschaften faktisch eine wirtschaftliche Einheit darstellen. Dann hat nämlich jeder Gläubiger als Geschäftspartner – unabhängig vom konkreten Schuldner – mindestens indirekten Einfluss auf die Insolvenz der anderen Konzerngesellschaften gehabt.[379] Was an einer Stelle des Konzerns an Ressourcen abfließt, muss innerhalb einer Wirtschaftseinheit an anderer Stelle ausgeglichen werden. Letztlich war somit jede Begründung, Sicherung oder Erfüllung einer Forderung kausal für das Eintreten der Insolvenz.[380]

ff. Erhalt des Sicherungszwecks von Sicherheiten

In Bezug auf das Argument, eine materielle Konsolidierung ginge zu Lasten derjenigen Gläubiger, die ihre Forderungen durch Sicherheiten abgesichert haben, kann entgegnet werden, dass der ursprüngliche Sicherungszweck gerade erhalten bleibt. Schließlich ging es bei der Vereinbarung der Sicherheit gerade darum, im Fall der Insolvenz des Schuldners nicht nur auf dessen Vermögen zuzugreifen, sondern zusätzlich den hinter dem Schuldner stehenden Konzern in Anspruch nehmen zu können. Die beabsichtigte Vergrößerung der Haftungsmasse wird durch die materielle Konsolidierung sogar noch erweitert, weil nicht nur das Vermögen des Sicherungsgebers zur Verfügung steht, sondern dasjenige des gesamten Konzerns. Der beabsichtigte Sicherungszweck wird damit erfüllt. Im Hinblick auf eine bessere Quote gegenüber den ungesicherten Gläubigern, die sich bei einer mehrfachen Berücksichtigung der Forderung zu Lasten der ungesicherten Gläubiger ergeben würde, kann ihre Schutzwürdigkeit auf Grundlage dieser Argumentation zumindest hinterfragt werden.[381] Und jedenfalls in den Fällen einer Totalinsolvenz, in denen die Sicherheiten wertlos sind,[382] ergäbe sich ohnehin kein Unterschied.

---

378 *Hong*, Materielle Konsolidierung bei Konzerninsolvenz, 119; *Hirte*, in: FS Karsten Schmidt, 645; *Naraschewski*, in: Insolvenzrecht, Kap. 19 Rn. 10.

379 Vgl. *Beck*, DZWIR 2014, 381 (384).

380 *Verhoeven*, Die Konzerninsolvenz, 240.

381 Ausdrücklich gegen eine Schutzwürdigkeit *Humbeck*, NZI 2013, 957 (961).

382 Vgl. *Verhoeven*, Die Konzerninsolvenz, 246.

gg. Rechtsprechung zur Insolvenzanfechtung

Auch in der Rechtsprechung kommt es regelmäßig zu Ungleichbehandlungen von Insolvenzgläubigern. So ist im Bereich des Insolvenzanfechtungsrechts allgemein anerkannt, dass der Rückgewähranspruch aus § 143 Absatz 1 InsO in der Insolvenz (auch) des Anfechtungsgegners ein Aussonderungsrecht begründet.[383] Dies führt in dem Fall, dass sich neben dem Schuldner des Ausgangsverfahrens auch noch der außerhalb dieses Verfahrens stehende Anfechtungsgegner im Insolvenzverfahren befindet, zu einer Ungleichbehandlung der beiden Gläubigergruppen. Während die Insolvenzgläubiger des Anfechtungsgegners wirtschaftliche Einbußen erleiden müssen, weil ihre Masse durch das Aussonderungsrecht verkleinert wird, profitieren umgekehrt und auf ihre Kosten die Gläubiger des Ausgangsverfahrens von diesem Umstand.[384] Zwar mag man einwenden, dass der Grundsatz der Gläubigergleichbehandlung immer nur verfahrensbezogen gilt und § 1 InsO nicht für die gleichmäßige Befriedigung aller Gläubiger sämtlicher deutscher Insolvenzverfahren sorgen möchte. Doch zeigt diese Rechtsprechung immerhin, dass der Grundsatz nicht in vollkommener Absolutheit Geltung beanspruchen kann. Und in Konstellationen, in denen Schuldner und Anfechtungsgegner Konzerngesellschaften desselben Konzerns sind, zeigt sich überdies wiederum die Ungleichbehandlung, deren Begünstigte bzw. Benachteiligte von der aktuell zufällig vorliegenden Vermögensverteilung abhängen.[385]

k. Die Privatautonomie

Neben dem insolvenzrechtlichen Rechtsträgerprinzip und dem Grundsatz der Gläubigergleichbehandlung spricht auch die Privatautonomie[386] als eines der Grundprinzipien der deutschen Zivilrechtsordnung[387] zumindest grundsätzlich gegen eine materielle Konsolidierung. Die Privatautonomie ist verfassungsrechtlich durch Art. 2 Absatz 1 GG geschützt und darf dementsprechend nicht ohne tragende Rechtfertigung beschnitten werden.[388] Durch eine materielle Konsolidierung kommt es allerdings nicht nur dazu, dass die

383 BGH, Urteil vom 23.10.2003, IX ZR 252/01, ZIP 2003, 2307 (2310); BGH, Urteil vom 03.04.2014, IX ZR 201/13, ZIP 2014, 1032 (1034); BGH, Urteil vom 27.04.2017, IX ZR 198/16, MDR 2017, 1083 (1084).

384 *Paulus*, ZIP 2005, 1948 (1954).

385 Siehe dazu oben Seite 78 f.

386 *Sester*, ZIP 2005, 2099 (2101); *Eidenmüller*, ZHR 169 (2005), 528 (532); *Verhoeven*, Die Konzerninsolvenz, 237; *Hong*, Materielle Konsolidierung bei Konzerninsolvenz, 113; *Jakobs*, Das Konzerninsolvenzverfahren, 113.

387 *Riesenhuber*, ZfPW 2018, 352 (355).

388 Maunz/Dürig GG-*Di Fabio*, Art. 2 Abs. 1 Rn. 113.

Gläubiger unverhofft mit Gläubigern anderer Rechtsträger konkurrieren müssten. Überdies wären sie mit einer Insolvenzmasse konfrontiert, die sie sich nicht autonom in einem selbstbestimmten Entscheidungsprozess ausgesucht haben.[389] Zu beachten sind insoweit allerdings zwei Aspekte.

Zum einen müssen schon de lege lata unter bestimmten Voraussetzungen Gesamtbewertungen angestellt werden. Zu nennen ist hier insbesondere die Kreditwirtschaft. Sie ist durch das Kreditwirtschaftsgesetz in vielen Fällen bereits dazu verpflichtet, eine konsolidierte Betrachtungsweise der wirtschaftlichen Verhältnisse des Konzerns – und nicht nur des Vertragspartners beziehungsweise einzelner Konzerngesellschaften – vorzunehmen.[390] Als *einen* Kreditnehmer, von dem sich der Kreditgeber gemäß § 18 Absatz 1 Satz 1 KWG die wirtschaftlichen Verhältnisse offen legen lassen muss, definiert beispielsweise § 19 Absatz 2 Nummer 3 KWG *„alle Unternehmen, die demselben Konzern im Sinne des § 18 des Aktiengesetzes angehören"*. Damit wird dem Konzern ein einheitliches (Ausfall-) Risiko zugeschrieben.[391] Zwar liegen auch diesen Regelungen wiederum spezifische Ziele zugrunde[392] und die Mechanismen können deshalb nicht direkt zur Argumentation innerhalb des Insolvenzrechts herangezogen werden. Trotzdem kann aus ihnen zumindest der Schluss gezogen werden, dass eine materielle Konsolidierung nicht per se und zumindest nicht in verfassungsrechtlich bedenklicher Weise gegen die Privatautonomie verstoßen muss. Außerdem plant auch die Konzernleitung ihre Geschäftsaktivitäten ab einem gewissen Grad konsolidiert und nicht für jede Gesellschaft einzeln.[393]

Zum anderen kann auch die Privatautonomie durch eine gesetzliche Grundlage eingeschränkt werden.[394] Der Gläubiger kann sich bei entsprechender Kodifikation bereits vor Vertragsschluss überlegen, ob er mit einem Vertragspartner in einer Konstellation kontrahieren möchte, die im Insolvenzfall zu einer materiellen Konsolidierung führt oder zumindest führen kann. Auch dies wäre Ausdruck einer privatautonomen Entscheidung. Überdies darf nicht übersehen werden, dass dem Gläubiger bereits heute die

389 *Eidenmüller*, ZHR 169 (2005), 528 (532); *Jakobs*, Das Konzerninsolvenzverfahren, 112; *Hong*, Materielle Konsolidierung bei Konzerninsolvenz, 113.

390 *Humbeck*, NZI 2013, 957 (958).

391 Vgl. *Koppensteiner*, in: FS Hopt, 969.

392 Siehe dazu oben Seite 35 f.

393 *Humbeck*, NZI 2013, 957 (958).

394 Vgl. Art. 19 GG oder Art. 2 Absatz 2 Satz 3 GG zur Einschränkbarkeit sogar von Grundrechten.

Konkurrenz mit neuen Gläubigern, eine neue Haftungsmasse und sogar ein gänzlich anderer Schuldner aufgezwungen werden können. Genau das ist nämlich die Rechtsfolge von Verschmelzungen im Sinne des Umwandlungsgesetzes, auf die der Gläubiger ebenfalls keinen Einfluss hat und die vom Gesetzgeber ausdrücklich vorgesehen sind.[395]

l. Verstoß gegen den freien Wettbewerb

Nicht zuletzt kann man in einer materiellen Konsolidierung der Vermögen sämtlicher Konzerngesellschaften, die auch auf solvente Konzerngesellschaften erstreckt wird, einen Verstoß gegen den freien Wettbewerb sehen. Der Schutz des freien Wettbewerbs stellt eines der Kernelemente deutscher Wirtschafts- und Ordnungspolitik dar.[396] Insbesondere führt fehlender Wettbewerb zu ausbleibenden Anreizen für Innovationen, was sich wiederum negativ in der gesamtwirtschaftlichen Entwicklung niederschlägt.[397] Die mit der Eröffnung eines Insolvenzverfahrens einhergehenden Vorteile wie die Möglichkeit, sich gemäß § 103 InsO durch den Insolvenzverwalter von nachteiligen Verträgen zu lösen, oder der Schutz vor Zwangsvollstreckungen durch einzelne Gläubiger könnten wettbewerbswidrig ausgenutzt werden. So könnte eine Konzerngesellschaft aus rein strategischen Gründen ein (Konzern-) Insolvenzverfahren auslösen, nur um den übrigen Konzerngesellschaften ebenfalls die „Vorteile" eines Insolvenzverfahrens zugutekommen zu lassen. Gesellschaften, die einem Konzern angehören, erlangten auf diese Weise einen wettbewerbswidrigen Vorteil gegenüber allein am Markt auftretenden Gesellschaften.[398] Daneben ist die Einbeziehung des Vermögens auch solventer Konzerngesellschaften in die materielle Konsolidierung nicht grundsätzlich vom Umfang der Ordnungsfunktion des Insolvenzverfahrens[399] gedeckt und daher diskutabel. Es ist davon auszugehen, dass sich unter den solventen Konzerngesellschaften oft auch Unternehmen befinden, die über ein am Markt erfolgreiches Geschäftsmodell verfügen. Ein marktordnendes Eingreifen ist in diesen Fällen nicht angezeigt. Andererseits ist insoweit zu beachten, dass über § 80 Absatz 1 InsO der Insolvenzverwalter einer insolventen Konzernobergesellschaft durchaus auch das Recht besitzt, die Liquidation einer Tochtergesellschaft gemäß § 60

395 Siehe dazu oben Seite 70 f.
396 *Bundesministerium für Wirtschaft und Energie,* Digitale Ordnungspolitik, 4.
397 *Loecker/Eeckhout u.a.*, The Quarterly Journal of Economics 2/2020, 561 (562 ff.).
398 *Jensen*, Der Konzern in der Krise, 54.
399 Siehe oben Seite 46.

Absatz 1 Nummer 2 GmbHG zu beschließen – und zwar unabhängig davon, wie erfolgreich sie am Markt agiert hat.[400]

2. *Zwischenfazit*

Nach alledem lässt sich als Zwischenergebnis zunächst festhalten, dass die Argumente, die gegen eine grundsätzliche materielle Konsolidierung der Vermögen sämtlicher Konzerngesellschaften sprechen, den dafür streitenden Argumenten rechtstechnisch überlegen sind. Während letztere vor allem Zweckmäßigkeitsüberlegungen darstellen, handelt es sich bei den Gegenargumenten vor allem um dogmatische Grundprinzipien des deutschen (Insolvenz-) Rechts. Diese können ohne eine spezielle und durschlagende Rechtfertigung nicht von reinen Opportunitätsüberlegungen verdrängt werden.[401] Liegt eine solche Rechtfertigung nicht vor, ist das Prinzip der materiellen Konsolidierung der Vermögen sämtlicher Konzerngesellschaften als absolut geltender Ansatz abzulehnen.

Den argumentativen Gegenpol zur grundsätzlichen materiellen Konsolidierung der Vermögen sämtlicher Konzerngesellschaften bildet ihre generelle Ablehnung und ein Festhalten an getrennten Insolvenzverfahren mit getrennten Insolvenzmassen. Hierfür streiten insbesondere die bereits dargestellten dogmatischen Prinzipien des insolvenzrechtlich verankerten Rechtsträgerprinzips mit seiner Haftungs- und Vermögenstrennung, der Gläubigergleichbehandlung sowie der Privatautonomie. Daneben lassen sich auch ordnungspolitische Überlegungen dafür anführen.

Es wurde indes gezeigt, dass die einzelnen Grundsätze unter gewissen Umständen bereits durchbrochen worden sind, sei es durch die Rechtsprechung oder den Gesetzgeber. Gerade letzterer hat aktuell mit der Gestaltungsmöglichkeit der gruppeninternen Drittsicherheit einen ersten Schritt in Richtung einer Abkehr vom strikten Rechtsträgerprinzip unternommen.[402] Darüber hinaus bietet sich auch gerade in Ausübung der Privatautonomie die Möglichkeit, von den vorgenannten Prinzipien abzuweichen. Als Beispiel eignet sich hierfür der Gläubiger einer Konzerngesellschaft, der sich von einer anderen Konzerngesellschaft eine Sicherheit einräumen lässt. Die Privatautonomie führt hier dazu, dass die Gläubigergleichhandlung und die auf dem Rechtsträgerprinzip fußende Haftungstrennung modifiziert

---

400 MüKoGmbHG-*Berner*, § 60 Rn. 110.
401 *Humbeck*, NZI 2013, 957 (959 f.).
402 Siehe dazu unten Seite 110 ff.

werden. Noch tiefgreifender sind aus Sicht der Gläubiger die Rechtsfolgen von Verschmelzungen, als deren Folge von mehreren Rechtsträgern lediglich einer übrig bleiben kann. Außerdem darf nicht außer Acht gelassen werden, dass auch die Vereinbarung eines „Master-Insolvenzplans" prinzipiell möglich ist. In einem solchen können Regelungen über das Vermögen von Konzerngesellschaften getroffen werden, die nicht (direkt) von der Insolvenz betroffen sind.[403] Voraussetzung hierfür ist indes – wiederum als Ausdruck der Privatautonomie – die Zustimmung sämtlicher Gläubiger. Deshalb eignet sich der Master-Insolvenzplan auch nicht als Beispiel für einen tauglichen Ansatz zum materiellen Konzerninsolvenzrecht, das gerade übergeordnete Interessen gegen divergierende Gläubigerinteressen ermöglichen soll.[404]

Hinsichtlich des Grundsatzes der Gläubigergleichbehandlung lässt sich festhalten, dass in einigen Konstellationen bestimmte Insolvenzgläubiger gegenüber anderen Insolvenzgläubigern benachteiligt würden, wenn man den Ansatz der materiellen Konsolidierung stringent anwendet. Dies ist allerdings kein spezifisches Problem der materiellen Konsolidierung, sondern ist auch nach geltendem Recht oft der Fall. Außerdem sind Sachverhalte denkbar, in denen die Vorteile der materiellen Konsolidierung deren Nachteile so deutlich aufwiegen, dass zwar eine Ungleichbehandlung stattfindet, letztlich aber auch die benachteiligten Insolvenzgläubiger bessergestellt wären, als wenn mehrere nach Rechtsträgern und ihren Haftungsmassen separierte Insolvenzverfahren durchgeführt würden. Insbesondere ein im Konzernverbund selbst liegender Mehrwert[405] geht de lege lata oft verloren und führt zu einer geringeren Insolvenzquote für die Insolvenzgläubiger.[406] In diesem Fall dürfte den Insolvenzgläubigern ihr konkreter wirtschaftlicher Vorteil wichtiger sein als die Einhaltung des abstrakten Gläubigergleichbehandlungsgrundsatzes. Nicht zuletzt könnte zumindest im Planverfahren im Rahmen der nach § 222 InsO durchzuführenden Gruppenbildung ein einzelfallspezifischer Ausgleich zwischen den Gläubigern erreicht werden. So kann die gebotene Gleich- oder Ungleichbehandlung der Gläubiger auch bei einer materiellen Konsolidierung gewährleistet werden.[407]

---

403 Vgl. *Westpfahl/Janjuah*, ZIP 2008, 1 (6); *Beck*, DZWIR 2014, 381 (384).

404 Siehe zur hier zugrunde gelegten Definition oben Seite 45.

405 Siehe dazu oben Seite 54 ff.

406 *Fölsing*, ZInsO 2013, 413 (413).

407 *Paulus*, ZIP 2005, 1948.

Insgesamt ist bei der argumentativen Auseinandersetzung zwischen beiden Polen zu berücksichtigen, dass dogmatische Stringenz keinen Selbstzweck darstellt.[408] Das wesentliche Verfahrensziel ist gemäß § 1 Satz 1 InsO die möglichst weitreichende und gemeinschaftliche Befriedigung der Insolvenzgläubiger durch Gesamtvollstreckung.[409] Sollte es notwendig sein, von den dogmatischen Prinzipien im begründeten Einzelfall abzuweichen, um dieses übergeordnete Verfahrensziel erreichen zu können, ist dies nicht nur zulässig, sondern sogar geboten.[410] Diskussionswürdig ist insoweit vor allem, dass die bestehenden Regelungen die tatsächlichen wirtschaftlichen Gegebenheiten nicht vollständig berücksichtigen und damit eine oftmals grundsätzlich mögliche Massemehrung zu Lasten der Gläubigergesamtheit verhindern. Insbesondere ein im Konzern liegende Mehrwert wird nicht realisiert bzw. erhalten.[411] Darüber hinaus sind auch die Vorteile nicht von der Hand zu weisen, die durch eine Verhinderung der negativen Auswirkungen eines Domino-Effekts oder ein effizienteres Insolvenzverfahren resultieren können. Andererseits muss beachtet werden, dass die mit Hilfe der Prinzipien austarierte, komplexe Rechtssystematik nicht ohne Not aus dem Gleichgewicht gebracht werden darf. Weder die generelle Ablehnung einer materiellen Konsolidierung noch deren grundsätzliche Einführung sind demnach uneingeschränkt zu befürworten.

II. Weitere Regelungsansätze zu einem materiellen Konzerninsolvenzrecht

Zwischen den beiden Polen einer grundsätzlichen materiellen Konsolidierung der Vermögen sämtlicher Konzerngesellschaften und ihrer kategorischen Ablehnung sind zunächst einige Varianten möglich. Darüber hinaus sind weitere Ansätze denkbar, die überhaupt nicht mit einer Vermögenskonsolidierung der Konzerngesellschaften einhergehen und dennoch Regelungen eines materiellen Konzerninsolvenzrechts darstellen können.

---

408 Vgl. *Hong*, Materielle Konsolidierung bei Konzerninsolvenz, 116.

409 Siehe dazu oben Seite 46 ff.

410 Vgl. insoweit als aktuelles Beispiel die Regelungen zur gruppeninternen Drittsicherheit unten Seite 102 ff.; vgl. auch BVerfG, Beschluss vom 03.04.1990, 1 BvR 1186/89, MDR 1990, 895 (895).

411 Siehe dazu oben Seite 54 ff.

1. Varianten des Ansatzes der materiellen Konsolidierung

Zunächst lässt sich die materielle Konsolidierung an die Insolvenz bestimmter Konzerngesellschaften knüpfen. So kann bestimmt werden, dass die Insolvenz anderer Konzerngesellschaften eine materielle Konsolidierung gerade nicht auslösen soll. Auch der Kreis der an der Konsolidierung teilnehmenden Konzerngesellschaften lässt sich variieren. Daneben ist es möglich, den Umfang der Konsolidierung auf einen Teil der einzubeziehenden Vermögensmasse zu begrenzen.

a. Anknüpfung an Insolvenz der Konzernobergesellschaft

Eine abgeschwächte Form der materiellen Konsolidierung stellte es dar, hierfür nicht die Insolvenz irgendeiner Konzerngesellschaft vorauszusetzen, sondern die Vermögen der Konzerngesellschaften nur dann zu konsolidieren, wenn auch für die Konzernobergesellschaft ein Eröffnungsgrund im Sinne von § 16 InsO vorliegt. Ein Vorteil dieser Lösung gegenüber einer grundsätzlichen materiellen Konsolidierung der Vermögen sämtlicher Konzerngesellschaften besteht darin, dass nicht vorschnell die Konzerninsolvenz ausgerufen werden kann. Ohne diese Begrenzung wäre es nämlich möglich, schon bei der Insolvenz einer einzigen Konzerngesellschaft das Insolvenzverfahren über den gesamten Konzern zu eröffnen. Dabei spielte die Bedeutung der die Konzerninsolvenz auslösenden Konzerngesellschaft für den Gesamtkonzern keine Rolle. Durch die Stellung eines strategischen Insolvenzantrags wäre in derartigen Konstellationen allzu leicht eine missbräuchliche Ausnutzung der Vorteile einer materiellen Konsolidierung möglich.[412] Zudem können Konzernierungsbestrebungen und die damit verbundenen positiven Aspekte[413] gehemmt werden, wenn bereits die Insolvenz einer Konzerngesellschaft ausreicht, um den gesamten Konzern in das Insolvenzverfahren zu ziehen.

Die grundsätzlichen rechtssystematischen Bedenken, die gegen eine materielle Konsolidierung bestehen, vermag indes auch diese Begrenzung des Anwendungsbereichs nicht zu überwinden. Gleiches gilt für die Argumente, die gegen die Einbeziehung auch solventer Gesellschaften sprechen.[414] Demgegenüber würden die positiven Effekte, die mit einer materiellen Konsolidierung grundsätzlich verbunden wären, entsprechend dem

---

412 Siehe dazu oben Seite 82 f.; allgemein zu strategischen Insolvenzen und ihren Grenzen: *Brosent*, Strategische Insolvenzen, 133 ff.

413 Siehe oben Seite 24 ff.

414 Siehe dazu oben Seite 82 f.

beschnittenen Anwendungsbereich auf eine weniger große Anzahl von Anwendungsfällen reduziert. In vielen Konstellationen können auch ohne eine Insolvenz der Konzernobergesellschaft große Teile des Konzerns von den negativen Auswirkungen einer Konzerninsolvenz betroffen sein, welche durch eine materielle Konsolidierung verhindert werden könnten. Außerdem ist zu bedenken, dass zumindest in Vertragskonzernen eine Konzerninsolvenz ohnehin nicht ohne gleichzeitige Insolvenz der Konzernobergesellschaft möglich ist. Grund hierfür sind die aus dem Beherrschungsvertrag resultierenden Ausgleichspflichten gemäß § 302 Absatz 1 AktG, der auch für die GmbH entsprechend gilt.[415] Eine Insolvenz der abhängigen Konzerngesellschaften ist hier faktisch ausgeschlossen, weil die Konzernobergesellschaft etwaige Fehlbeträge – auch unterjährig – ausgleichen muss.[416]

b. *Anknüpfung an die Insolvenz einer Konzerngesellschaft von nicht untergeordneter Bedeutung*

Man könnte die materielle Konsolidierung auch davon abhängig machen, dass mindestens für eine Konzerngesellschaft ein Eröffnungsgrund im Sinne § 16 InsO vorliegt, die nicht offensichtlich von untergeordneter Bedeutung für den gesamten Konzern ist. Eine vergleichbare Einschränkung findet sich in § 3a Absatz 1 Satz 1 InsO als Voraussetzung für die Antragsberechtigung eines Gruppen-Gerichtsstandes. Die dort in § 3a Absatz 1 Satz 2 InsO aufgeführten Regelbeispiele, bei deren Vorliegen eine untergeordnete Bedeutung nicht gegeben sein soll, sind allerdings *quantitativer* Natur. Sie sind damit wenig geeignet, als Voraussetzung für die Eröffnung einer *materiellen* Konsolidierung zu dienen. Dies zeigt das Beispiel einer Konzernobergesellschaft, die als Holding ohne eigenen operativen Geschäftsbereich fungiert und deren ausschließlicher Geschäftszweck es ist, Kapitalbeteiligungen an anderen Unternehmen zu halten. Selbst wenn sie maßgeblichen Einfluss auf die operativen Konzerngesellschaften nimmt, könnte sie unterhalb der Schwellenwerte der Regelbeispiele liegen. Es muss daher – was freilich auch im Rahmen von § 3a InsO möglich

415 BGH, Urteil vom 05.11.2001, II ZR 119/00, NJW 2002, 822 (823); BAG, Urteil vom 10.3.2015, 3 AZR 739/13, NZG 2015, 838 (841).

416 *Wede*, Die Pflicht zur Verlustübernahme im GmbH-Vertragskonzern, 56 ff.; *Göhmann/Winnen*, RNotZ 2015, 53 (62); *Nodoushani*, NZG 2017, 728 (730); MüKoAktG-*Altmeppen,* § 302 Rn. 39; Emmerich/Habersack-*Emmerich,* § 302 Rn. 41; Noack/Servatius/Haas GmbHG-*Beurskens,* Anhang Rn. 135; *Deyda*, Der Konzern im europäischen internationalen Insolvenzrecht, 28; a. A. MüKoGmbHG-*Liebscher,* Anhang zu § 13 Rn. 867; *Goldschmidt/Laeger*, NZG 2012, 1201 (1206 f.).

ist[417] – anhand *qualitativer* Kriterien im Einzelfall entschieden werden. Damit die Prüfung nicht überfrachtet wird, muss am Evidenzkriterium[418] festgehalten werden. Danach muss die Konzerngesellschaft ganz offensichtlich unbedeutend für den Gesamtkonzern sein, um vom Anwendungsbereich ausgenommen zu sein. Insgesamt könnte mit der zusätzlichen Voraussetzung verhindert werden, dass eine materielle Konsolidierung immer schon durchzuführen wäre, wenn nur eine einzige, für den Gesamtkonzern ganz offensichtlich unbedeutende Konzerngesellschaft einen Eröffnungsgrund im Sinne § 16 InsO erfüllt. Dabei käme es nicht zwingend auf die Insolvenz der Konzernobergesellschaft an, sondern darauf, dass die fallierende Konzerngesellschaft zumindest eine gewisse Bedeutung für den Gesamtkonzern innehat. Nur dann drohen auch die einer Konzerninsolvenz immanenten Gefahren. Außerdem werden strategische Konzerninsolvenzen zumindest erschwert.[419] Grundsätzliche Bedenken werden indes auch durch diese Verengung des Anwendungsbereichs einer materiellen Konsolidierung nicht ausgeräumt.

c. Konsolidierungskreis aus insolventen Konzerngesellschaften

Eine noch weiter abgeschwächte Form der materiellen Konsolidierung stellte es dar, ausschließlich die Insolvenzmassen von Konzerngesellschaften zu konsolidieren, für die selbst ein Eröffnungsgrund im Sinne von § 16 InsO vorliegt. Umgekehrt würden solvente Konzerngesellschaften von der Konsolidierung ausgenommen. Hierfür streitet neben den bereits dargestellten[420] Argumenten, die grundsätzlich gegen eine Konsolidierung auch solventer Konzerngesellschaften angeführt werden können, eines der Hauptmotive für die Bildung von Konzernen. Durch die Schaffung einer Konzernstruktur soll insbesondere Haftung auf verschiedene Konzerngesellschaften aufgeteilt werden.[421] Diese Haftungstrennung muss gerade in der Insolvenz einer oder mehrerer Konzerngesellschaften ihre Wirkung entfalten können. Andernfalls würden einzelne, solvente Konzerngesellschaften mit in die Insolvenz gerissen.[422]

---

417 Vgl. AG Hamburg, Beschluss vom 09.06.2020, 67g IN 136/20, ZRI 2020, 391 (391), nach dem die Rolle als Holding regelmäßig eine nicht untergeordnete Rolle indiziert.

418 Vgl. zum Erfordernis der Offensichtlichkeit im Rahmen von § 3a InsO beispielsweise: Uhlenbruck InsO-*Pape*, § 3a Rn. 12.

419 Siehe dazu oben Seite 82 f.

420 Siehe dazu oben Seite 82 f.

421 Siehe dazu oben Seite 25.

422 *Beck*, DZWIR 2014, 381 (384).

Dagegen ist einzuwenden, dass bei dieser Sichtweise kein effektiver Schutz durch eine materielle Konsolidierung gegen den Domino-Effekt[423] möglich wäre, weil lediglich (bereits) insolvente Konzerngesellschaften den Konsolidierungskreis bilden. Es käme erst zu einer Konsolidierung, wenn der Domino-Effekt seine Wirkung in Form der Insolvenz der miteinander haftungsrechtlich verbundenen Konzerngesellschaften bereits entfaltet hat. Die Vorteile einer materiellen Konsolidierung sämtlicher Konzerngesellschaften würde dann nur noch zu einer Abmilderung der Folgen des Domino-Effekts führen können. Zu bedenken ist darüber hinaus, dass ein Insolvenzverfahren zumeist Jahre dauern kann. Ein durchschnittliches Regelinsolvenzverfahren dauert in Deutschland 4,5 Jahre.[424] Dementsprechend ist es nicht unwahrscheinlich, dass es während des Insolvenzverfahrens zu weiteren Insolvenzen innerhalb des Konzerns kommen kann. Insbesondere allgemeine Liquiditätsengpässe oder der Domino-Effekt können sich im Konzernverbund auch zeitverzögert auswirken.[425] Für den bestmöglichen Erfolg eines Konzerninsolvenzverfahrens erscheint es außerdem nicht optimal, wenn im bereits laufenden Konzerninsolvenzverfahren nachträglich weitere Konzerngesellschaften integriert werden müssen und die konzernweit ausgerichtete Strategie entsprechend angepasst werden muss. In diesem Zusammenhang müssen überdies die Vorteile bedacht werden, die eine Gesamtstrategie auch für solvente Konzerngesellschaften haben kann.[426] Insgesamt darf nicht übersehen werden, dass auch eine Beschränkung des Konsolidierungskreises auf insolvente Konzerngesellschaften immer noch einen Eingriff in die grundlegende Systematik des Insolvenzrechts darstellt. Die hiergegen grundsätzlich bestehenden Argumente werden auch durch diese Lösung nicht widerlegt. Immerhin könnten der in der Öffentlichkeit mit einem Insolvenzverfahren verbundene Makel[427] und die mit damit einhergehenden Reputationskosten[428] begrenzt werden. Dieser Aspekt wird allerdings dadurch relativiert, dass dem Ansatz der materiellen Konsolidierung grundsätzlich die Sichtweise zugrunde liegt, dass der Konzern ohnehin als ein einziges Unternehmen mit einem Außenauftritt wahrgenommen wird. Das Stigma der Insolvenz wird dementsprechend im Regelfall zu einem gewissen Grad auch auf solvente Konzerngesellschaften ausstrahlen.

---

423 Siehe dazu oben Seite 61 ff.

424 *Kramer/Peter*, Insolvenzrecht, 16.

425 *Verhoeven*, Die Konzerninsolvenz, 3.

426 Siehe dazu oben Seite 60 f.

427 *Paulus*, ZIP 2000, 2189 (2194); *Paulus*, NZI-Beilage 2019, 8 (9).

428 BT-Drucks. 19/24181, 84.

d. Konsolidierungskreis aus insolventen Konzerngesellschaften und Anknüpfung an die Insolvenz der Konzernobergesellschaft

Schließlich könnten die Vorteile der Beschränkungen der materiellen Konsolidierung auf Fälle, in denen ausschließlich die Insolvenzmassen insolventer Konzerngesellschaften konsolidiert werden und sich unter den insolventen Konzerngesellschaften mindestens auch die Konzernobergesellschaft befindet, kombiniert werden. Eine Konsolidierung dürfte dann nur zwischen Konzerngesellschaften stattfinden, für die selbst ein Eröffnungsgrund im Sinne von § 16 InsO vorliegt. Als kumulative Voraussetzung müsste sich die Konzernobergesellschaft unter diesen Konzerngesellschaften befinden.

In dieser Konstellation kommt eine Überlegung hinzu, die den grundsätzlichen Bedenken am Modell der materiellen Konsolidierung gegenübergestellt werden kann. Als Ausgangspunkt muss dafür die Beteiligung der Konzernobergesellschaft an einer Tochtergesellschaft mit dem Vermögen dieser Tochtergesellschaft gleichgesetzt werden.[429]

Ein zentraler wirtschaftlicher Effekt der Vermögenstrennung zwischen Konzernobergesellschaft und Tochtergesellschaft besteht im strukturellen Nachrang der Insolvenzgläubiger der Konzernobergesellschaft, der in der Regelung des § 39 Absatz 1 Nummer 5 InsO seinen Ursprung hat.[430] Die Konzernobergesellschaft kann danach bestimmte Forderungen gegen eine insolvente Konzerngesellschaft nur nachrangig geltend machen. Dies wirkt sich letztlich auch zu Lasten ihrer eigenen Insolvenzgläubiger aus.

Demgegenüber werden die Insolvenzgläubiger der Tochtergesellschaft bevorzugt. Sie können ohne Nachrang auf die Insolvenzmasse der Tochtergesellschaft zugreifen. Betrachtet man entsprechend dem Ausgangspunkt der Überlegung die Insolvenzmasse der Tochtergesellschaft als Vermögensgegenstand der Konzernobergesellschaft, kann ihre Rechtsstellung mit derjenigen von Insolvenzgläubigern verglichen werden, denen ein Absonderungsrecht zusteht.[431] Damit dieser Vorrang der Insolvenzgläubiger der Tochtergesellschaft gegenüber den Insolvenzgläubigern der Konzernobergesellschaft bei einer materiellen Konsolidierung gewahrt bleibt, könnte jenen ein Vorrecht an demjenigen Teil der Konzerninsolvenzmasse eingeräumt werden, welcher der Insolvenzmasse der Tochtergesellschaft entspricht. Dieser Teil würde dann wie ein an die Insolvenzgläubiger der Tochtergesellschaft verpfändetes Vermögen

---

429 Dagegen explizit *Thole*, in: Konzerninsolvenzrecht, § 2 Rn. 66.

430 Siehe dazu oben Seite 77 f.

431 *Hirte*, in: FS Karsten Schmidt, 646.

behandelt. Dementsprechend werden bei erfolgter Verwertung im Rahmen des Konzerninsolvenzverfahrens die wirtschaftlichen Folgen durch eine Zahlung an die Insolvenzgläubiger der Tochtergesellschaft nach § 168 Absatz 2 Halbsatz 2 InsO ausgeglichen.[432]

Schwachpunkt der Überlegung ist indes bereits ihr Ausgangspunkt, wonach die Tochtergesellschaft als bloßer Vermögensgegenstand der Konzernobergesellschaft qualifiziert wird. Die rechtliche Selbständigkeit der Tochtergesellschaft wird dabei außer Acht gelassen[433] und insofern das Rechtsträgerprinzip verletzt. Außerdem greifen die Vorteile nur in denjenigen Konstellationen, in denen die Konzernobergesellschaft die alleinige Gesellschafterin ist, also sämtliche Gesellschaftsanteile an der Tochtergesellschaft auch der Insolvenzmasse der Konzernobergesellschaft zuzurechnen sind.[434] Überdies muss gleichzeitig eine Insolvenz der Tochtergesellschaft vorliegen,[435] sodass viele Konstellationen ausgespart blieben, in denen eine materielle Konsolidierung auch für solvente Konzerngesellschaften und ihre Gläubiger signifikante Vorteile bringen kann.[436]

e. *Konsolidierungskreis aus durch wechselseitige Sicherheiten verbundenen Konzerngesellschaften*

Eine weitere Möglichkeit, den Kreis der an einer materiellen Konsolidierung teilnehmenden Konzerngesellschaften zu begrenzen, besteht darin, nur die Vermögen derjenigen Konzerngesellschaften einer materiellen Konsolidierung zuzuführen, die durch wechselseitige Sicherheiten verbunden sind. Auch wenn die Regelungen zur gruppeninternen Drittsicherheit nicht zu einer materiellen Konsolidierung führen,[437] befinden sich die Konzerngesellschaften dann in einer vergleichbaren Konstellation. Vorteilhaft an einer derartigen Beschränkung wäre ein per se großes Maß an haftungsrechtlicher Verstrickung derjenigen Konzerngesellschaften, deren Vermögen zusammengefasst würden. Gerade diese Verstrickungen führen zum Domino-Effekt, dem mit einer materiellen Konsolidierung begegnet werden kann.[438] Demgegenüber blieben die Vermögen derjenigen Konzerngesellschaften, die nicht über wechselseitige

432 *Hirte*, in: FS Karsten Schmidt, 649 f.
433 *Thole*, in: Konzerninsolvenzrecht, § 2 Rn. 59.
434 *Thole*, in: Konzerninsolvenzrecht, § 2 Rn. 66.
435 *Hirte*, in: FS Karsten Schmidt, 651.
436 Siehe dazu oben Seite 60 f.
437 Siehe dazu unten Seite 110 ff.
438 Siehe dazu oben Seite 61 ff.

Sicherheiten (zusätzlich) wirtschaftlich verwoben sind, weiterhin voneinander getrennt. Über sie würden gegebenenfalls getrennte Insolvenzverfahren eröffnet.

Die Nachteile einer derartigen Beschränkung liegen auf der Hand. Zum einen können Konzerngesellschaften auch ohne wechselseitig gestellte Sicherheiten so eng miteinander verzahnt sein, dass sich die konzernspezifischen Probleme[439] in der Insolvenz zeigen können. Zu denken ist beispielsweise an konzerninterne Lieferketten oder Cash-Pooling-Systeme[440]. Zum anderen resultieren die signifikanten Vorteile einer materiellen Konsolidierung gerade daraus, die Vermögen sämtlicher Gesellschaften eines Konzerns in einem Konzerninsolvenzverfahren zusammenfassen zu können.[441]

f. Begrenzung des Konsolidierungsumfangs

Schließlich ist es auch möglich, den Umfang der materiellen Konsolidierung auf einen Teil der einzubeziehenden Vermögensmasse zu begrenzen. In Frage käme beispielsweise, lediglich die Aktiva oder umgekehrt lediglich die Passiva der Konzerngesellschaften im Insolvenzverfahren zusammenzufassen. Ferner wäre es auch denkbar, lediglich bestimmte, für den Gesamtkonzern besonders relevante Vermögensgegenstände wie etwa Produktionsstätten oder Patente einer materiellen Konsolidierung zuzuführen.[442] Allerdings führten derartige Beschränkungen des Konsolidierungsumfangs dazu, dass die mit einer materiellen Konsolidierung einhergehenden Vorteile nicht vollends zum Tragen kämen. Diese bestehen nämlich insbesondere darin, in Konstellationen besonderer wirtschaftlicher Verflechtungen der Konzerngesellschaften die Komplexität des Verfahrens zu verringern. Die vollständige Entwirrung der Vermögenspositionen und eine stichtaggerechte Zuordnung zu einzelnen Konzerngesellschaften ist dort mit großem Aufwand und hohen, die Insolvenzmasse schmälernden Kosten verbunden.[443] Es wäre wenig gewonnen, wenn man diesen Aufwand nicht mehr in den einzelnen Insolvenzverfahren betreibt, sondern ihn gleichsam als Vorbereitung eines Konzerninsolvenzverfahrens zur Bestimmung der Konzerninsolvenzmasse durchführen muss. Unabhängig davon würden diejenigen Argumente, die

---

439 Siehe dazu oben Seite 56 ff.
440 Siehe dazu oben Seite 62 ff.
441 Siehe dazu oben Seite 49 ff.
442 Siehe dazu oben Seite 57.
443 Siehe dazu oben Seite 51 f.

grundsätzlich gegen das Konzept einer materiellen Konsolidierung sprechen, nicht relativiert, sondern blieben unverändert bestehen.

2. *Zusammenfassung der Konzerngesellschaften zu insolvenzrechtlicher Einheit*

Die zumindest auf den ersten Blick denkbar weitesten Regelungen zu einem materiellen Konzerninsolvenzrecht führten dazu, dass die betriebswirtschaftliche Sichtweise auf den Konzern als (wirtschaftliche) Einheit konsequent in das Insolvenzrecht übertragen würde. Der Konzern würde wie ein einziger eigenständiger Rechtsträger behandelt und selbst zum Gegenstand des Insolvenzverfahrens. Dächte man diesen Ansatz konsequent zu Ende, führte dies allerdings dazu, dass es beispielsweise divergierende Einzelinteressen im Sinne der dieser Untersuchung zugrundeliegenden Definition des materiellen Konzerninsolvenzrechts[444] nicht geben könnte. Dieser Ansatz kann im Rahmen der Untersuchung schon deshalb keinen Platz finden.

Ebenso verhält es sich mit der Überlegung, in einem initialen Schritt des Insolvenzverfahrens sämtliche insolvente Rechtsträger des Konzerns auf einen einzigen Rechtsträger zu vereinigen.[445] In diesem Moment existierte nämlich nur noch ein Rechtsträger, einem Konzerninsolvenzrecht bliebe kein sachlicher Anwendungsbereich mehr.[446] Überdies ist auch die Beschränkung auf insolvente Rechtsträger problematisch, weil der Anwendungsbereich des materiellen Konzerninsolvenzrechts unnötig eingeschränkt wird.

3. *Führender Insolvenzplan*

Grundsätzlich denkbar ist ferner die konzernübergreifende Insolvenzabwicklung über einen einzigen, „gemeinsamen“ Insolvenzplan. Befindet sich beispielsweise die Konzernobergesellschaft im Insolvenzplanverfahren, können im entsprechenden Insolvenzplan auch Regelungen aufgenommen werden, die andere Konzerngesellschaften betreffen.[447] Voraussetzung eines solchen führenden Insolvenzplans ist allerdings, dass die Konzerngesellschaften und ihre Gläubiger diesen Regelungen zustimmen. Denn die Regelungen,

---

444 Siehe dazu oben Seite 45.

445 In Betracht zieht dies hingegen *Grau*, Konsolidierung von Rechtsträgern einer Unternehmensgruppe in der Sanierung, 214 ff.

446 Diesen Schluss ziehend auch *Verhoeven*, Die Konzerninsolvenz, 208 f.

447 Vgl. *Uhlenbruck*, NZI 1999, 41 (43); *Ehricke*, ZInsO 2002, 393 (395); *Beck*, DZWIR 2014, 381 (384).

die hinsichtlich der anderen Konzerngesellschaften und ihren Gläubigern getroffen werden müssen, stellen häufig Verträge bzw. Regelungen zu Lasten Dritter dar und wären daher ohne die Zustimmung unwirksam.[448] Setzt man allerdings eine derartige Zustimmung voraus, ist dieses Konzept letztlich das Ergebnis einer privatautonomen Entscheidung aller Beteiligten. Es fehlt an der Möglichkeit, Regelungen auch gegen widerstreitende Interessen durchsetzen zu können. Dementsprechend stellt es keinen tauglichen Ansatz eines materiellen Konzerninsolvenzrechts dar. Verzichtet man demgegenüber auf das Zustimmungserfordernis, befindet man sich wiederum in einem Einheitsverfahren, in dem in einem Insolvenzplan Bestimmungen über die Vermögen sämtlicher Konzerngesellschaften getroffen werden, mithin im Bereich der materiellen Konsolidierung.

4. *Konzernspezifisches Sachwalterverfahren*

Ein weiterer denkbarer Ansatz zum materiellen Konzerninsolvenzrecht besteht darin, Ansprüche aus der konzerntypischen Mithaftung der Konzerngesellschaften für die insolvente Konzernobergesellschaft durch gerichtliche Anordnung in einem ersten Schritt zu suspendieren und dann von der Tochtergesellschaft als Rechtsträger auf die Gesellschaftsanteile zu richten.[449] Die suspendierten Ansprüche werden bei der Beurteilung, ob ein Insolvenzgrund bei der Tochtergesellschaft vorliegt, nicht berücksichtigt. Die Tochtergesellschaft kann ihren Geschäftsbetrieb außerhalb des Insolvenzverfahrens der Konzernobergesellschaft gewinnbringend fortführen. Zuständig für die gerichtliche Anordnung ist das Insolvenzgericht der Konzernobergesellschaft. Nach Anordnung der Suspendierung werden die Gesellschaftsanteile an der Tochtergesellschaft verwertet. Alternativ kann mit der Konzernobergesellschaft eine Ablöseregelung getroffen werden, wenn dies im Sinne eines zu erhaltenen Konzernmehrwerts vorteilhaft ist.[450] Die Gläubiger werden dann nicht aus den suspendierten Ansprüchen befriedigt, die ihnen ursprünglich wegen der Mithaftung der Konzerngesellschaft gegen diese zustanden, sondern aus der Verwertung oder Ablösung der Gesellschaftsanteile der Tochtergesellschaft im konzernspezifischen Sachwalterverfahren. Dabei handelt es sich um einen Schadensersatzanspruch für Schäden, die aus der Suspendierung resultieren. Die aus der Konzernierung folgende Mithaftung

---

448 *Westpfahl/Janjuah*, ZIP 2008, 1 (6); *Ehricke*, ZInsO 2002, 393 (394).
449 *Siemon/Frind*, NZI 2013, 1 (4), auf die dieser Ansatz zurückzuführen ist.
450 Siehe dazu oben Seite 54 ff.

wird also statt auf die Tochtergesellschaft als Rechtsträger auf den Erlös gerichtet, der aus der Verwertung oder Ablösung der von der Konzernobergesellschaft an der Tochtergesellschaft gehaltenen Gesellschaftsanteile generiert wird. Ein Insolvenzverfahren in Bezug auf die Aktiva und Passiva der Tochtergesellschaft wird auf diese Weise verhindert. Im Zentrum dieses Ansatzes steht ein Sachwalter, der insbesondere für die Ausübung der Rechte der Gesellschafter, den Verkauf der Gesellschaftsanteile an den Tochtergesellschaften bzw. die Verhandlung einer Ablöseregelung mit der Konzernobergesellschaft, die Identifizierung der konzernspezifischen Haftungsverstrickungen sowie die Beantragung der Suspendierung ihrer Folgen zuständig ist.[451] Spiegelbildlich zur Ermächtigung des Sachwalters werden die Rechte des Insolvenzverwalters der Konzernobergesellschaft aus § 80 InsO beschnitten.[452] Er kann beispielsweise nicht mehr frei über die Gesellschaftsanteile verfügen.

Rechtssystematisch handelt es sich bei dem konzernspezifischen Sachwalterverfahren, das außerhalb des Insolvenzverfahrens der Konzernobergesellschaft geführt wird, zwar um eine Vorstufe zum Insolvenzverfahren.[453] Es ist aber dennoch als Regelungsansatz eines materiellen Konzerninsolvenzrechts[454] zu qualifizieren, weil es grundsätzlich ein eröffnetes Insolvenzverfahren bei der Konzernobergesellschaft voraussetzt.[455]

Der Vorteil dieses Ansatzes besteht zunächst darin, dass der durch konzerntypische Haftungsverstrickungen hervorgerufene Domino-Effekt und seine negativen Folgen zunächst vermieden werden können. Die Insolvenz der Konzernobergesellschaft führt nicht direkt zur Insolvenz der Tochtergesellschaft. Dadurch wird zwar im Sinne einer bestmöglichen Gläubigerbefriedigung der Wert der Tochtergesellschaft als Unternehmung erhalten.[456] Von den Wirkungen der Suspendierung profitierte insbesondere auch die Geschäftsleitung der Tochtergesellschaft. Die Pflicht aus § 15b Absatz 1 Satz 1 InsO muss während des Sachwalterverfahrens nämlich konsequenterweise ausgesetzt sein.[457]

Allerdings ist das konzernspezifische Sachwalterverfahren ungeeignet, wenn nicht die Konzernobergesellschaft in die Insolvenz fällt, sondern eine

451 *Siemon*, NZI 2014, 55 (57).
452 *Jakobs*, Das Konzerninsolvenzverfahren, 115.
453 *Siemon/Frind*, NZI 2013, 1 (9).
454 Siehe zur hier zugrunde gelegten Definition oben unter Seite 45.
455 Widersprüchlich insoweit die Formulierung bei *Siemon/Frind*, NZI 2013, 1 (9).
456 *Siemon/Frind*, NZI 2013, 1 (4).
457 Zur alten Regelung des § 64 GmbHG entsprechend *Siemon/Frind*, NZI 2013, 1 (10).

oder mehrere Tochtergesellschaften. Außerdem setzt der Ansatz voraus, dass die Tochtergesellschaft auch außerhalb des Konzernverbundes erfolgreich am Markt bestehen kann.[458] Überdies wird der besonders schützenswerte, im Konzernverbund liegende Konzernmehrwert nur erhalten, wenn eine Ablösevereinbarung mit der – insolventen, also nicht sonderlich zahlungskräftigen – Konzernobergesellschaft getroffen werden kann. Andernfalls verlässt die Tochtergesellschaft den Konzernverbund. Die Vorteile des Ansatzes lassen sich zudem nur in einfachen Konzernkonstellationen realisieren, in denen eine Konzernobergesellschaft mit (wenigen) Tochtergesellschaften den Konzern bildet. Denn es ist für jede Tochtergesellschaft, welche der konzerntypischen Haftungsverstrickung unterliegt, ein eigenes Verfahren durchzuführen. Auch wenn es sich dabei nicht um ein Insolvenzverfahren handelt, ist es mit entsprechendem Aufwand und Kosten verbunden.[459] Außerdem entsteht Abstimmungsbedarf zwischen Insolvenzverwalter und Sachwalter(n).[460] Aufgrund unterschiedlicher Aufgaben sind Interessenskonflikte zu erwarten.[461] In komplexen Konzernstrukturen sind überdies wesentliche Vermögensgegenstände konzernweit verteilt und oft nicht stichtagsgerecht zuzuordnen.[462] Dies wäre aber für eine der Verwertung vorausgehende Bewertung der Gesellschaftsanteile notwendige Voraussetzung. Darüber hinaus sind Konstellationen problematisch, in denen die Konzernobergesellschaft nicht die alleinige Gesellschafterin der Tochtergesellschaften ist.[463] Die Veräußerung einzelner Gesellschaftsanteile ist zwar grundsätzlich möglich, allerdings zielt der Ansatz gerade auf die Veräußerung und den Erhalt der Tochtergesellschaft als Ganzes ab. Bei nur teilweiser Veräußerung der Gesellschaftsanteile stände einer vollen Mithaftung nur ein unverhältnismäßig geringer Erlös gegenüber.[464] Nicht zuletzt können die grundsätzlichen dogmatischen Argumente, die bereits gegen eine materielle Konsolidierung sprechen, auch mit diesem Ansatz nicht überwunden werden. So stellt die Suspendierung von Ansprüchen einen massiven Eingriff in die Privatautonomie der Gläubiger dar. Darüber hinaus ist nicht gesichert, dass im anschließenden Sachwalterverfahren eine vollständige Befriedigung stattfinden kann. Die Gläubiger können sich nicht

---

458 *Jakobs*, Das Konzerninsolvenzverfahren, 118.
459 *Jakobs*, Das Konzerninsolvenzverfahren, 117.
460 *Jakobs*, Das Konzerninsolvenzverfahren, 118.
461 Siehe zu den negativen Folgen oben Seite 54.
462 Siehe dazu oben Seite 51 f.
463 *Jakobs*, Das Konzerninsolvenzverfahren, 117.
464 *Jakobs*, Das Konzerninsolvenzverfahren, 117.

mehr auf den von ihnen ausgesuchten Schuldner und die ihm zugeordnete Haftungsmasse verlassen.[465] Dies stellt auch einen Eingriff in das insolvenzrechtlich verankerte Rechtsträgerprinzip dar. Schließlich findet auch eine Gläubigerungleichbehandlung statt.[466] Die Gläubiger, deren Ansprüche aus einer Mithaftung der Tochtergesellschaft für die Konzernobergesellschaft resultieren, müssen ihre suspendierten Ansprüche im Sachwalterverfahren und seiner modifizierten Haftungsmasse verfolgen. Demgegenüber behalten Gläubiger ihre unveränderte Rechtsposition, deren Ansprüche aus dem operativen Geschäft der Tochtergesellschaft resultieren. Sie können ihre Ansprüche regulär gegenüber dem Rechtsträger und seinem Vermögen geltend machen.

5. *Insolvenzanfechtung*

Schließlich ist bei Regelungen zu einem materiellen Konzerninsolvenzrecht auch an die Insolvenzanfechtung im Sinne der §§ 129 ff. InsO zu denken.

a. *Insolvenzanfechtung im Konzern – insbesondere nach § 135 InsO*

In Konzernkonstellationen ist vor allem die Anfechtung von Gesellschafterdarlehen nach § 135 InsO beachtenswert. Zentrale Bedeutung für das Verständnis erlangt insoweit die Anordnung der nachrangigen Befriedigung in § 39 Absatz 1 Nummer 5 InsO. Diese gilt für Gesellschafterdarlehen oder auch die Besicherung eines Drittdarlehens durch einen Gesellschafter als wirtschaftlich entsprechende Rechtshandlung.[467]

Insbesondere die Insolvenzanfechtung wegen Befriedigung einer gesellschafterbesicherten Drittforderung gemäß § 135 Absatz 2 InsO ist zunächst aufschlussreich. Die Beteiligten stehen sich hier in einer Konstellation gegenüber, die derjenigen entspricht, in der die Konzernobergesellschaft eine gruppeninterne Drittsicherheit[468] für die Rückgewähr eines an eine Konzerngesellschaft gewährten Darlehens gestellt hat. Die Konzernobergesellschaft ist als Gesellschafter gemäß § 39 Absatz 1 Nummer 5 Variante 2 InsO nachrangig zu befriedigen. Folgerichtig muss sich der Gläubiger als Dritter gemäß § 44a InsO wegen seiner gegenüber der (insolventen) Konzerngesellschaft

---

465 Vgl. *Jakobs*, Das Konzerninsolvenzverfahren, 117.

466 *Siemon/Frind*, NZI 2013, 1 (10).

467 BGH, Urteil vom 20.02.2014, IX ZR 164/13, ZIP 2014, 584 (586); Uhlenbruck InsO-*Hirte*, § 135 Rn. 15; Lutter/Hommelhoff GmbHG-*Kleindiek*, Anhang zu § 64 Rn. 151; siehe zur Situation in Cash-Pool-Systemen oben Seite 62 ff.

468 Siehe dazu unten Seite 110 ff.

bestehenden Forderung zunächst an die sichernde Konzernobergesellschaft als Gesellschafter halten.[469] Er kann im Insolvenzverfahren der schuldenden Konzerngesellschaft nur insoweit anteilsmäßige Befriedigung aus der Insolvenzmasse verlangen, als er bei der Inanspruchnahme der sichernden Konzernobergesellschaft ausgefallen ist.[470] Der Konzernobergesellschaft wiederum droht so selbst die Zahlungsunfähigkeit.[471] Ihr Erstattungsanspruch beispielsweise aus § 774, § 1143, § 1225 oder § 670 BGB gegenüber der Insolvenzmasse der Konzerngesellschaft ist schließlich nachrangig.[472] Hat die Konzerngesellschaft das gesellschafterbesicherte Drittdarlehen vor ihrem Antrag auf Eröffnung des Insolvenzverfahrens oder nach diesem Antrag (anteilig) zurückgezahlt, greift § 135 Absatz 2 InsO ein.[473] Anfechtbar ist dann nicht die Tilgung, sondern die Befreiung der Konzernobergesellschaft von ihrer gestellten Sicherheit.[474] Dementsprechend regelt § 143 Absatz 3 InsO die Rechtsfolgen, wonach der Gesellschafter – also die Konzernobergesellschaft – den Wert der nicht in Anspruch genommenen Sicherheit erstatten muss.[475]

Darüber hinaus hat die Anordnung des Nachrangs in § 39 Absatz 1 Nummer 5 InsO auch negative Auswirkungen auf zentrale Konzernfinanzierungsmodelle. Der Nachrang führt zunächst dazu, dass Sicherheiten, die eine Konzerngesellschaft ihrer Konzernobergesellschaft für ein gewährtes Darlehen stellt, grundsätzlich nicht insolvenzfest sind.[476] Gemäß §§ 135 Absatz 1 Nummer 1, 143 Absatz 1 InsO kann der Insolvenzverwalter der Konzerngesellschaft die Bestellung der Sicherheit durch die Konzerngesellschaft für das nachrangige Gesellschafterdarlehen anfechten und so die Geltendmachung eines Absonderungsrechts durch die Konzernobergesellschaft abwehren. Die Konzernobergesellschaft muss ihre Sicherheit zurückgewähren und kann

469 BGH, Urteil vom 13.07.2017, IX ZR 173/16, NJW 2017, 2915 (2916).

470 Uhlenbruck InsO-*Hirte,* § 44a Rn. 1; Andres/Leithaus InsO-*Leithaus,* § 44a Rn. 11; Braun InsO-*Bäuerle,* § 44a Rn. 5.

471 Vgl. zur Doppelinsolvenz im Konzern, in welcher wiederum die Nachrangwirkung selbst Anfechtungsgegenstand sein kann *Jacoby*, ZIP 2018, 505 (505 ff.).

472 MüKoInsO-*Behme,* § 39 Rn. 75; Andres/Leithaus InsO-*Leithaus,* § 44a Rn. 14.

473 BGH, Urteil vom 13.07.2017, IX ZR 173/16, NJW 2017, 2915 (2916).

474 *Altmeppen*, NJW 2008, 3601 (3607); *Schmidt*, BB 2008, 1966 (1969).

475 Andres/Leithaus InsO-*Leithaus,* § 143 Rn. 7; MüKoInsO-*Piekenbrock,* § 143 Rn. 146.

476 BGH, Urteil vom 14.02.2019, IX ZR 149/16, ZIP 2019, 666 (672); Andres/Leithaus InsO-*Leithaus,* § 39 Rn. 13; *Burg/Westerheide*, BB 2008, 62 (63); vgl. auch Uhlenbruck InsO-*Hirte,* § 135 Rn. 13; kritisch bei ursprünglicher Besicherung weiterhin *Bitter,* ZIP 2019, 737 (737 ff.); *Mylich*, ZIP 2019, 2233 (2234).

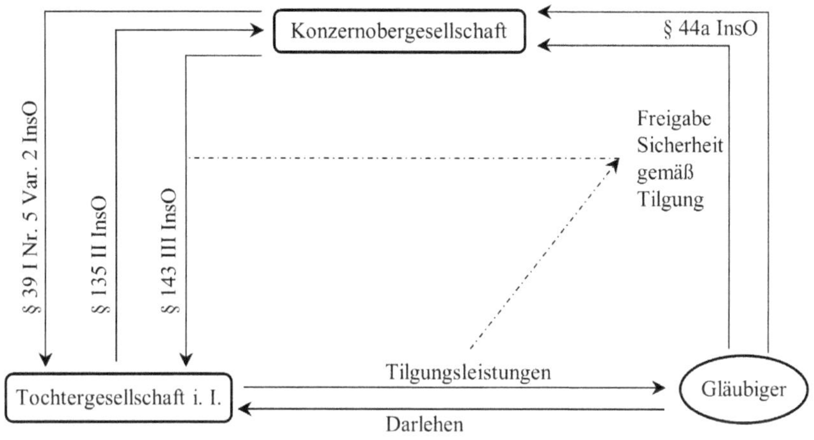

Abbildung 3

lediglich ihre originäre Darlehensforderung als nachrangige Insolvenzforderung geltend machen. Im Insolvenzverfahren wird sie dann wegen des Nachrangs zumeist leer ausgehen.[477]

Überdies sind auch Cash-Pool-Systeme betroffen. So kann beispielsweise gemäß §§ 135 Absatz 1 Nummer 2, 143 Absatz 1 InsO jede binnen Jahresfrist im Rahmen eines Cash-Pools geleistete Zahlung einer Konzerngesellschaft an die Konzernobergesellschaft vom Insolvenzverwalter der Konzerngesellschaft angefochten werden.[478] Rechtlich handelt es sich bei den Zahlungen innerhalb eines Cash-Pooling-Systems um wechselseitig gewährte Darlehen.[479] Die Zahlung der Konzerngesellschaft ist folglich eine Tilgungsleistung auf ein nachrangiges Gesellschafterdarlehen.

Insgesamt führt die nachrangige Befriedigung der Konzernobergesellschaft demnach dazu, dass eine zentrale Konzernfinanzierung unter Einsatz von Gesellschafterleistungen erschwert wird. Die Konzernobergesellschaft muss letzten Endes für die gesamte Konzerndarlehenssumme haften, weil sie

477 *Schmidt*, BB 2008, 1966 (1968); vgl. auch Uhlenbruck InsO-*Sinz,* § 174 Rn. 51; MüKoInsO-*Riedel,* § 174 Rn. 38.

478 *Holzborn*, in: Haftung und Insolvenz im GmbH-Recht, Rn. 286.

479 BGH, Urteil vom 16.01.2006, II ZR 76/04, NJW 2006, 1736 (1737); siehe dazu auch oben Seite 62 ff.

faktisch nicht auf die Haftungsmassen der Konzerngesellschaften zurückgreifen kann.[480]

Die Insolvenzanfechtung nach § 135 InsO regelt demnach eine Vielzahl von Konstellationen, die in Konzernsachverhalten oft eine bedeutende Rolle spielen. Hieraus könnte der Schluss gezogen werden, dass es eines speziellen materiellen Konzerninsolvenzrechts nicht bedarf, weil die bereits vorhandenen Rechtsinstitute wie insbesondere die allgemeinen Regelungen der Insolvenzanfechtung ausreichend sind, um die konzernspezifischen Probleme in der Insolvenz lösen zu können.[481]

b. Keine konzernspezifischen Regelungen

Die Aufgabe der Insolvenzanfechtung besteht darin, bestimmte vor Eröffnung des Insolvenzverfahrens vorgenommene Vermögensverschiebungen rückgängig zu machen, die zum Nachteil der Insolvenzgläubiger zu einer Reduzierungen der Insolvenzmasse geführt haben. Dadurch soll das den Insolvenzgläubigern haftende Schuldnervermögen wiederhergestellt werden.[482] Letztlich dient die Insolvenzanfechtung damit dem Zweck der Insolvenzordnung, nämlich der gleichmäßigen und anteiligen Befriedigung der Insolvenzgläubiger.[483] Sie verlagert den dafür notwendigen Schutz der Insolvenzmasse allerdings auf einen früheren Zeitpunkt als den der formellen Eröffnung des Insolvenzverfahrens.[484] Der Grundsatz der Gläubigergleichbehandlung wird so zeitlich in einen Bereich erstreckt, in dem grundsätzlich das Prioritätsprinzip der Einzelzwangsvollstreckungsverfahren der Zivilprozessordnung gilt.[485]

Speziell auf die konzerntypischen Insolvenzsachverhalte sind die Regelungen der Insolvenzanfechtung allerdings nicht zugeschnitten. Im Gegenteil führt jede Vergrößerung der Insolvenzmasse, die in Konzernsachverhalten durch

---

480 *Burg/Westerheide*, BB 2008, 62 (65).

481 *Brinkmann*, in: Insolvenzanfechtungsrecht, Kap. 18 Rnn. 7 und 69; derselbe aktuell indes nicht mehr so eindeutig Kübler/Prütting/Bork InsO-*Brinkmann*, Anhang zu § 135 Rnn. 63 und 72.

482 BT-Drucks. 12/2443, 156; BGH, Versäumnisurteil vom 17.02.2011, IX ZR 91/10, NJW-RR 2011, 1272 (1272); MüKoInsO-*Freudenberg*, Vorbemerkungen vor §§ 129 bis 147 Rn. 2 f.

483 Siehe dazu oben Seite 46 ff.

484 Vgl. Uhlenbruck InsO-*Borries/Hirte*, § 129 Rn. 1; Andres/Leithaus InsO-*Leithaus*, § 129 Rn. 3.

485 *Weidmüller*, Die Rückschlagsperre als Instrument zur gemeinschaftlichen Haftungsverwirklichung, 29.

Anfechtung herbeigeführt wird, gleichzeitig zur Verringerung einer Masse an anderer Stelle im Konzernverbund.[486]

Exemplarisch kann die abweichende Zielrichtung des Rechts der Insolvenzanfechtung in zentral organisierten Konzernen zutage treten, in denen die Konzernobergesellschaft unter anderem für den Einkauf des Anlagevermögens zuständig ist.[487] Beispielsweise Maschinen, Betriebsgrundstücke oder Patente werden von der Konzernobergesellschaft zentral beschafft, die sie sodann an die einzelnen Konzerngesellschaften überträgt. Dort sind sie dann für die Aufrechterhaltung des Geschäftsbetriebs unabdingbar. In der Insolvenz der Konzernobergesellschaft wäre die Anfechtung der Übertragung des Anlagevermögens, zu welcher der Insolvenzverwalter der Konzernobergesellschaft gezwungen wäre, geradezu widersinnig.[488] Sie schadete zum einen der Tochtergesellschaft, die ohne das Anlagevermögen möglicherweise ihren Geschäftsbetrieb nicht mehr ausüben kann. Zum anderen würde sie (indirekt) auch der Konzernobergesellschaft – und damit ihren Insolvenzgläubigern – schaden. Die Konzernobergesellschaft kann nämlich zum einen die Vermögensgegenstände nicht so gewinnbringend nutzen wie die Konzerngesellschaft, die sie für den Geschäftsbetrieb nutzt. Zum anderen wird durch den Abzug des Anlagevermögens der Wert der Konzerngesellschaft geschmälert, was über eine Reduzierung des Werts der Beteiligung auch auf die Konzernobergesellschaft durchschlägt.[489] Im Extremfall führt die Anfechtung und die mit ihr verbundene Rückübertragung des Anlagevermögens sogar dazu, dass beide Gesellschaften abgewickelt werden müssen.[490] Noch weniger einleuchtend mutet der Fall an, wenn die Konzerngesellschaft sogar einen gewissen Ausgleich an die Konzernobergesellschaft hätte zahlen können, damit diese auf den Vermögensgegenstand verzichtet.[491]

Die Insolvenzanfechtung kann somit gerade zu denjenigen Folgen führen, denen mit einem materiellen Konzerninsolvenzrecht begegnet werden soll. Hieran zeigt sich deutlich, dass ihr Anwendungsbereich nicht auf

---

486 *Schumann*, Die Unternehmensgruppe im Insolvenzrecht, 285.

487 Siehe zu weiteren konzernspezifischen Problemen oben Seite 56 ff.

488 Vgl. *Wackerbarth*, ZIP 2005, 877 (886).

489 OLG Celle, Urteil vom 16.12.2010, 13 U 98/10, NZI 2011, 115 (116); *Hirte*, ZInsO 2004, 1161 (1165); *Schade/Nissen*, NZI 2015, 1010 (1012).; ebenso, wenn auch eine Benachteiligung i. S. v. § 129 InsO verneinend: MüKoInsO-*Freudenberg*, § 129 Rn. 170b.

490 *Wackerbarth*, ZIP 2005, 877 (886).

491 *Verhoeven*, Die Konzerninsolvenz, 219.

Konzerninsolvenzen ausgerichtet ist. Darüber hinaus führt der mit den allgemeinen Insolvenzanfechtungsregelungen verbundene Aufwand dazu, dass sie nicht für die Lösung der konzernspezifischen Probleme taugen, die sich in der Insolvenz zeigen. In komplexen Konzernsachverhalten ist es nur mit zeit- und kostenintensiven Anstrengungen möglich, jede einzelne anfechtbare Vermögensverschiebung nachzuverfolgen, die entsprechende Anfechtung zu erklären und die Rückabwicklung vorzunehmen.[492] Damit wird ein wesentlicher Vorteil, der beispielsweise der materiellen Konsolidierung immanent ist, nicht realisiert.[493]

Außerdem ist der Anwendungsbereich auf Sachverhalte beschränkt, in denen die Konzernobergesellschaft als Gesellschafter einer (insolventen) Konzerngesellschaft eine Kreditsicherheit gestellt hat. Konstellationen, in denen umgekehrt Upstream-Sicherheiten für die insolvente Konzernobergesellschaft gestellt werden, sind nicht umfasst. Ebenso wenig kommt eine Anfechtung der Insolvenzschuldnerin gegenüber sichernden Schwestergesellschaften in Betracht.[494] Zwar können neben dem Gesellschafter grundsätzlich auch gleichgestellte Personen von §§ 39, 135 InsO erfasst werden, weil die *„gleichgestellte* Forderung" sich auch auf den persönlichen Anwendungsbereich bezieht.[495] So können Darlehen von einer Schwestergesellschaft an die andere als Gesellschafterdarlehen qualifiziert werden, wenn die Konzernobergesellschaft sowohl an der darlehensgebenden als auch an der darlehensnehmenden Schwestergesellschaft maßgeblich beteiligt ist, weil sich in wirtschaftlicher Hinsicht die Rollen als Gesellschafter und Kreditgeber in der Konzernobergesellschaft bündeln.[496] Die Stellung der Sicherheit ist auch insoweit der Kreditvergabe gleichzustellen.[497] Die Anfechtung ist dann aber nur gegenüber der Konzernobergesellschaft möglich. Für eine Anfechtung gegenüber einer Schwestergesellschaft bleibt indes kein Raum, weil diese die beiden Rollen Gesellschafter und Kreditgeber gerade nicht in sich vereint.[498]

---

492 Siehe dazu oben Seite 51 f.

493 Vgl. *Portisch*, Sanierung und Insolvenz aus Bankensicht, 454.

494 Zur alten Rechtslage im Rahmen von § 32a GmbHG aF hingegen noch BGH, Urteil vom 21.06.1999, II ZR 70/98, ZIP 1999, 1314 (1314).

495 BT-Drucks. 16/6410, 56; BGH, Urteil vom 15.11.2018, IX ZR 39/18, NZI 2019, 169 (170); *Skauradszun*, Zeitschrift für Insolvenzrecht (KTS) 2020, 55 (58).

496 BGH, Urteil vom 05.05.2008, II ZR 108/07, NZI 2008, 767 (767); *Thole*, in: Konzerninsolvenzrecht, § 4 Rn. 448.

497 Siehe dazu oben Seite 97 ff.

498 *Skauradszun*, Zeitschrift für Insolvenzrecht (KTS) 2020, 55 (68).

Nicht zuletzt greifen auch die Insolvenzanfechtungsregelungen in die dogmatischen Grundsätze des Insolvenzrechts ein. In das Rechtsträgerprinzip greifen sie ein, indem sie die Insolvenzmasse mit Hilfe fremden Vermögens vergrößern.[499] Wenn sich neben dem anfechtungsberechtigten Schuldner auch der Anfechtungsgegner in der Insolvenz befindet, wird zudem der Gleichbehandlungsgrundsatz nicht konsequent beachtet, dem die Regelungen der Insolvenzordnung doch gerade zur Geltung verhelfen wollen.[500] Überdies zeigt sich im Vergleich zur allgemeinen zivilrechtlichen Anfechtungsregelung des § 142 BGB, dass durch die Insolvenzanfechtungsregelungen auch in die Privatautonomie eingegriffen wird. Während außerhalb der Insolvenz nach den Bestimmungen des BGB noch der Irrende frei darüber entscheiden kann[501], ob er sein Anfechtungsrecht wahrnehmen möchte, wird ihm diese Entscheidungsfreiheit im Fall der Insolvenz genommen.[502]

Insgesamt handelt es demnach bei den Insolvenzanfechtungsregelungen der §§ 129 ff. InsO um materiell-rechtliche Regelungen[503], die auch auf Konzernsachverhalte anwendbar sein können. Sie verfolgen indes nicht das Ziel, konzernspezifische Problemstellungen aufzulösen, sondern rufen diese unter Umständen sogar erst hervor. Sie sind daher nicht als spezifische Regelungen eines materiellen Konzerninsolvenzrechts tauglich.

c. Insolvenzanfechtungsregelungen nicht ausreichend

Der Gesetzgeber hat die bestehenden Regelungen offenbar nicht für ausreichend erachtet. Ansonsten hätte er keine materiell-rechtlichen Regelungen zur gruppeninternen Drittsicherheit in die InsO aufgenommen, die neben die Regelungen zur Insolvenzanfechtung treten. Auffällig ist in diesem Zusammenhang, dass die Regelungen in der Fassung des Gesetzesentwurfs genau den umgekehrten Fall der von der Insolvenzanfechtung erfassten Konstellation betrafen. Während § 217 Absatz 2 InsO-E diejenigen Konstellationen erfasste, in denen die Tochtergesellschaft Sicherheiten für die Konzernobergesellschaft stellt, bezieht sich § 135 Absatz 2 InsO auf Sicherheiten, die von der Konzernobergesellschaft als Gesellschafterin für ihre Tochtergesellschaften gestellt werden. Der Anwendungsbereich der Regelungen

499 *Paulus*, ZIP 2005, 1948 (1954).

500 Siehe dazu oben Seite 46 ff.

501 Vgl. insoweit den Wortlaut des § 119 Absatz 1 BGB „[...] *kann die Erklärung anfechten* [...]".

502 Vgl. *Paulus*, ZIP 1996, 2141 (2147 f.).

503 Vgl. *Paulus*, ZIP 2005, 1948 (1954).

zur gruppeninternen Drittsicherheit ist nun deutlich über denjenigen des § 135 Absatz 2 InsO hinaus erweitert worden, sodass vom Gesetzgeber beabsichtigte Überschneidungen entstanden sind. Auch beim Gesetzgeber hat sich also offenbar die Erkenntnis durchgesetzt, dass die aktuellen Regelungen nicht ausreichend waren. Vielmehr hat auch er nun ein Bedürfnis für materiell-rechtliche Regelungen gesehen, die sich speziell auf Konzerninsolvenzsachverhalte beziehen und über die Regelungen der allgemeinen Insolvenzanfechtung hinausgehen. Dies rechtfertigt sich insbesondere durch die unterschiedlichen Zielrichtungen der Regelungsbereiche. Das materielle Konzerninsolvenzrecht zielt auf eine optimale Gesamtreorganisation oder -liquidation der verbundenen Konzerngesellschaften auch gegen divergierende Einzelinteressen der verbundenen Gesellschaften und/oder einzelner Gläubiger.[504] Dies ist jetzt in sehr beschränktem Umfang im Rahmen der Gestaltung von gruppeninternen Drittsicherheiten möglich.[505]

C. Bewertende Zusammenfassung

Es gibt eine Vielzahl opportunistischer Überlegungen, die für materiell-rechtliche Regelungsansätze in Konzerninsolvenzsachverhalten ins Feld geführt werden können. So verspricht der Ansatz der materiellen Konsolidierung durch eine Verringerung der Komplexität des Insolvenzverfahrens Effizienzeffekte. Eine zeit- und kostenintensive Entwirrung der konzerninternen Verbindungen wäre nicht mehr notwendig. Die auf gegenseitige Abhängigkeiten und Verflechtungen zurückzuführenden Probleme wie der aus Cash-Pool-Systemen resultierende Domino-Effekt oder nicht klar zuordenbares Vermögen könnten gelöst werden. Außerdem könnte die wirtschaftliche Realität besser abgebildet werden, wenn man sich vom strikten Rechtsträgerprinzip lösen würde. Der Konzern würde auch rechtlich als diejenige Einheit behandelt, als die sie in wirtschaftlicher Hinsicht beispielsweise durch einen einheitlichen Marktauftritt wahrgenommen wird.

Den Maßstab für die dogmatische Beantwortung der Frage, ob eine Anpassung des geltenden Rechts wirklich angezeigt ist, können allerdings nicht bloße Zweckmäßigkeitsüberlegungen bilden. Entscheidend sind vielmehr die Grundsätze und Verfahrensziele der Insolvenzordnung.[506] Dementsprechend sprechen zunächst die dogmatischen Grundfesten der

---

504 Siehe die dieser Untersuchung zugrunde gelegte Definition eines materiellen Konzerninsolvenzrechts oben Seite 45.

505 Siehe dazu unten Seite 110 ff.

506 Siehe zum methodischen Ansatz der Untersuchung oben Seite 31 f.

Insolvenzordnung, namentlich das Rechtsträgerprinzip und der Grundsatz der Gläubigergleichbehandlung, insbesondere gegen eine materielle Konsolidierung. Sie führen mit ihrer Klarheit zu Rechtssicherheit. Daneben sind auch die Privatautonomie und der Schutz des freien Wettbewerbs anzuführen. Insgesamt ist kein Konzept ersichtlich, mit dem die angestrebten Zweckmäßigkeitsüberlegungen praktisch umgesetzt werden könnten, ohne gleichzeitig mindestens einen dieser Grundpfeiler zu tangieren. Beispielsweise eine Begrenzung des Konsolidierungsumfangs verlagerte die Probleme, die mit der Bestimmung der Insolvenzmasse verbunden sind, lediglich auf eine andere Ebene, ohne sie zu lösen. Daneben blieben die grundsätzlichen rechtsdogmatischen Bedenken gegen eine materielle Konsolidierung bestehen. Das gilt genauso bei einer Einschränkung der in die Konsolidierung einzubeziehenden Konzerngesellschaften. Daran änderte sich auch nichts, wenn man die materielle Konsolidierung von der Insolvenz einer Konzerngesellschaft von nicht untergeordneter Bedeutung abhängig machte. Nichtsdestoweniger erscheint sie als einzige Variante vorteilhaft, weil die Vorteile des Konzepts der materiellen Konsolidierung zur Lösung konzernspezifischer Probleme erhalten und gleichzeitig strategische Insolvenzen erschwert werden können.

Die Dogmatik stellt indes keinen Selbstzweck dar. Auch de lege lata wird bereits von dogmatischen Grundsätzen wie dem Rechtsträgerprinzip abgewichen und die damit verbundene strikte Haftungstrennung durchbrochen. Zudem sind Gläubigerungleichbehandlungen beispielsweise wegen verschiedener Gläubigerprivilegien im Insolvenzverfahren auch ohne kompensierende Vorteile längst hinzunehmen.

In dem Zusammenhang bleibt festzuhalten, dass die bestmögliche Gläubigerbefriedigung mit den geltenden Regelungen nicht immer erreicht werden kann. Vor allem das Konzept der materiellen Konsolidierung bietet die Chance auf eine Vergrößerung der zu verwertenden Masse. Nur durch Aufrechterhaltung der Konzernstrukturen kann ein im Konzernverbund liegender Mehrwert vollständig realisiert und können konzernspezifische Probleme gelöst werden. Ebenso führen Effizienzgewinne durch geringe Verfahrenskosten oder vermiedene Interessenkonflikte dazu, dass eine größere Insolvenzmasse verteilt werden kann. Und letztlich wird es den Gläubigern genau darauf ankommen, dass die für sie bestmögliche Befriedigung erreicht werden kann. Entsprechend dürfte eine etwaige Ungleichbehandlung akzeptiert werden, wenn dies zu einer höheren Insolvenzquote führt. Die rechtssystematische Herleitung wird dagegen von untergeordnetem Interesse sein. Überdies zeigen die gesetzlichen Regelungen des Umwandlungsgesetzes zur Verschmelzung eindrucksvoll, dass die gegen materiell-rechtliche Regelungen eines Konzerninsolvenzrechts im Zusammenhang mit Rechtsträgerprinzip, Gläubigergleichbehandlung und Privatautonomie vorgebrachten Argumente keine absolute Geltung beanspruchen können. Für die Verschmelzung mehrerer Rechtsträger nach dem Umwandlungsgesetz hat der Gesetzgeber nämlich gerade die Rechtsfolgen etabliert, die im Rahmen von materiell-rechtlichen Regelungen zu Konzerninsolvenzen nicht hinnehmbar sein sollen.

Die Schwächen des geltenden Rechts in Bezug auf die Lösung der besonderen Probleme in Konzerninsolvenzsachverhalten sind insbesondere auf eine unterschiedliche Zielrichtung zurückzuführen. Während potentielle Regelungsansätze zu einem materiellen Konzerninsolvenzrecht ausdrücklich die Auflösung konzernspezifischer Problemstellungen im Sinne einer bestmöglichen Gläubigerbefriedung adressieren, sind die bestehenden insolvenzrechtlichen Regelungen gerade nicht explizit auf diese Probleme zugeschnitten. Exemplarisch zeigt sich das an den Regelungen zur Insolvenzanfechtung. Diese führen mitunter erst zu den Folgen, die mit einem materiellen Konzerninsolvenzrecht gerade verhindert werden. Außerdem zielen viele Regelungen auf widerrechtliche Exzesse von Gesellschaftern oder Geschäftsführungen. Die konzernspezifischen Problematiken sind aber gerade nicht das Resultat derartiger Entgleisungen, sondern auf legitimes Geschäftsgebaren im Sinne des bestmöglichen wirtschaftlichen Vorteils der eigenen Unternehmung zurückzuführen.[507]

Dementsprechend hat auch der Gesetzgeber ein Bedürfnis für weitere Regelungen gesehen, die in materiell-rechtlicher Hinsicht die besondere Situation von Konzerninsolvenzen berücksichtigen.

507 Die Anerkennung individuellen Vorteilsstrebens ist für eine auf den Grundprinzipien der Marktwirtschaft beruhenden Rechtsordnung sogar konstitutiv, vgl. *Eidenmüller*, Unternehmenssanierung zwischen Markt und Gesetz, 21.

Zweiter Teil Die gruppeninterne Drittsicherheit

A. Ausgangslage und Zielsetzung des Gesetzgebers

Ein wesentliches Problem, das sich bei der finanziellen Restrukturierung von Konzernen bislang stellt, besteht darin, dass Konzerngesellschaften für andere Konzerngesellschaften Sicherheiten bestellen oder auf andere Art und Weise eine Mithaftung eingehen. In einer typischen Konstellation sichern dabei Tochtergesellschaften mit sog. Upstream-Sicherheiten die Ansprüche von Finanzgläubigern gegen die kreditnehmende Konzernobergesellschaft. Dies hat seinen Grund darin, dass sich wesentliche Vermögenswerte in den Tochtergesellschaften befinden, während die Konzernobergesellschaft oftmals über kaum nennenswerte Vermögenswerte verfügt, die über die Anteile an ihren Tochtergesellschaften hinausgehen.[508] Genauso denkbar sind auch Konstellationen, in denen die Konzernobergesellschaft für ihre Tochtergesellschaft sog. Downstream- oder eine Tochtergesellschaft für eine andere Tochtergesellschaft sog. Sidestream-Sicherheiten stellt.

Sämtliche Fälle dieser Drittsicherheiten führen zu wechselseitigen Haftungsverstrickungen der Konzerngesellschaften, die im Fall der Insolvenz des jeweiligen Finanzierungsschuldners gravierende Folgen für die sichernden Konzerngesellschaften oder sogar den gesamten Konzern haben können.[509]

Bislang konnte aufgrund der Regelung in § 254 Absatz 2 Satz 1 InsO aF nicht ohne ihre Zustimmung in die Rechte von Insolvenzgläubigern eingegriffen werden, die diesen aus Drittsicherheiten zustehen.[510] Drittsicherheiten bestehen nämlich grundsätzlich nicht am Vermögen der Insolvenzmasse, sondern an massefremdem Vermögen.[511] Der durch eine Drittsicherheit gesicherte Insolvenzgläubiger konnte daher bislang – außerhalb des Insolvenzverfahrens des Schuldners – vollumfänglich den Drittsicherungsgeber in Anspruch nehmen.[512] Die Vorschrift des § 254 Absatz 2 Satz 1 InsO aF durchbrach insoweit die

---

508 *Pleister*, ZIP 2015, 1097 (1097).

509 Zu den Folgen des Domino-Effekts oben Seite 61 ff.

510 *Hain*, in: Das neue Restrukturierungsrecht, § 9 Rn. 65; Kübler/Prütting/Bork InsO-*Spahlinger*, § 217 Rn. 50b.

511 *Weitbrecht*, Mittelbare Planeingriffe in Sicherungsrechte, 41.

512 *Hain*, in: Das neue Restrukturierungsrecht, § 9 Rn. 65; MüKoInsO-*Huber/Madaus*, § 254 Rn. 25.

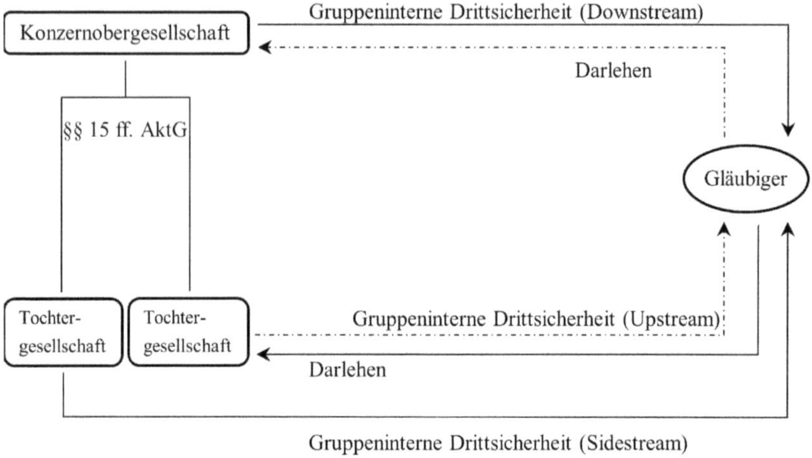

Abbildung 4

durch Akzessorietät oder Sicherungsabrede bestehende Verknüpfung zwischen besicherter Forderung und Drittsicherheit.[513] Der Drittsicherungsgeber wiederum, der bislang außerhalb des Insolvenzverfahrens stand bzw. kein Beteiligter war, konnte wegen der Regresssperre des § 254 Absatz 2 Satz 2 InsO seine Regressforderung gegenüber dem Schuldner nur in der Höhe geltend machen, die dem gesicherten Insolvenzgläubiger nach dem bestätigten Insolvenzplan zugestanden hätte. Die Haftungsverstrickungen der Konzerngesellschaften führten über diesen Mechanismus oftmals zu einem Domino-Effekt: Der Sicherungsgeber musste dem Insolvenzgläubiger vollumfänglich Ersatz leisten, konnte sich selbst aber nicht vollumfänglich beim insolventen Schuldner schadlos halten. Der fehlende Vermögensausgleich führte zur Insolvenz auch des Sicherungsgebers. Die so latent drohende Gefahr des Domino-Effekts stellte insbesondere in zentral finanzierten Konzernen ein erhebliches Sanierungshindernis dar, das auch im internationalen Wettbewerb als Nachteil für den Sanierungsstandort Deutschland gesehen wurde.[514] Insbesondere wenn im Konzernverbund auch Auslandsgesellschaften vorhanden waren und über

513 *Weitbrecht*, Mittelbare Planeingriffe in Sicherungsrechte, 46; Andres/Leithaus InsO-*Andres*, § 254 Rn. 8.

514 *Paulus*, NZI-Beilage 2019, 8 (8); *Spahlinger*, NZI-Beilage 2018, 49 (50).

das Vermögen dieser kein Insolvenzverfahren eingeleitet werden sollte, wurde die Problematik aktuell.[515]

Um dieser Problematik entgegenzutreten, hat der Gesetzgeber es gerade für Konzernsanierungen als notwendig angesehen, auch gruppenintern gestellte Drittsicherheiten in die Restrukturierung einzubeziehen. Dieses Bedürfnis wurde schon seit einigen Jahren diskutiert und als grundlegender Verbesserungsbedarf beim Insolvenzplanverfahren identifiziert.[516] Hierdurch sollen einerseits der Wert des Konzernverbundes[517] erhalten und andererseits Folgeinsolvenzen von Konzerngesellschaften verhindert werden. Als Alternative zur „Konzernsanierung" blieben bisher nur parallele Insolvenzverfahren über das Vermögen eines oder mehrerer Sicherungsgeber. Diese verursachten einen höheren Aufwand, zusätzliche Kosten und könnten in letzter Konsequenz das gesamte Sanierungsvorhaben verhindern. Dies wird insbesondere dann als ineffizient betrachtet, wenn der gesicherte Insolvenzgläubiger in Summe weniger vom Sicherungsgeber und dem Schuldner erhielte als bei einer Gestaltung der Sicherheit ausschließlich im Insolvenzplan des Schuldners.[518]

Im Gegenzug für den gestaltenden Eingriff in seine Sicherheit ist der Insolvenzgläubiger angemessen zu entschädigen, § 223a InsO. Dadurch wird sein mit der Sicherheit verfolgtes Ziel, sich für den Fall der Leistungsunfähigkeit des Schuldners abzusichern, erreicht. Außerdem kann er wegen der Entschädigung nicht dazu gezwungen werden, auf die ihm zustehende Sicherheit bzw. auf den in ihr liegenden Wert zu verzichten. Flankiert wird dieser Schutz des Insolvenzgläubigers durch das Schlechterstellungsverbot des § 245 Absatz 1 Nummer 1, § 251 Absatz 1 Nummer 2 InsO.[519]

Auch die Interessen des dritten Akteurs in der Konstellation gruppeninterner Drittsicherheiten sollen berücksichtigt werden. Die gruppeninterne Drittsicherheit kann gemäß § 230 Absatz 4 InsO nur in den Insolvenzplan des Schuldners einbezogen werden, wenn der Sicherungsgeber zustimmt. Er soll in Ausübung seiner unternehmerischen Freiheit selbst entscheiden, ob er den Anspruch des Sicherungsnehmers aus der Drittsicherheit voll befriedigen möchte oder die Gestaltung der Sicherheit im Insolvenzplan des

---

515 BeckOK InsR-*Geiwitz/Danckelmann*, § 223a Rn. 1.

516 Vgl. insbesondere die Ergebnisse einer Umfrage unter 250 ausgewählten Experten bei *Seibt/Westpfahl*, ZIP 2013, 2333 (2342); *Pleister*, ZIP 2015, 1097 (1105); *Spahlinger*, NZI-Beilage 2018, 49 (50).

517 Siehe dazu oben Seite 54 f.

518 BT-Drucks. 19/24181, 199.

519 BT-Drucks. 19/24181, 200.

Schuldners bevorzugt.[520] Wählt er die Gestaltung, wird er selbst Beteiligter des Insolvenzverfahrens.

B. Die Regelungen im Einzelnen

Inwieweit sich die vom Gesetzgeber eingeführten Regelungen eignen, um die verfolgten Ziele zu erreichen, wird anhand einer eingehenden Analyse der einzelnen Regelungen zur gruppeninternen Drittsicherheit zu beurteilen sein.

I. Die gruppeninterne Drittsicherheit – § 217 Absatz 2 InsO

Der Insolvenzplan kann ferner die Rechte der Inhaber von Insolvenzforderungen gestalten, die diesen aus einer von einem verbundenen Unternehmen im Sinne des § 15 des Aktiengesetzes als Bürge, Mitschuldner oder aufgrund einer anderweitig übernommenen Haftung oder an Gegenständen des Vermögens dieses Unternehmens (gruppeninterne Drittsicherheit) zustehen.

1. Regelungsinhalt

Kernbestandteil des § 217 Absatz 2 InsO ist die Legaldefinition der gruppeninternen Drittsicherheit. Daneben bestimmt die Norm, dass im Insolvenzplan des Schuldners Rechte der Insolvenzgläubiger aus gruppeninternen Drittsicherheiten gestaltet werden können. Dies ergibt sich auch insbesondere aus dem Zusammenspiel mit § 223a Satz 2 InsO und § 254 Absatz 2 Satz 1 InsO.

2. Bewertende Untersuchung der Regelung

Die neue Regelung des § 217 Absatz 2 InsO enthält nicht weniger als eine fundamentale Abkehr von der bisherigen Rechtslage.[521] Bislang war es gemäß § 254 Absatz 2 InsO aF grundsätzlich ausgeschlossen, dass im Insolvenzplan des Schuldners Regelungen über Ansprüche der Insolvenzgläubiger enthalten sind, welche diese gegenüber außerhalb des Insolvenzverfahrens stehenden Dritten haben. Handelt es sich bei diesen Ansprüchen gegenüber Dritten um gruppeninterne Drittsicherheiten im Sinne der Legaldefinition, ist dies nun anders. Soweit die Ansprüche nicht vollständig außerhalb des Insolvenzverfahrens

---

520 BT-Drucks. 19/24181, 200.

521 Vgl. Braun InsO-*Braun/Frank,* § 217 Rn. 2, die ein *„systematisches Novum"* erkennen.

befriedigt werden und der Drittsicherungsgeber zustimmt[522], wird dieser Beteiligter und die Drittsicherheit Gegenstand des Insolvenzverfahrens.

a. Der Begriff der gruppeninternen Drittsicherheit

Zunächst bietet die Wahl des Begriffspaars der gruppeninternen Drittsicherheit Anlass zur näheren Betrachtung. Es ist nur dann konsistent, wenn man bei der Bewertung für beide Teile des Begriffspaars jeweils unterschiedliche Blickwinkel einnimmt. Das Adjektiv *gruppenintern* ist objektiv betrachtet zunächst nichtzutreffend bzw. spiegelt sich nicht in der Legaldefinition wider. Nach der Definition bezieht sich gruppenintern nämlich darauf, dass die Sicherheit von einem Unternehmen gestellt wird, das derselben Unternehmensgruppe angehört wie der Schuldner. Die Drittsicherheit wird also gerade nicht innerhalb der Gruppe, also gruppenintern, gestellt, wie es das Adjektiv vermuten lässt. Vielmehr muss die Perspektive des Gläubigers eingenommen werden, um unter der legaldefinierten gruppeninternen Drittsicherheit eine solche auch begrifflich erkennen zu können. Aus seiner Sicht hat die Sicherheit nämlich tatsächlich einen gruppeninternen Ursprung. Sie stammt aus der Unternehmensgruppe, zu der auch sein Schuldner gehört – er aber gerade nicht.

Umgekehrt ist das Nomen *Drittsicherheit* aus Sicht des Gläubigers zunächst keine Sicherheit eines Dritten, sondern gerade seines Vertragspartners. Zwar ließe sich auch aus Sicht des Gläubigers eine verständliche Interpretation des Begriffs Drittsicherheit konstruieren. So ist nämlich der Sicherungsgeber im der Sicherungsabrede zugrundeliegenden Vertragsverhältnis von Gläubiger und Schuldner auch aus Sicht des Gläubigers tatsächlich ein Dritter. Diese Interpretation wollte der Gesetzgeber aber gar nicht zum Ausdruck bringen. Ihm ging es stattdessen darum, die Drittsicherheit von der Eigensicherheit, also der Sicherheit, die der Schuldner selbst stellt, abzugrenzen.[523] Dementsprechend entspricht der Begriff der Drittsicherheit nur aus dem Blickwinkel des Schuldners dem Inhalt der Legaldefinition.

Insgesamt ist die Terminologie des Gesetzgebers im Hinblick auf das Schlagwort der gruppeninternen Drittsicherheit nicht gelungen. Das rechtsstaatliche Gebot der Normenklarheit, das sich auch auf nicht grundrechtsspezifische Sachverhalte übertragen lässt[524], verlangt, dass gesetzliche Regelungen

522 Siehe dazu unten Seite 162 ff.

523 Vgl. BT-Drucks. 19/24181, 200.

524 Vgl. zur Übertragbarkeit des Konzepts: Maunz/Schmidt-Bleibtreu/Klein/Bethge BVerfGG-*Bethge*, § 91 Rn. 66a; vgl. zur Geltung im Arbeitsrecht: BAG, Urteil vom 26.2.2020, 4 AZR 48/19, ZIP 2020, 2525 (2527).

klar und verständlich sind.[525] Auch § 42 Absatz 5 Satz 1 GGO[526] bestimmt, dass Gesetzentwürfe sprachlich richtig und möglichst für jedermann verständlich gefasst sein müssen. Die einfache Formulierung ist der komplizierten immer vorzuziehen, wenn sie denselben Inhalt transportiert. Diesem Anspruch wird offensichtlich nicht genügt, wenn zwei unterschiedliche Perspektiven eingenommen werden müssen, um ein einziges Begriffspaar verstehen zu können. An dieser Stelle zeigt sich erneut der enorme Zeitdruck, unter dem der Gesetzestext geschaffen wurde.[527] Statt sich an einer Begriffsformulierung zu versuchen, die auf kompliziertem Wege beschreibend, aber gleichzeitig auch noch kurz und prägnant sein soll, hätte es sich angeboten, einen abstrakteren Begriff zu wählen. Dies wäre ohne Weiteres möglich gewesen, weil der Begriff ohnehin legal definiert wird. Ein Beispiel für einen abstrakteren Begriff, der überdies noch keinen Eingang in die deutsche Rechtswissenschaft gefunden hat, wäre die „Gruppensicherheit".

Auch innerhalb der Legaldefinition hätte klarer formuliert werden können bzw. müssen. So wurde es beispielsweise versäumt, eindeutig zu benennen, womit das „verbundene Unternehmen" denn verbunden sein soll. Durch Auslegung wird zwar schnell klar, dass das Unternehmen des Schuldners gemeint sein muss. Eine ergänzende Bezugnahme („[…] von einem *mit dem Schuldner* verbundenen Unternehmen […]") wäre dennoch vorzugswürdig gewesen. Insgesamt beinhaltet auch der komplexe Satzbau Verbesserungspotential. Klarer und verständlicher wäre ein Aufbau gewesen, der die beiden geregelten Fallgruppen eindeutig voneinander abgrenzt. Stattdessen wird der Leser durch das zweimalige „oder" verwirrt. Die schiere Länge der Regelung ist überdies unnötig und trägt nicht zur Verständlichkeit der Regelung bei, die vom Gebot der Normenklarheit verlangt wird. Doch selbst wenn man die Regelung in einem einzigen Satz ohne Aufzählungszeichen formulieren möchte, dann hätten sich zwei einfache Anpassungen angeboten. Zum einen hätte schon die Änderung der Reihenfolge der beiden Gruppen zu einer deutlich verbesserten Verständlichkeit geführt, weil dann das erste „oder" das Bindeglied zwischen den beiden Fallgruppen wäre. Zum anderen würde es die Lesbarkeit erhöhen, wenn die Bürgschaft und die Mitschuld durch ein „insbesondere" oder „beispielsweise" als Beispiele für die vom verbundenen Unternehmen

525 BVerfG, Beschluss vom 12.04.2005, 2 BvR 1027/02, BVerfGE 113, 29 (50).

526 Gemeinsame Geschäftsordnung der Bundesministerien

527 Siehe zum zeitlichen Ablauf des Gesetzgebungsverfahrens oben Seite 29.

übernommene Haftung gekennzeichnet worden wären. Nicht zuletzt ist fraglich, warum die Aufzählungsreihenfolge von Mitschuldner und Bürgen nicht mit derjenigen in § 254 Absatz 2 Satz 1 InsO identisch ist. Für das Stilmittel der Variation sollte der Gesetzgeber nicht empfänglich sein.

Eine vorzugswürdige, modifizierte Formulierung des § 217 Absatz 2 InsO zur „Gruppensicherheit" könnte lauten: *Der Insolvenzplan kann ferner die Rechte der Inhaber von Insolvenzforderungen gestalten, die diesen an Gegenständen des Vermögens eines mit dem Schuldner verbundenen Unternehmens im Sinne des § 15 AktG oder aufgrund einer von diesem Unternehmen, insbesondere als Mitschuldner oder Bürge, übernommenen Haftung (Gruppensicherheit) zustehen.*

Insgesamt sind die sprachlichen Defizite zwar klar zu kritisieren. Letztlich ist allerdings nicht davon auszugehen, dass sie zu deutlich spürbaren negativen Auswirkungen in der Rechtsanwendung führen werden.[528]

b. Sachlicher Anwendungsbereich – die umfassten Sicherheiten

Der sachliche Anwendungsbereich von § 217 Absatz 2 InsO orientiert sich an § 217 Absatz 1 InsO. Umfasst sind demnach sämtliche Formen von Plänen, nämlich neben den Sanierungsplänen auch sogenannte Übertragungspläne, Liquidationspläne oder sonstige Pläne, die insbesondere Mischformen darstellen oder auch besondere Leistungen Dritter beinhalten.[529]

Als gruppeninterne Drittsicherheit können grundsätzlich zwei Fallgruppen in diese Insolvenzpläne einbezogen werden.

Zum einen werden Rechte der Insolvenzgläubiger umfasst, die ihnen deshalb zustehen, weil ein mit dem Schuldner verbundenes Unternehmen ihnen gegenüber eine Haftung übernommen hat. Dabei ist es unerheblich, auf welcher rechtlichen Grundlage die neben der Insolvenzforderung bestehende Haftung übernommen wurde. Bürgschaft und Mitschuld sind lediglich exemplarisch genannt.[530] Es ist auch jede „anderweitig" übernommene Haftung geeignet, um den Anwendungsbereich der Norm zu eröffnen. Zu denken ist beispielsweise an Garantien.[531]

---

528 Vgl. *Henckel*, in: FS Großfeld, 353 f.

529 Kübler/Prütting/Bork InsO-*Spahlinger*, § 217 Rn. 39 ff.; Uhlenbruck InsO-*Lüer/Streit*, § 217 Rn. 18 ff.; Braun InsO-*Braun/Frank*, § 217 Rn. 1.

530 Graf-Schlicker InsO-*Kebekus/Handschumacher*, § 217 Rn. 13.

531 Kübler/Prütting/Bork InsO-*Spahlinger*, § 217 Rn. 50 f; Kübler/Prütting/Bork InsO-*Pleister*, § 238b Rn. 6.

Zum anderen unterliegen auch Sicherheiten der Insolvenzgläubiger an Gegenständen des verbundenen Unternehmens dem Regelungsbereich der gruppeninternen Drittsicherheit. Umfasst sind insoweit vor allem Grundpfandrechte, Sicherungsübereignungen und Verpfändungen. Die gruppeninterne Drittsicherheit bezieht sich demnach sowohl auf Personalsicherheiten (§ 217 Absatz 2 Varianten 1-3 InsO) als auch auf Realsicherheiten (§ 217 Absatz 2 Variante 4 InsO).[532] Nach dem Wortlaut des § 217 Absatz 2 Variante 4 InsO, der nur allgemein von Rechten an Vermögensgegenständen spricht, könnten als gruppeninterne Drittsicherheit auch Gegenstände umfasst sein, die in einem etwaigen späteren Insolvenzverfahren des Drittsicherungsgebers zur Aussonderung berechtigten. Es ist zweifelhaft, dass ein so weiter Anwendungsbereich tatsächlich vom Gesetzgeber beabsichtigt ist. Richtigerweise können nur Gegenstände den Anwendungsbereich eröffnen, die in einem späteren Insolvenzverfahren des Drittsicherungsgebers der Absonderung unterlägen.[533] Andernfalls könnte in die Ansprüche aus der Drittsicherheit indirekt über § 217 Absatz 2 InsO weiter eingegriffen werden als direkt über § 217 Absatz 1 InsO in einem Insolvenzverfahren des Drittsicherungsgebers. Wenn der Drittsicherungsnehmer in diesem zur Aussonderung nach § 47 InsO berechtigt wäre, ist ein Eingriff über einen Insolvenzplan nämlich ausgeschlossen. Zu beachten ist insoweit ferner, dass gruppeninterne Drittsicherheiten auch gestaltbar bleiben, wenn während des Insolvenzverfahrens später zusätzlich über das Vermögen der sichernden Konzerngesellschaft das Insolvenzverfahren eröffnet wird.[534] Dementsprechend müssen Gegenstände, die zur Aussonderung berechtigen, vom Anwendungsbereich ausgenommen sein.[535]

Sogenannte harte Patronatserklärungen sind als Personalsicherheiten ebenfalls nicht umfasst. Diese begründen nämlich keine Verpflichtung des Patrons gegenüber dem Insolvenzgläubiger, sondern lediglich eine Verpflichtung zur Leistung in die Insolvenzmasse. Sie sind dementsprechend schon begrifflich keine Drittsicherheit.[536]

---

532 *Hoegen/Kranz*, NZI 2021, 105 (107); Kübler/Prütting/Bork InsO-*Spahlinger,* § 217 Rn. 50 f; Kübler/Prütting/Bork InsO-*Pleister,* § 238b Rn. 6.

533 Braun InsO-*Braun/Frank,* § 223a Rn. 6; vgl. auch *Morgen/Arends u.a.*, ZRI 2021, 305 (310); vgl. zum StaRUG *Thole*, ZIP 2020, 1985 (1988).

534 Siehe dazu unten Seite 121 ff.

535 Hingegen nicht differenzierend Kübler/Prütting/Bork InsO-*Spahlinger,* § 217 Rn. 50 f.

536 *Pleister,* ZIP 2015, 1097 (1098); vgl. auch Uhlenbruck InsO-*Lüer/Streit,* § 254 Rn. 16.

Nicht übersehen werden darf schließlich, dass der Anwendungsbereich über eine Verweisung in § 223a Satz 3 InsO zudem um die in § 223 Absatz 1 Satz 2 InsO genannten Finanzsicherheiten verkleinert wird. Inhaltlich ist dies nicht zu kritisieren, weil der Gesetzgeber schlicht die vorrangigen europäischen Regelungen[537] richtlinienkonform umgesetzt hat[538]. Diskutabel ist aber der Standort dieser Ausnahme. Der Gesetzgeber hat sich gegen eine Verweisung im Rahmen der Legaldefinition entschieden und sie stattdessen in § 223a InsO verortet. Hintergrund dürfte die räumliche Nähe zum § 223 InsO gewesen sein. Aus Gründen der Übersichtlichkeit wäre zumindest ein (ggf. zusätzlicher) Verweis in § 217 Absatz 2 InsO wünschenswert gewesen.

c. Persönlicher Anwendungsbereich – die verbundenen Unternehmen

Während § 3e InsO noch einen eigenständigen Gruppenbegriff eingeführt[539] und dabei nicht auf die gesellschaftsrechtlichen Definitionen verbundener Unternehmen oder des Konzerns in §§ 15 ff., 18 AktG zurückgegriffen hat, sondern sich an § 290 HGB anlehnt,[540] wird in der Legaldefinition der gruppeninternen Drittsicherheit in § 217 Absatz 2 InsO auf „*verbundene* [...] *Unternehmen im Sinne von § 15 des Aktiengesetzes*“ Bezug genommen. Der Rechtsbegriff „Konzern“ hingegen wird erst in § 18 Absatz 1 Satz 1 AktG, auf den in § 15 AktG unter anderem verwiesen wird, als die intensivste Form von verbundenen Unternehmen definiert.[541] Die gruppeninterne Drittsicherheit umfasst damit also nicht nur explizite Konzernsachverhalte im Sinne des Aktiengesetzes (§ 18 AktG), sondern darüber hinaus auch die Verbindung durch Mehrheitsbeteiligung (§ 16 AktG), Beherrschung (§ 17 AktG), wechselseitige Beteiligung (§ 19 AktG) und Unternehmensvertrag (§§ 291 f. AktG).[542]

---

537 Richtlinie 98/26/EG des Europäischen Parlaments und des Rates vom 19. Mai 1998 über die Wirksamkeit von Abrechnungen in Zahlungs- sowie Wertpapierliefer- und -abrechnungssystemen, Amtsblatt Nr. L 166 vom 11.06.1998, 45 ff. und Richtlinie 2002/47/EG des Europäischen Parlaments und des Rates vom 6. Juni 2002 über Finanzsicherheiten, Amtsblatt Nr. L 168 vom 27.06.2002, 43 ff.

538 *Zuleger*, NZI-Beilage 2021, 43 (44).

539 *Schumann*, Die Unternehmensgruppe im Insolvenzrecht, 178.

540 *Prosteder*, NZI-Beilage 2018, 9 (9).

541 *Schumann*, Die Unternehmensgruppe im Insolvenzrecht, 30.

542 BeckOK InsR-*Geiwitz/Danckelmann*, § 217 Rn. 37; vgl. auch Emmerich/Habersack-*Emmerich*, § 15 Rn. 3; MüKoAktG-*Bayer*, § 15 Rn. 1; Koch AktG-*Koch*, § 15 Rn. 21.

aa. Erweiterung des Anwendungsbereichs im Gesetzgebungsverfahren

Auffällig ist, dass im Laufe des sehr kurzen[543] Gesetzgebungsverfahrens eine erhebliche Erweiterung des Anwendungsbereichs vorgenommen wurde. Ursprünglich sollten durch eine Anknüpfung an den Begriff des Tochterunternehmens im Sinne von § 290 HGB lediglich Upstream-Sicherheiten als gruppeninterne Drittsicherheiten qualifiziert werden.[544] Nunmehr sind daneben über die Anknüpfung an verbundene Unternehmen im Sinne von § 15 AktG auch Downstream- und Sidestream-Sicherheiten umfasst.[545] Damit wurde offenbar auf den Einwand reagiert, dass die wechselseitigen Haftungsverstrickungen, die im Fall der Insolvenz des originären Schuldners gravierende Folgen für sichernde Konzerngesellschaften haben konnten, auch in anderen Konstellationen mit jeweils anderen Rollen der Konzerngesellschaften existieren.[546] Eine wesentliche Bedeutung haben insoweit beispielsweise Downstream-Sicherheiten in Gestalt sog. Parent Guarantees, welche die Konzernobergesellschaft für eine Tochtergesellschaft übernimmt.[547] Ebenso praxisrelevant sind Sicherheiten, die eine Konzerngesellschaft für eine andere stellt, ohne dass die Konzernobergesellschaft direkt beteiligt wäre. Die Erweiterung des Anwendungsbereichs ist grundsätzlich nachvollziehbar, weil die Gefahr des Domino-Effekts unabhängig davon droht, ob die Haftungsverstrickungen auf Up-, Down- oder Sidestream-Sicherheiten zurückzuführen sind.[548] Nunmehr sind dementsprechend sämtliche denkbaren Konstellationen wechselseitiger Sicherheiten innerhalb eines Konzerns als gruppeninterne Drittsicherheit definiert.

Bemerkenswert ist in diesem Zusammenhang, dass der Gesetzgeber bereits im Zusammenhang mit dem Gesetz zur Modernisierung des GmbH-Rechts und zur Bekämpfung von Missbräuchen (MoMiG)[549] lediglich Upstream-Sachverhalte in den Fokus genommen hatte.[550] Seit der

543 Siehe dazu unter Seite 29.

544 BT-Drucks. 19/24181, 60; und schon im RefE SanInsFoG, 63.

545 *Morgen/Arends u.a.*, ZRI 2021, 305 (310); Kübler/Prütting/Bork InsO-*Spahlinger*, § 217 Rn. 50e; Kübler/Prütting/Bork InsO-*Pleister*, § 238b Rn. 2; *Harig*, in: Das neue Restrukturierungsrecht, § 19 Rn. 52.

546 BT-Drucks. 19/25353, 14; Kübler/Prütting/Bork InsO-*Spahlinger*, § 217 Rn. 50e; Kübler/Prütting/Bork InsO-*Pleister*, § 238b Rn. 2.

547 *Hoegen/Kranz*, NZI 2021, 105 (107).

548 Siehe zum Domino-Effekt oben Seite 61 ff.

549 BGBl. Jahrgang 2008 Teil I Nr. 48, ausgegeben zu Bonn am 28. Oktober 2008, 2026 ff.

550 BT-Drucks. 16/6140, 41.

mit dem MoMiG eingeführten Neufassungen von § 30 Absatz 1 Satz 2 GmbHG und § 57 Absatz 1 AktG sind so zwar Upstream-Darlehen unter Gesichtspunkten der Kapital- bzw. Einlagenerhaltung unproblematisch, solange ein gleichwertiger Rückzahlungsanspruch der darlehensgebenden Tochtergesellschaft gegenüber der Konzernobergesellschaft besteht.[551] Dies gilt auch für die Bestellung von Upstream-Sicherheiten, wobei an die Stelle des Rückzahlungsanspruchs der Freistellungsanspruch gegenüber der begünstigten Konzernobergesellschaft tritt.[552] Problematisch blieben und bleiben allerdings Downstream-Konstellationen, weil § 39 Absatz 1 Nummer 5 InsO für Gesellschafterdarlehen und wirtschaftlich entsprechende Rechtshandlungen den Nachrang anordnet.[553] Aufgrund der daraus resultierenden Auswirkungen auf zentral organisierte Konzernfinanzierungen wurde das MoMiG von Beginn an kritisiert.[554] Weil der Gesetzgeber nun auch Downstream-Sicherheiten von den Regelungen zur gruppeninternen Drittsicherheit umfasst sieht, könnte diese Kritik wieder aufflammen. Immerhin ist es zumindest irritierend, dass der Gesetzgeber in § 217 Absatz 2 InsO-E wiederum nur Upstream-Sachverhalte im Blick hatte, diese Einschränkung nach kritischen Hinweisen[555] im Ausschuss für Recht und Verbraucherschutz[556] dieses Mal revidiert hat. Außerdem erkennt der Gesetzgeber damit offensichtlich die Existenz derartiger zentraler Finanzierungsmodelle an, in denen die Konzernobergesellschaft Sicherheiten für ihre Tochtergesellschaften stellt. Auch dies könnte die Forderung nach einer umfassenderen Überarbeitung der Regelungen[557] wiederaufleben lassen.

---

551 *Holzborn*, in: Haftung und Insolvenz im GmbH-Recht, Rn. 273; siehe im Rahmen der Bedeutung sog. Limitation Languages unten Seite 154 f.

552 BGH, Urteil vom 21.03.2017, II ZR 93/16, NZG 2017, 658 (660).

553 Siehe zu den negativen Auswirkungen auf zentrale Konzernfinanzierungen oben im Rahmen der Insolvenzanfechtung Seite 97 ff.

554 *Burg/Westerheide*, BB 2008, 62 (65); *Holzborn*, in: Haftung und Insolvenz im GmbH-Recht, Rn. 275.

555 vgl. *VID*, Stellungnahme zum SanInsFoG-RefE, 92; zum StaRUG auch *Thole*, Stellungnahme als Sachverständiger, 5

556 Vgl. BT-Drucks. 19/25353, 7 und 14.

557 *Burg/Westerheide*, BB 2008, 62 (65).

bb. Einschränkungen des Anwendungsbereichs

Demgegenüber wird der Anwendungsbereich durch die Verweisung auf § 15 AktG und die damit verbundene Anknüpfung an den aktienrechtlichen Unternehmensbegriff auch eingeschränkt. Gerade kleine und mittlere Familienunternehmen oder Mittelständler werden oft von § 15 AktG nicht erfasst. Unternehmen im Sinne des § 15 AktG ist laut ständiger Rechtsprechung des Bundesgerichtshofs jeder Gesellschafter, bei dem zusätzlich zu seiner Beteiligung an der Gesellschaft wirtschaftliche Interessenverbindungen außerhalb der Gesellschaft hinzukommen, die so stark sind, dass sie die ernste Besorgnis begründen, der Gesellschafter könne um ihretwillen seinen Einfluss zum Nachteil der Gesellschaft geltend machen.[558] Letztlich trifft dies auf jeden Gesellschafter zu, der außerhalb der Gesellschaft unternehmerische Interessen verfolgt.[559] Die Rechtsform des Gesellschafters ist dabei unerheblich. Umfasst werden daher neben Kapitalgesellschaften auch Personengesellschaften sowie Genossenschaften, Stiftungen, Vereine oder auch Einzelkaufleute.[560] Der Inhaber eines durchschnittlichen Familienunternehmers wird dementsprechend nicht von den Regelungen zur gruppeninternen Drittsicherheit adressiert. Er nutzt beispielsweise die Rechtsform der GmbH zur Ausübung seiner Unternehmung und ist daneben nicht anderweitig in einer Art unternehmerisch tätig, die zu einem Interessenkonflikt zu „seiner" GmbH führen könnte. Sollte er eine persönliche Sicherheit stellen und insoweit neben seiner GmbH mit seinem Privatvermögen haften, profitiert er nicht von den Regelungen zur gruppeninternen Drittsicherheit. Er kann vom Gläubiger weiterhin außerhalb des Insolvenzverfahrens seiner GmbH aus der Sicherheit in Anspruch genommen werden. Dem Umstand, dass ihm dadurch – wie einer Konzerngesellschaft in einem aus mindestens zwei Kapitalgesellschaften bestehenden Konzern – die Insolvenz droht, wird durch die Neuregelung insoweit nicht abgeholfen. Daran ändert auch die Überlegung nichts, dass in der Stellung einer Sicherheit durchaus ein unternehmerisches Handeln gesehen werden kann. Es reicht für die Eröffnung des Anwendungsbereichs des § 15 AktG nämlich nicht aus, dass irgendein unternehmerisches Handeln des Gesellschafters vorliegt. Vielmehr

558 BGH, Urteil vom 13.10.1977, II ZR 123/76, NJW 1978, 104 (104); BGH, Beschluss vom 17.03.1997, II ZB 3/96, AG 1997, 374 (376); BGH, Urteil vom 18.06.2001, II ZR 212/99, NJW 2001, 2973 (2974).

559 Emmerich/Habersack-*Emmerich,* § 15 AktG Rn. 10.

560 Emmerich/Habersack-*Emmerich,* § 15 AktG Rn. 5.

muss dieses unternehmerische Handeln zumindest das Potential besitzen, zu einer Interessenkollision mit demjenigen der GmbH zu führen. Es ist keine Konstellation denkbar, in welcher der Gesellschafter wegen der – von ihm selbst aus seinem Privatvermögen gestellten – Sicherheit zu Lasten der GmbH auf diese einwirkt. Schließlich profitiert er direkt, wenn die Sicherheit nicht in Anspruch genommen wird. Ebenso wenig werden Konstellationen umfasst, in denen eine Holdinggesellschaft in der Form der BGB-Gesellschaft lediglich einen einzigen Beteiligungsbesitz verwaltet und daneben nicht unternehmerisch tätig ist.[561]

Eine Erweiterung des Anwendungsbereichs auf diese Konstellationen ist auf der Basis des geltenden Rechts nicht möglich. Der Gesetzgeber hat sich auf die Bezugnahme auf den Begriff des verbundenen Unternehmens im Sinne des § 15 AktG festgelegt und damit gegen die Einführung eines eigenständigen insolvenzrechtlichen Konzernbegriffs entschieden. Außerdem ist zu beachten, dass der Gesetzgeber erst vor wenigen Jahren durch das KIG einen eigenständigen „Gruppenbegriff" in § 3e InsO eingeführt hat. Auch unter diesen wären weder der Inhaber des GmbH-Familienunternehmens noch die BGB-Holdinggesellschaft zu subsumieren, weil es wiederum an weitergehenden unternehmerischen Interessen fehlte.[562]

Darüber hinaus bleibt auch kein Raum für eine erweiternde Auslegung oder gar analoge Anwendung der Definition der gruppeninternen Drittsicherheit. Zwar ist nicht von der Hand zu weisen, dass das mit der Einführung der Gestaltungsmöglichkeit von gruppeninternen Drittsicherheiten verfolgte Ziel des Gesetzgebers, nämlich Restrukturierungen zu ermöglichen und Folgeinsolvenzen zu vermeiden, besser erreicht werden könnte, wenn die beschriebenen Konstellationen ebenfalls vom Anwendungsbereich des § 217 Absatz 2 InsO umfasst wären. Der Domino-Effekt kann schließlich auch den Inhaber eines Familienunternehmens treffen. Allerdings fehlt es an sämtlichen Voraussetzungen für einen Analogieschluss. Zunächst ist nicht schon deshalb von einer Reglungslücke auszugehen, weil ein Sachverhalt nicht unter den Anwendungsbereich einer Norm subsumierbar ist. Im Gegenteil hat sich der Gesetzgeber durch die Bezugnahme auf § 15 AktG gerade für eine Begrenzung des Anwendungsbereichs entschieden. Von einer Planwidrigkeit, die als weitere

561 BGH, Urteil vom 18.06.2001, II ZR 212/99, ZIP 2001, 1323 (1324); BGH, Urteil vom 22.04.1991, II ZR 231/90A, NJW 1991, 2765 (2766); *Bayer*, ZGR 2002, 933 (942); a. A. Emmerich/Habersack-*Emmerich*, § 15 AktG Rn. 16.

562 MüKoInsO-*Bruns*, § 3e Rn. 3 f.; *Prosteder*, NZI-Beilage 2018, 9 (9).

Voraussetzung für einen Analogieschluss zwingend vorliegen müsste,[563] ist in diesem Zusammenhang nicht auszugehen. Letztlich fehlt es aber auch an einer vergleichbaren Interessenlage. Die Ziele des Gesetzgebers stellen nämlich keinen Selbstzweck dar, sondern sollen in erster Linie die volkswirtschaftlichen Schäden von Konzerninsolvenzen verhindern oder mindestens abmildern. Explizit genannt werden insofern die Vermeidung des Domino-Effekts sowie der Erhalt eines Konzernmehrwerts.[564] Während in den Fällen, in denen der Anwendungsbereich des § 217 Absatz 2 InsO greift, davon auszugehen ist, dass tatsächlich ein schützenswerter Konzernmehrwert vorhanden sein kann, ist dies in der Betrachtung des GmbH-Familienunternehmens und seines Gesellschafters nicht zu erwarten. Ebenso dürften die Folgen eines Domino-Effekts, also die gleichzeitige (Privat-) Insolvenz des sichernden Patrons, zumindest aus volkswirtschaftlicher Perspektive überschaubar bleiben. Deshalb bleibt auch kein Raum für eine teleologische Erweiterung des Anwendungsbereichs der Norm.

Es mag zwar rechtspolitisch wünschenswert sein, auch Mittelstandsunternehmen die Vorzüge der Regelungen zur gruppeninternen Drittsicherheit zugutekommen zu lassen. Dies zu ändern, wäre dann allerdings die Aufgabe des Gesetzgebers. Aus rechtsdogmatischer Sicht ist die Regelung des Anwendungsbereichs insofern nicht zu beanstanden.

Nicht vom Anwendungsbereich der gruppeninternen Drittsicherheit umfasst sind letztlich Kommanditgesellschaften, deren Komplementärin als Kapitalgesellschaft verfasst ist, sog. Kapitalgesellschaft & Co. KG. Vom Begriff der Unternehmensgruppe im Sinne des KIG sind sie dagegen über die Fiktion von § 3e Absatz 2 InsO umfasst. Das ist im Lichte der Wertentscheidung des Gesetzgebers konsequent und nicht zu kritisieren. Beispielsweise stellt die GmbH & Co. KG ein einziges Unternehmen dar, das lediglich in zwei Gesellschaften organisiert ist.[565] Die konzernspezifischen, aus wechselseitigen Haftungsverstrickungen resultierenden Gefahren, denen der Gesetzgeber mit den Regelungen zur gruppeninternen Drittsicherheit begegnen möchte, bestehen dementsprechend nicht. Die Unternehmenseinheit führt letztlich auch dazu, dass die GmbH & Co. KG keinen Konzern im Sinne von § 18 AktG

563 BGH, Urteil vom 24.02.2021, VIII ZR 36/20, NJW 2021, 1942 (1945); ausführlich zu den Voraussetzungen einer Analogie *Danwerth*, ZfPW 2017, 230 (233).

564 BT-Drucks. 19/24181, 199.

565 *Schmidt*, GmbHR 2002, 1209 (1209).

bildet.[566] Nur der Vollständigkeit halber ist festzuhalten, dass auch die persönliche Haftung von Gesellschaftern einer OHG dementsprechend nicht vom Anwendungsbereich erfasst sein kann.

d. Zeitlicher Anwendungsbereich

Die Regelung des § 217 Absatz 2 InsO enthält – wie die übrigen Regelungen zur gruppeninternen Drittsicherheit – keine spezielle Aussage zum Zeitpunkt, in welchem ihre Voraussetzungen vorliegen müssen, damit der Anwendungsbereich eröffnet ist.

aa. Sicherheit wird nach Vertragsschluss, aber vor Eröffnung des Insolvenzverfahrens zur gruppeninternen Drittsicherheit

Wenn die Sicherheit nach Vertragsschluss, aber vor Eröffnung des Insolvenzverfahrens zur gruppeninternen Drittsicherheit wird, sind damit auch Konstellationen von der Eingriffsmöglichkeit umfasst, in denen der Sicherheitsgeber die Verbindung zum Insolvenzschuldner im Sinne von §§ 15 ff. AktG erst im Nachgang zum Vertragsschluss mit dem Gläubiger eingegangen ist und die Sicherheit somit erst später zu einer gruppeninternen Drittsicherheit im Sinne der Norm geworden ist.[567]

Insofern könnte eine Übergangsfrist diskutiert werden, um den Gläubiger in derartigen Konstellationen zumindest zeitlich begrenzt vor einem Eingriff in seine Drittsicherheit zu schützen. Anknüpfungspunkt für eine solche Überlegung könnte die Rechtsprechung des Bundesgerichtshofs zur Erweiterung der Nachranghaftung für Gesellschafterdarlehen aus § 39 Absatz 1 Nummer 5 InsO sein. Danach bleibt der Nachrang eines Gesellschafterdarlehens für einen Übergangszeitraum bestehen, wenn der Gesellschafter als Darlehensgeber seine Gesellschafterstellung aufgibt. Andernfalls könnte der Nachrang ohne Weiteres unterlaufen werden. Zeitlich wird die Erweiterung der Nachranghaftung auf ein Jahr begrenzt. Der Bundesgerichtshof wendet insoweit § 404 BGB, § 135 Absatz 1 Nummer 2 InsO analog an.[568] Dementsprechend kann auch eine ehemalige Konzernobergesellschaft ihre Ansprüche gegen eine insolvente ehemalige Tochtergesellschaft nur nachrangig geltend machen, wenn sie ihre

566 OLG Celle, Beschluss vom 09.10.2014, 9 W 116/14, AG 2015, 205 (205); *Schmidt*, GmbHR 2002, 1209 (1209).

567 Vgl. zur parallelen Problematik im StaRUG *Thole*, ZIP 2020, 1985 (1988).

568 BGH, Urteil vom 21.02.2013, IX ZR 32/12, NZI 2013, 308 (310); BGH, Urteil vom 14.02.2019, IX ZR 149/16, ZIP 2019, 666 (678).

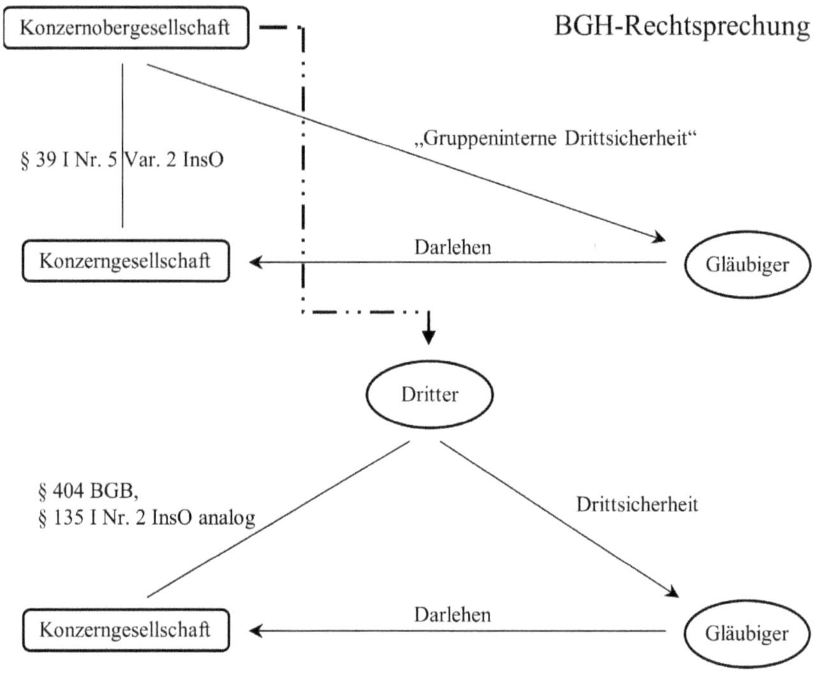

Abbildung 5

Gesellschafterstellung innerhalb eines Jahres vor Insolvenz der ehemaligen Tochtergesellschaft aufgegeben hat.

Zwar bestehen gewisse Parallelen in den zugrundeliegenden Konstellationen, insbesondere wenn man den Nachrang nach § 39 Absatz 1 Nummer 5 InsO in Bezug auf Besicherungen des Gesellschafters betrachtet.[569]

Grundsätzlich stehen sich in persönlicher Hinsicht dann eine insolvente Konzerngesellschaft, ein Dritter als Darlehensgeber sowie ein Sicherungsgeber gegenüber. Im Fall der BGH-Rechtsprechung ist der Sicherungsgeber zunächst Gesellschafter der Konzerngesellschaft, scheidet aber vor Eintritt der Insolvenz aus und wird so zum außenstehenden Dritten. Spiegelbildlich wird im Fall der „nachträglichen" gruppeninternen Drittsicherheit der Sicherungsgeber vom außenstehenden Dritten zum Gesellschafter, also zur Konzernobergesellschaft.

---

569 Siehe zur entsprechenden Geltung des Nachrangs auch für Besicherungen oben Seite 97.

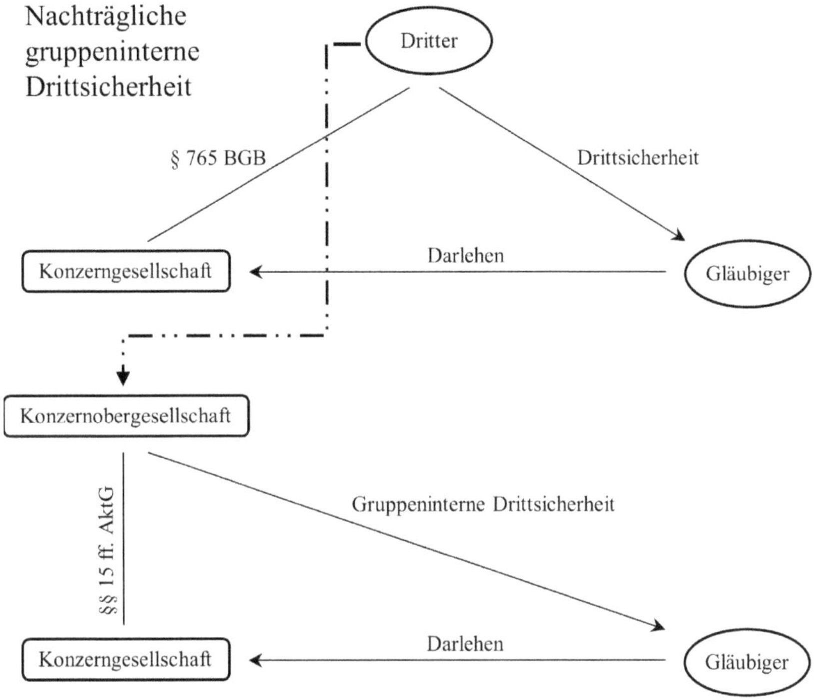

Abbildung 6

In materieller Hinsicht soll in beiden Konstellationen ein (möglicherweise) unbilliges Ergebnis durch eine Übergangsfrist abgefedert werden, das aus einem Wechsel in der Person des Sicherungsgebers resultiert.

Zunächst ist zu berücksichtigten, dass auch Up- und Sidestream-Sicherheiten nachträglich zu gruppeninternen Drittsicherheiten werden können, während die Rechtsprechung zum Nachrang dem Anwendungsbereich der Insolvenzanfechtungsregelungen entsprechend ausschließlich Downstream-Sachverhalte betrifft.[570] Überdies besteht ein wesentlicher Unterschied darin, dass im Fall der Nachranghaftung der bereits bestehende „Makel" des Nachrangs gleichsam einer auflösenden Bedingung für ein Jahr auf den Rechtsnachfolger übertragen wird.[571] Demgegenüber entstehen die mit

570 Siehe dazu oben Seite 102.
571 *Jacoby*, ZIP 2018, 505 (510).

der gruppeninternen Drittsicherheit verbundenen Rechtsfolgen erstmalig mit dem Eintritt des Sicherheitsgebers in den Konzern. Es liegen demnach trotz bestimmter Parallelen verschiedene Ausgangslagen vor. Eine Übertragung der Rechtsprechung auf die gruppeninterne Drittsicherheit und die Rechtfertigung einer entsprechenden Übergangsfrist ist nicht angezeigt.

In Ermangelung einer spezielleren Regelung bleibt es folglich zunächst bei der allgemeinen Regelung des § 35 Absatz 1 InsO. Danach ist (frühestens)[572] auf den Zeitpunkt der Eröffnung des Insolvenzverfahrens abzustellen. Dieser ist nach § 27 Absatz 2 Nummer 3 InsO dem Eröffnungsbeschluss zu entnehmen. Aus der Perspektive des Gläubigers kann es dementsprechend dazu kommen, dass seine ursprünglich „echte" Drittsicherheit zu einer gruppeninternen Drittsicherheit wird.[573] Damit realisiert sich allerdings lediglich ein allgemeines Lebensrisiko, das mit einem Vertragspartnerwechsel verglichen werden kann.[574] Vor kollusivem Zusammenwirken von Konzern und Drittsicherheitsgeber ist der Gläubiger durch allgemeine Schutznormen wie § 826 BGB ausreichend geschützt. Insbesondere darf nicht übersehen werden, dass der Gläubiger im Rahmen einer Gestaltung der gruppeninternen Drittsicherheit ohnehin nicht übervorteilt werden darf. Er ist gemäß § 223a Satz 2 InsO angemessen zu entschädigen.[575] Überdies gilt auch für ihn das allgemeine insolvenzrechtliche Schlechterstellungsverbot der § 245 Absatz 1 Nummer 1 und § 251 Absatz 1 Nummer 2 InsO.[576]

bb. Auflösung der Verbindung vor Eröffnung des Insolvenzverfahrens

Die Auflösung der Verbindung zwischen Drittsicherheitsgeber und dem Schuldner der gesicherten Hauptforderung ist unproblematisch, sofern sie vor Eröffnung des Insolvenzverfahrens erfolgt. Der Drittsicherheitsgeber haftet dem Gläubiger dann regulär außerhalb des Insolvenzverfahrens des Schuldners. Für eine Einbeziehung der Drittsicherheit in das Insolvenzverfahrens besteht kein Bedürfnis mehr, weil eine schützenswerte Konzernkonstellation ohnehin nicht mehr existiert. Die Regelungen zur gruppeninternen Drittsicherheit finden keine Anwendung.

---

572 Siehe dazu sogleich.

573 Deshalb kritisch zur parallelen Problematik unter dem StaRUG *Thole*, ZIP 2020, 1985 (1988).

574 Siehe insofern auch zur Möglichkeit der Verschmelzung und ihrer Rechtsfolgen oben Seite 70 f.

575 Siehe dazu unten Seite 146 ff.

576 Siehe dazu unten Seite 149 f.

cc. *Inanspruchnahme der gruppeninternen Drittsicherheit zwischen Eröffnung des Insolvenzverfahrens und Rechtskraft der Bestätigung des Insolvenzplans*

Während der Zeitpunkt der Eröffnung des (allgemeinen) Insolvenzverfahrens den frühestmöglichen Anknüpfungspunkt darstellt, ist der spätestmögliche regelmäßig der Eintritt der Rechtskraft der Bestätigung des Insolvenzplans.[577] Sobald die Bestätigung des Insolvenzplans rechtskräftig ist, wird das Insolvenzverfahren nämlich in der Regel aufgehoben, vgl. § 258 Absatz 1 InsO. Zwischen Eröffnung des Insolvenzverfahrens über das Vermögen des Hauptschuldners und dem Eintritt der Rechtskraftwirkungen des Insolvenzplans nach § 254 Absatz 1 InsO bleibt die Inanspruchnahme der Drittsicherheit weiterhin ohne Einschränkung möglich.[578] Somit kann die Inanspruchnahme des Drittsicherungsgebers bei gleichzeitig zu beachtender Regresssperre des § 254 Absatz 2 Satz 2 InsO[579] zu einer Insolvenzantragspflicht beim Drittsicherungsgeber führen. Die Insolvenzordnung sieht nämlich nicht vor, dass das Insolvenzgericht Maßnahmen der Zwangsvollstreckung nach § 21 Absatz 2 InsO auch im Hinblick auf Rechte aus gruppeninternen Drittsicherheiten vorläufig untersagen kann. Dies ist auch folgerichtig, weil § 21 InsO ausdrücklich die Vermögenslage des Schuldners im Blick hat und nicht diejenigen von Drittsicherungsgeber und -nehmer. Ebenso wenig ordnet der Gesetzgeber eine Aussetzung der Verwertung und Verteilung nach § 233 InsO an.[580] Eine direkte Anwendung dieser Norm scheidet aus, weil es sich bei der gruppeninternen Drittsicherheit weiterhin nicht um einen Bestandteil der Insolvenzmasse handelt.[581] Dies ergibt sich insbesondere aus dem Wortlaut des § 254 Absatz 2 Satz 1 InsO („[…] *die nicht zur Insolvenzmasse gehören,* […] *mit Ausnahme der nach § 223a gestalteten Rechte aus gruppeninternen Drittsicherheiten (§ 217 Absatz 2)* […]").

Es mag zwar kritisiert werden, dass der Gesetzgeber durch den Verzicht auf derartige Regelungen eine gewisse Unsicherheit hinnimmt. Bis zum Eintritt der Rechtskraft des Insolvenzplans bleibt nämlich ungewiss, ob die Regelungen ihren Zweck überhaupt erreichen werden oder doch noch ein

---

577 Zu Ausnahmen, in denen der Schuldner seine Verfügungsbefugnis nach § 259 Absatz 1 Satz 2 InsO später zurückerhält, etwa MüKoInsO-*Huber/Madaus*, § 258 Rn. 6.

578 Im Ergebnis ohne Begründung ebenso BeckOK InsR-*Geiwitz/Danckelmann*, § 223a Rn. 1.

579 Siehe dazu oben Seite 107 ff.

580 Vgl. BeckOK InsR-*Geiwitz/Danckelmann*, § 223a Rn. 4.

581 BT-Drucks. 19/24181, 199.

Domino-Effekt einsetzt. Einen besonderen Schutzmechanismus für die drittsichernde Konzerngesellschaft gibt es nicht. In der Literatur wird deshalb eine entsprechende Anwendung von § 233 InsO in Betracht gezogen.[582] Gegen das Vorliegen einer unbewussten Regelungslücke spricht jedoch, dass es sich hierbei um eine bewusste Entscheidung des Gesetzgebers handelt. Dass er diese Problematik erkannt hat, zeigt gerade der Blick auf die Parallelregelungen im StaRUG. Dort ist in § 49 Absatz 3 StaRUG ausdrücklich die Möglichkeit einer sog. Stabilisierungsanordnung auch für Rechte aus gruppeninternen Drittsicherheiten vorgesehen. Die Inanspruchnahme der Drittsicherheit kann dort auch vor Rechtskraft des Restrukturierungsplans verhindert werden. Außerdem fügen sich die Regelungen zur gruppeninternen Drittsicherheit auf diese Weise dogmatisch stringent in die bereits vorhandene Struktur der Insolvenzordnung ein. Es kommt grundsätzlich entscheidend darauf an, dass die gruppeninterne Drittsicherheit im Zeitpunkt der Eröffnung des Insolvenzverfahrens als solche im Sinne von § 217 Absatz 2 InsO besteht und auch bis zum Eintritt der Rechtskraft bestehen bleibt. Ansonsten sind die gruppeninternen Drittsicherheiten nicht gestaltbar. Dass hierdurch im Einzelfall die mit den Regelungen verfolgten Ziele nicht erreicht werden können, weil außerhalb des Insolvenzverfahrens gesicherte Gläubiger ihr Glück in der Zwangsvollstreckung suchen und hierdurch ggf. einen Domino-Effekt auslösen, ist vom Gesetzgeber bewusst in Kauf genommen worden und insoweit zu akzeptieren. Dementsprechend ist sowohl eine analoge Anwendung von § 233 InsO als auch von § 49 Absatz 3 StaRUG ausgeschlossen.[583]

In dem Zusammenhang ist überdies zu beachten, dass es sich der Gläubiger gut überlegen wird, ob seine Befriedigungsaussichten auf diese Weise wirklich besser sind. Dem Risiko, mit seiner Zwangsvollstreckung ein weiteres Insolvenzverfahren auszulösen, steht eine garantierte und angemessene Entschädigung gegenüber, die einen Anreiz zum Verzicht auf Zwangsvollstreckungsmaßnahmen darstellen kann.

dd. Sicherheit wird nach Eröffnung des Insolvenzverfahrens zur gruppeninternen Drittsicherheit

Dementsprechend sind die Regelungen der gruppeninternen Drittsicherheit grundsätzlich auch anwendbar, wenn eine Drittsicherheit erst nach

582 BeckOK InsR-*Geiwitz/Danckelmann*, § 223a Rn. 4., die darüber hinaus auch eine analoge Anwendung von § 49 Absatz 3 StaRUG in Erwägung ziehen.

583 Vgl. Braun InsO-*Braun/Frank*, § 223a Rn. 17.

Eröffnung des Insolvenzverfahrens die Voraussetzungen einer gruppeninternen Drittsicherheit erfüllt. Es ist kein Grund ersichtlich, eine Gestaltung der (dann) gruppeninternen Drittsicherheit zu versagen, solange noch keine Rechtskraftwirkungen des Insolvenzplans nach § 254 Absatz 1 InsO eingetreten sind. Dem Sicherungsnehmer bleibt die Inanspruchnahme der Drittsicherheit bis zum Eintritt der Rechtskraftwirkungen ohnehin ohne Einschränkung möglich.[584] Unabhängig davon dürfte diese Konstellation selten vorkommen. Zu beachten ist nämlich, dass der organisatorische Aufwand relativ groß ist und das gesamte Planverfahren faktisch neu begonnen werden müsste, wenn nachträglich gruppeninterne Drittsicherheiten im Insolvenzplan gestaltet werden sollen. Sollten die übrigen Beteiligten trotzdem ein Interesse an der Gestaltung haben, steht ihnen die Vorlage eines entsprechenden Insolvenzplans offen. Dieses Ergebnis korrespondiert damit, dass auch im Rahmen der Beurteilung der angemessenen Entschädigungsleistung auf den Zeitpunkt des Eintritts der Rechtskraftwirkungen des Insolvenzplans abgestellt werden muss.[585]

ee. Auflösung der Verbindung nach Eröffnung des Insolvenzverfahrens, aber vor Rechtskraft der Bestätigung des Insolvenzplans

Demgegenüber bleibt der Anwendungsbereich des § 217 Absatz 2 InsO nicht weiter eröffnet, wenn die Verbindung der Konzerngesellschaften im Sinne von §§ 15 ff. AktG nach Eröffnung des Insolvenzverfahrens, aber vor Eintritt der Rechtskraft der Planbestätigung aufgelöst wird. In diesen Fällen besteht keine schützenswerte Konzernkonstellation mehr, die der Insolvenzplan durch entsprechende Regelungen bewahren könnte. Insoweit macht es keinen Unterschied, ob die Auflösung der Verbindung vor Eröffnung des Insolvenzverfahrens oder vor Eintritt der Rechtskraftwirkungen nach § 254 Absatz 1 InsO erfolgt. Entscheidend ist, dass die Voraussetzungen des § 217 Absatz 2 InsO in dem Zeitpunkt bestehen, in welchem der Insolvenzplan seine Wirkungen überhaupt erst entfalten kann.

ff. Fortgeltung von Beherrschungsverträgen in der Insolvenz

In diesem Zusammenhang ist allerdings bemerkenswert, dass der Gesetzgeber offenbar von der Fortgeltung von Beherrschungsverträgen in der Insolvenz ausgeht. Diese Schlussfolgerung zu einer seit Einführung der Insolvenzordnung

---

584 Siehe dazu oben Seite 125 f.

585 Siehe dazu unten Seite 151.

umstrittenen Frage[586] lässt sich ohne Weiteres aus der Bezugnahme auf §§ 15 ff. AktG innerhalb von § 217 Absatz 2 InsO ableiten. Durch einen Beherrschungsvertrag nach § 17 AktG verbundene Unternehmen können nämlich nur dann sinnvoll in den Anwendungsbereich des § 217 Absatz 2 InsO einbezogen werden, wenn die Verbindung das Insolvenzverfahren auch überdauert bzw. überdauern kann. Ginge der Gesetzgeber stattdessen davon aus, dass sie mit der Insolvenz eines verbundenen Unternehmens automatisch beendet würde, wäre die Anwendung der Regelungen zur gruppeninternen Drittsicherheit in Vertragskonzernen ausgeschlossen. Die notwendige Verbindung wäre im maßgeblichen Moment der Eröffnung des Insolvenzverfahrens automatisch beendet.

Es ist zwar nicht davon auszugehen, dass auf dieser Frage im Gesetzgebungsverfahren ein Fokus gelegen hat. Die Positionierung des Gesetzgebers lässt sich indes auch nicht damit leugnen, dass dieser Aspekt beim Wechsel von § 290 HGB auf §§ 15 ff. AktG übersehen worden wäre. Die Vorschrift des § 290 HGB lässt nämlich ebenso Beherrschungsverträge zur Begründung der notwendigen Beherrschung ausreichen wie § 17 AktG, vgl. § 290 Absatz 2 Nummer 3 Variante 1 HGB. Nahe liegt allerdings, dass der Gesetzgeber dabei ausschließlich die schon vom Gesetzentwurf umfassten[587] Upstream-Konstellationen im Sinne hatte, die Beherrschungsverträge also lediglich in der Insolvenz der Konzernobergesellschaft als fortgeltend ansieht. Gegenüber einem Insolvenzverwalter der Tochtergesellschaft wären die Rechte aus dem Beherrschungsvertrag nämlich ohnehin nicht durchsetzbar.[588]

gg. Eröffnung des Insolvenzverfahrens auch über das Vermögen des Drittsicherungsgebers

In zeitlicher Hinsicht fraglich bleibt schließlich, ob gruppeninterne Drittsicherheiten auch gestaltbar bleiben sollen, wenn während des Insolvenzverfahrens auch über das Vermögen der sichernden Konzerngesellschaft das Insolvenzverfahren eröffnet wird. Dagegen könnte argumentiert werden, dass der Schutzzweck der Regelungen nicht mehr erreicht werden kann. Die Insolvenzgefahr für den Drittsicherungsgeber hat sich schon realisiert und kann nicht mehr verhindert werden. Vorzugswürdig erscheint demgegenüber, auch in diesem Fall auf den nach § 254 Absatz 1 InsO

586 Siehe dazu oben Seite 58 f.
587 Siehe dazu oben Seite 116.
588 Siehe dazu oben Seite 58 f.

grundsätzlich maßgeblichen Zeitpunkt des Eintritts der Rechtskraftwirkungen des Insolvenzplans abzustellen. Einerseits würde so verhindert, dass bereits weit vorangeschrittene Verhandlungen über den Insolvenzplan in letzter Minute obsolet werden können. Andererseits sollen die Regelungen zur gruppeninternen Drittsicherheit nicht nur den Domino-Effekt verhindern, sondern darüber hinaus auch Konzernsanierungen vereinfachen und den im Konzernverbund liegenden Mehrwert erhalten.[589] Für die Restrukturierung des Konzerns ist eine gemeinsame wirtschaftliche Lösung für Hauptforderung und Sicherheit auch noch vorteilhaft, wenn sich der Sicherheitsgeber ebenfalls im Insolvenzverfahren befindet. Zumindest dieser Teilbereich der Konzernverflechtungen kann dann nämlich noch im Sinne einer konzernoptimierten Restrukturierung gestaltet werden. Die Zustimmung der sichernden Konzerngesellschaft nach § 230 Absatz 4 InsO wäre dann von ihrem Insolvenzverwalter abzugeben, der mutmaßlich ob der damit verbundenen wirtschaftlichen Vorteile[590] regelmäßig im Sinne seiner Gläubiger zustimmen wird.

e. Mögliche Formen der Gestaltung

In welcher Art und Weise die Gestaltung der gruppeninternen Drittsicherheit vorgenommen werden kann, ist in § 217 Absatz 2 InsO nicht explizit geregelt. Dementsprechend sind die Akteure hinsichtlich der konkreten Ausgestaltung frei.[591] Anhaltspunkte für mögliche Gestaltungsarten finden sich beispielsweise in § 223 Absatz 2 InsO und 223a Satz 2 InsO. Aus den Regelungen ergibt sich, dass grundsätzlich eine *Kürzung* oder ein *Eingriff* möglich sein müssen. Demzufolge können im Insolvenzplan zum Beispiel die vollumfängliche oder auch nur teilweise Freigabe der Drittsicherheit geregelt werden. So ist es möglich, von § 254 Absatz 2 Satz 1 InsO abzuweichen und eine Kürzung des Anspruchs aus der Drittsicherheit um denselben Bruchteil festzulegen, um den die gesicherte Insolvenzforderung gekürzt wird.[592] Neben dem (Teil-) Verzicht sind auch sonstige Beschränkungen wie eine Änderung des Sicherungszwecks oder abweichende Erlösverteilungen denkbar.[593] Dies korrespondiert auch mit dem allgemeinen juristischen Verständnis davon, was unter der Gestaltung von Rechten zu verstehen ist, nämlich die Begründung, Änderung, Übertragung

---

589 Siehe dazu oben Seite 109.

590 Siehe dazu unten Seite 162 ff.

591 HambKomm InsO-*Thies/Lieder*, § 223a Rn. 6.

592 HambKomm InsO-*Thies/Lieder*, § 223a Rn. 3.

593 Im Ergebnis ebenso Kübler/Prütting/Bork InsO-*Spahlinger*, § 217 Rn. 50i.

und Aufhebung von Rechten.[594] Ein Austausch der Drittsicherheit kommt hingegen als Gestaltungsart nicht infrage.[595] Zwar geht eine erste Stimme in der Literatur davon aus, dass der Austausch unproblematisch wäre, soweit die neue Sicherheit nicht vom Schuldner gestellt wird und der neue Sicherungsgeber zustimmt.[596] Richtigerweise wird insoweit zunächst festgestellt, dass ein Austausch gegen eine Sicherheit, die der Schuldner stellt, wegen des Obstruktionsverbots nach § 245 Absatz 1 Nummer 2 InsO in Verbindung mit § 245 Absatz 2 Satz 1 Nummer 3 InsO unzulässig wäre. Hieraus kann allerdings nicht der Schluss gezogen werden, dass ein Sicherheitentausch möglich wäre, wenn die Sicherheit beispielsweise von einer dritten Konzerngesellschaft gestellt würde. Denn es ist zu beachten, dass die gestaltende Wirkung eines solchen Austausches zunächst die vollständige Freigabe der Drittsicherheit darstellte. Als Rechtsfolge sieht § 223a Satz 2 InsO dafür eine angemessene Entschädigung vor. Es ist deshalb wenig überzeugend, Gestaltungen zuzulassen, *„bei denen die Kompensationen quasi in die eingreifende Regelung integriert wird [sic]"*[597]. Denn es ist eine andere Frage, ob die Entschädigung auch in Form einer anderen Sicherheit geleistet werden kann.[598]

f. Auswahl der zu gestaltenden gruppeninternen Drittsicherheiten

Nach dem Wortlaut des § 217 Absatz 2 InsO *kann* der Insolvenzplan die Gestaltung von gruppeninternen Drittsicherheiten vorsehen. Dabei handelt es sich auch um eine echte Wahlmöglichkeit. Dies zeigt sich nicht zuletzt daran, dass der Sicherungsgeber in Ausübung seiner unternehmerischen Freiheit dazu berechtigt sein soll, seinen Gläubiger vollständig außerhalb des Insolvenzverfahrens zu befriedigen.[599] Darüber hinaus enthält auch § 223a Satz 1 InsO eine entsprechende Klarstellung.[600] Es drängt sich daher die Frage auf, nach welchen Kriterien die vorzunehmende Auswahl durchgeführt werden soll. Es dürfte unzweifelhaft sein, dass es sich dabei um objektive Kriterien

594 BGH, Beschluss vom 26.04.2018, IX ZB 49/17, NJW-RR 2018, 817 (819); vgl. auch Creifelds-*Fuchs*, Gestaltungsrecht; vgl. zur Gestaltung im Rahmen des § 221 InsO BT-Drucks. 12/2443, 199.

595 Kübler/Prütting/Bork InsO-*Spahlinger*, § 217 Rn. 50i.

596 HambKomm InsO-*Thies/Lieder*, § 223a Rn. 4.

597 HambKomm InsO-*Thies/Lieder*, § 223a Rn. 6.

598 Siehe zur angemessenen Entschädigung unten Seite 146 ff.

599 Siehe dazu unten Seite 162 ff.

600 Siehe dazu unten Seite 146.

handeln muss. Der Insolvenzplan darf nicht willkürlich einerseits in die Rechte einzelner Gläubiger eingreifen und andererseits andere unberührt lassen.[601] Die Notwendigkeit der Planzustimmung nach §§ 244 ff. InsO und der gerichtlichen Bestätigung nach § 248 InsO dürften insoweit mindestens zu einer Disziplinierung führen und evident willkürliche Auswahlentscheidungen verhindern. Die Ausübung des Auswahlermessens durch den Insolvenzverwalter nach § 218 Absatz 1 Satz 1 Alternative 1 InsO bzw. den Schuldner nach § 218 Absatz 1 Satz 1 Alternative 2 InsO kann sich dabei am Zweck der Regelungen zur gruppeninternen Drittsicherheit orientieren. Diese Annahme führt zu zwei Überlegungen, einer mit Fokus auf die sichernde Konzerngesellschaft und einer mit Fokus auf die Gläubigerseite.

Um Domino-Effekte zu verhindern, die durch im Konzern wechselseitig gestellte Sicherheiten hervorgerufen werden können und letztlich auf die Regresssperre des § 254 Absatz 2 Satz 2 InsO zurückzuführen sind,[602] sind gruppeninterne Drittsicherheiten zum einen dann einzubeziehen, wenn die sichernde Konzerngesellschaft nicht über ausreichend liquide Mittel verfügt, um die Sicherheit ohne schädliche Folgewirkungen für den Konzern bedienen zu können.

Zum anderen soll die Möglichkeit zur Gestaltung von gruppeninternen Drittsicherheiten daneben auch die Reorganisation der Finanzierungsstruktur des Konzerns in Krisenlagen erleichtern. Dies spricht dafür, vorrangig die gruppeninternen Drittsicherheiten derjenigen Gläubiger zu gestalten, die in der zukünftigen Finanzierungsstruktur nicht mehr im selben Umfang beteiligt sein sollen. Auf diese Weise kann neuen Investoren der Einstieg ermöglicht werden.[603] Beide Überlegungen sind dabei gleichermaßen vom Insolvenzverwalter bzw. dem Schuldner bei der Vorlage des Insolvenzplans gemäß § 218 InsO zu berücksichtigen.

g. *Auswirkungen der Gestaltung auf die unterschiedlichen Akteure*

Die Gestaltung von gruppeninternen Drittsicherheiten hat auf die verschiedenen Beteiligten unterschiedliche Auswirkungen.

Für den durch eine gruppeninterne Drittsicherheit gesicherten Insolvenzgläubiger bedeutet die Gestaltung der Sicherheit zunächst, dass ihm

601 Zur parallel existierenden Problematik unter dem StaRUG: *Heim*, GStB 2021, 288 (289).

602 Siehe dazu oben Seite 107 ff.

603 Vgl. Kübler/Prütting/Bork InsO-*Spahlinger*, § 217 Rn. 50b; zur Parallelproblematik unter dem StaRUG *Heim*, GStB 2021, 288 (289).

auf sie bezogene gerichtliche Zwangsmittel außerhalb des Insolvenzverfahrens nicht mehr zur Verfügung stehen. Stattdessen muss er nun über die Werthaltigkeit seiner Sicherheit verhandeln bzw. streiten.[604] Bislang waren die Haftungsverstrickungen innerhalb des Konzerns für ihn auch im Insolvenzfall unproblematisch. Aus seiner Sicht war das Insolvenzrisiko faktisch konzernweit gestreut, weil er gemäß § 43 InsO neben der Insolvenzforderung zusätzlich auch aus der Sicherheit Befriedigung suchen konnte.[605] Das war auch sachgerecht, weil umgekehrt die von ihm zur Verfügung gestellte Liquidität konzernweit verwendet wurde.[606] Hinzu kommt bei Darlehen an die Konzernobergesellschaft, dass seine Ansprüche gegenüber denjenigen von Gläubigern der jeweiligen Tochtergesellschaft nachrangig sind.[607] Er konnte deshalb selbst bei nicht voll werthaltiger Sicherheit und unabhängig von einer möglichen Kürzung der Hauptforderung im Insolvenzverfahren des Schuldners versuchen, seinen Anspruch durch Zwangsvollstreckung außerhalb des Insolvenzverfahrens zu befriedigen.[608] Zwar ist die Drittsicherheit weiterhin kein Teil der Insolvenzmasse[609], sie wird im Fall der Gestaltung allerdings zum Gegenstand des Insolvenzverfahrens.[610] Im Gegenzug für den Eingriff erhält der Gläubiger eine angemessene Entschädigung gemäß § 223a Satz 2 InsO und seine Rechtsstellung ist gemäß § 222 Absatz 1 Satz 2 Nummer 5 InsO in einer eigenständigen Gruppe zu berücksichtigen.

Der Schuldner hat auf der einen Seite die Möglichkeit, die gruppeninterne Drittsicherheit im Insolvenzplan zu berücksichtigen und seine Finanzierung bzw. diejenige des gesamten Konzerns entsprechend neu zu strukturieren.[611] Neue Finanzierungsgeber werden nämlich eine Neustrukturierung oft nur akzeptieren, wenn nicht wesentliches Vermögen durch alte Sicherheiten gebunden ist bzw. bleibt.[612] Auf der anderen Seite wird die Entschädigungsleistung

604 Siehe insgesamt zur angemessenen Entschädigung nach § 223a InsO unten Seite 146 ff.

605 *Cranshaw/Portisch*, ZInsO 2020, 2617 (2622).

606 Siehe zu Cash-Pool-Systemen oben Seite 62 ff.

607 *Wenner/Schuster*, ZIP 2008, 1512 (1513).

608 *Brünkmans*, in: Insolvenzplan, § 39 Rn. 32.

609 Siehe dazu oben Seite 107 ff.

610 Kübler/Prütting/Bork InsO-*Spahlinger*, § 217 Rn. 50b.

611 Vgl. Kübler/Prütting/Bork InsO-*Spahlinger*, § 217 Rn. 50b; vgl. zur Parallelproblematik unter dem StaRUG *Heim*, GStB 2021, 288 (289).

612 Vgl. HambKomm InsO-*Thies/Lieder*, § 217 Rn. 3.

an den Insolvenzgläubiger im Gegenzug zumindest im Regelfall aus seinem Vermögen zu erfolgen haben.[613]

Das verbundene Unternehmen, das die Drittsicherheit gestellt hat, wird erstmalig[614] selbst Beteiligter des Insolvenzverfahrens des Schuldners.[615] Dies gilt allerdings nur, wenn es sich nicht in Ausübung seiner unternehmerischen Freiheit zur vollständigen Befriedigung der Ansprüche aus der Drittsicherheit außerhalb des Insolvenzverfahrens entscheidet und die Voraussetzungen des § 230 Absatz 4 InsO vorliegen.[616] Es muss dann gemäß § 220 Absatz 3 InsO seine wirtschaftlichen Verhältnisse und die Auswirkungen des Insolvenzplans hierauf offenlegen.[617] Demgegenüber wird zum einen mindestens die aus der Regresssperre des § 254 Absatz 2 Satz 2 InsO resultierende Gefahr einer eigenen Insolvenz verringert[618], zum anderen kommt es in bestimmten Konstellationen zu Zufallsgewinnen.[619] Diese sind dann darauf zurückzuführen, dass eine eigene Befreiung von der Sicherheit durch Leistungen des Schuldners erfolgt.

Letztlich profitiert auch der Konzern als imaginärer vierter Akteur von der Gestaltung der gruppeninternen Drittsicherheit und der damit verbundenen verringerten Gefahr des Domino-Effekts.

3. *Zwischenergebnis*

Die Legaldefinition der gruppeninternen Drittsicherheit in § 217 Absatz 2 InsO ist grundsätzlich gelungen, bietet indes einiges Potential für Verbesserungen. Umfasst sind vom Anwendungsbereich zunächst sämtliche Personal- und Realsicherheiten. Ausgenommen sind wegen europarechtlicher Vorgaben lediglich Finanzsicherheiten im Sinne von § 223 Absatz 1 Satz 2 InsO. Ein entsprechender Verweis auf diese Norm in § 217 Absatz 2 InsO fehlt allerdings bedauerlicherweise und erfolgt erst in § 223a Satz 3 InsO. Außerdem sind im Rahmen einer teleologischen Reduktion Realsicherheiten vom Anwendungsbereich ausgenommen, an denen in einem etwaigen Insolvenzverfahren des Drittsicherungsgebers ein Aussonderungsrecht bestände.

---

613 Siehe dazu unten Seite 158 f.

614 Vgl. zur alten Rechtslage demgegenüber Uhlenbruck InsO-*Lüer/Streit,* § 254 Rn. 18; HKInsO-*Haas,* § 254 Rn. 7.

615 Siehe dazu unten Seite 181 f.

616 Siehe dazu unten Seite 162 ff.

617 Siehe dazu unten Seite 135 ff.

618 Siehe dazu unten Seite 180 ff.

619 Siehe zu diesen sog. Windfall-Profits Seite 158 f.

Hinsichtlich der Unternehmen, die eine gruppeninterner Drittsicherheit stellen können, wird an das verbundene Unternehmen im Sinne von §§ 15 ff. AktG angeknüpft. Dadurch werden nunmehr auch Downstream- und Sidestream-Sicherheiten umfasst. Dies ist zu begrüßen, weil der Domino-Effekt in sämtlichen denkbaren Konstellationen von Haftungsverstrickungen droht. Gleichzeitig könnte dadurch allerdings eine seit Einführung des MoMiG schwelende Diskussion neue Dynamik entfalten. Unter Gesichtspunkten der Kapital- bzw. Einlagenerhaltung wurden seinerzeit nämlich (auch) lediglich Upstream-Konstellationen in den Blick genommen. Nachdem der Gesetzgeber nach der Erweiterung des § 217 Absatz 2 InsO-E im Rahmen der gruppeninternen Drittsicherheit nun auch Downstream-Sicherheiten als umfasst sieht, könnte man diese Erweiterung auch im Rahmen der Kapital- und Einlagenerhaltungsregelungen (erneut) diskutieren.

Konsequent ist, dass kleine und mittlere Familienunternehmen mit einer sichernden Privatperson als Gesellschafter und auch sog. Kapitalgesellschaft & Co. KG nicht umfasst sind. Die konzernspezifischen, aus wechselseitigen Haftungsverstrickungen resultierenden Gefahren, denen mit den Regelungen zur gruppeninternen Drittsicherheit begegnet werden soll, bestehen hier gerade nicht. Auch eine erweiternde Auslegung oder gar Analogie ist insoweit ausgeschlossen.

Der Zeitpunkt, zu dem die Voraussetzungen des § 217 Absatz 2 InsO vorliegen müssen, damit der Anwendungsbereich eröffnet ist, ist nach § 35 Absatz 1 InsO die Eröffnung des Insolvenzverfahrens. Damit sind auch Konstellationen umfasst, in denen der Sicherheitsgeber erst im Nachgang zum Vertragsschluss zum gruppeninternen Drittsicherheitsgeber wird. Der Gläubiger kann dementsprechend seine Position aus einer ursprünglich „echten" Drittsicherheit verlieren. Darüber hinaus bleiben die Regelungen zur gruppeninternen Drittsicherheit weiterhin anwendbar, wenn auch der Drittsicherheitsgeber nach der Eröffnung des Insolvenzverfahrens des Schuldners falliert. Demgegenüber ist der Anwendungsbereich nicht eröffnet, wenn die Voraussetzungen des § 217 Absatz 2 InsO erst nach Eröffnung des Insolvenzverfahrens vorliegen oder wenn der Verbund im Sinne der Norm (vor und auch nach Eröffnung des Insolvenzverfahrens) wieder gelöst wird. Im Hinblick auf den zeitlichen Ablauf des Insolvenzverfahrens ist schließlich festzuhalten, dass in der Zeit zwischen Eröffnung des Insolvenzverfahrens und Eintritt der Rechtskraft des Insolvenzplans die Inanspruchnahme der Drittsicherheit weiterhin ohne Einschränkung möglich bleibt. Das damit verbundene Risiko, hierdurch im Einzelfall die mit den Regelungen verfolgten Ziele wegen der dann geltenden Regresssperre nicht erreichen zu können, wurden vom Gesetzgeber bewusst in Kauf genommen. Überdies ist in Hinblick auf die zeitliche Komponente bemerkenswert, dass der Gesetzgeber offenbar von der Fortgeltung von Beherrschungsverträgen in der Insolvenz – zumindest in Upstream-Konstellationen – ausgeht.

Unter Gestaltung im Sinne der Norm sind sämtliche Änderungen eines Rechts zu verstehen. Ein Austausch der Drittsicherheit fällt nicht darunter. Zu gestalten sind insbesondere gruppeninterne Drittsicherheit von Gläubigern, deren Rolle sich in der neu zu organisierenden Finanzierungsstruktur des Schuldners ändern soll. Außerdem sind Sicherheiten einzubeziehen, die von einer Konzerngesellschaft gestellt worden sind, die nicht über ausreichend liquide Mittel verfügt, um sie ohne schädliche Auswirkungen für den Konzern bedienen zu können. Die Gestaltung einer gruppeninternen Drittsicherheit führt schließlich dazu, dass der Insolvenzgläubiger Rechte aus ihr nicht mehr im Rahmen der Einzelvollstreckung geltend machen kann. Dem Schuldner wird es ermöglicht, seine bzw. die Konzernfinanzierung neu zu strukturieren. Der Sicherheitsgeber wird selbst Beteiligter des Insolvenzverfahrens, wobei seine aus der Regresssperre resultierende Insolvenzgefahr und die damit verbundene Gefahr eines Domino-Effekts verringert wird.

In sprachlicher Hinsicht schließlich wäre eine Überarbeitung der Norm angezeigt, um größere Klarheit zu erreichen.

II. Die Darstellung der Verhältnisse des verbundenen Unternehmens – § 220 Absatz 3 InsO

Sieht der Insolvenzplan Eingriffe in die Rechte von Insolvenzgläubigern aus gruppeninternen Drittsicherheiten (§ 217 Absatz 2) vor, sind in die Darstellung auch die Verhältnisse des die Sicherheit gewährenden verbundenen Unternehmens und die Auswirkungen des Plans auf dieses Unternehmen einzubeziehen.

1. Regelungsinhalt

Die Norm bestimmt, dass im Insolvenzplan des Schuldners auch die Verhältnisse der sichernden, nicht insolventen Konzerngesellschaft dargestellt werden müssen, soweit eine Gestaltung von gruppeninternen Drittsicherheiten mit entsprechendem Eingriff in die Rechte von Insolvenzgläubigern erfolgt. Darüber hinaus sind in diesem Fall auch die Auswirkungen des Plans auf diese Konzerngesellschaft darzustellen.

2. *Bewertende Untersuchung der Regelung*

Der Gesetzgeber schweigt sich zum Hintergrund dieser Regelung weitestgehend aus. Er verweist stattdessen allgemein auf die Begründung zur Einführung der gruppeninternen Drittsicherheit.[620] Außerdem enthalte die Vorschrift „*eine Klarstellung zu den erforderlichen Ausführungen im Insolvenzplan*“[621]. Warum diese Klarstellung erforderlich sein soll, ist allerdings nicht auf den ersten Blick ersichtlich.

Hintergrund der Regelung dürfte sein, dass zumindest bei Personalsicherheiten die Leistungsfähigkeit der sichernden Konzerngesellschaft maßgeblich darüber entscheidet, in welcher Höhe die nach § 223a InsO zu leistende Entschädigung angemessen ist.[622] Diese orientiert sich nämlich an der Werthaltigkeit der gruppeninternen Drittsicherheit, die gestaltet werden soll. Die Werthaltigkeit einer Personalsicherheit wiederum ist eng mit der wirtschaftlichen Leistungsfähigkeit des Sicherungsgebers verknüpft.[623] Um diese beurteilen zu können, muss man die Verhältnisse des Sicherungsgebers kennen.

Letztlich handelt es sich bei der Vorschrift demnach um eine konsequente Ergänzung der ursprünglichen Regelung des § 220 Absatz 2 InsO aF, der dem neuen § 220 Absatz 2 Satz 1 InsO fast wortgleich entspricht. Danach müssen die Beteiligten alle Angaben erhalten, die sie für eine fundierte Entscheidung über den vorgelegten Insolvenzplan benötigen.[624] Die vom Gesetzgeber beabsichtigte Klarstellung bezieht sich demnach darauf, dass zu den entscheidungserheblichen Angaben auch die Verhältnisse der sichernden Konzerngesellschaft und die Auswirkungen auf diese gehören, wenn mit dem Insolvenzplan eine gruppeninterne Drittsicherheit gestaltet werden soll. Dennoch ist es durchaus bemerkenswert, dass im Insolvenzplan des Schuldners in dessen Insolvenzverfahren die Verhältnisse einer nicht insolventen Konzerngesellschaft dargestellt werden müssen.

---

620 BT-Drucks. 19/24181, 200.

621 BT-Drucks. 19/24181, 200.

622 Vgl. vage Kübler/Prütting/Bork InsO-*Spahlinger*, § 220 Rn. 23a; klarer zur Regelung des § 6 Absatz 3 StaRUG *Desch*, BB 2020, 2498 (2502); siehe zur angemessenen Entschädigung im Sinne von § 223a InsO unten Seite 146 ff.

623 BGH GS, Beschluss vom 27.11.1997, GSZ 1 u. 2/97, ZIP 1998, 235 (240 f.); OLG Hamm, Urteil vom 23.11.2009, 31 U 323/06, juris Rn. 76; BGH, Beschluss vom 29.01.2013, 2 StR 422/12, wistra 2013, 268 (269).

624 Vgl. zu § 220 Absatz 2 InsO aF BGH, Beschluss vom 26.04.2018, IX ZB 49/17, NZI 2018, 691 (694); HKInsO-*Haas*, § 220 Rn. 2; MüKoInsO-*Eilenberger*, § 220 Rn. 1; Uhlenbruck InsO-*Lüer/Streit*, § 220 Rn. 1.

a. Darstellungstiefe

Dem Wortlaut nach gilt die Darstellungspflicht undifferenziert, also beispielsweise auch für Fälle, in denen der Anspruch aus der gruppeninternen Drittsicherheit durch die Gestaltung voll befriedigt werden soll oder die gruppeninterne Drittsicherheit in einer Realsicherheit besteht. Mit der Darstellung der Verhältnisse und ihren Auswirkungen unvermeidbar verbunden ist indes eine Veröffentlichung auch gegenüber den anderen Verfahrensbeteiligten. Dies kann insbesondere unter wettbewerbsrechtlichen Gründen problematisch sein. Es ist durchaus denkbar, dass am Insolvenzverfahren auch Konkurrenzunternehmen beteiligt sind, die aus den offenbarten Verhältnissen ggf. Erkenntnisse ziehen und diese in der Folge zu ihrem Vorteil nutzen können.

Durch die Darstellungspflicht ergibt sich auch ein Spannungsverhältnis zum Gesetz zum Schutz von Geschäftsgeheimnissen vor rechtswidrigem Erwerb sowie rechtswidriger Nutzung und Offenlegung (GeschGehG).[625] Hierdurch hat der Gesetzgeber erst kürzlich den besonderen wirtschaftlichen Wert von Geschäftsgeheimnissen explizit anerkannt.[626] Dementsprechend weit ist der Anwendungsbereich des Schutzgesetzes.[627] Als Geschäftsgeheimnis geschützt sind nicht nur Informationen, die unmittelbar vermarktbar sind, wie beispielsweise Herstellungsverfahren, Prototypen oder Rezepte, sondern alle Informationen, die für ihren Inhaber von irgendeinem sonstigen geschäftlichen oder auch strategischen Interesse sind.[628] Darunter fallen auch Informationen über bevorstehende Zahlungsschwierigkeiten oder Produktionsprobleme.[629] Es liefe dem Zweck des GeschGehG erkennbar zuwider, wenn derartige gesetzlich geschützte Geschäftsgeheimnisse des nicht insolventen Drittsicherungsgebers im Insolvenzverfahren einer anderen Konzerngesellschaft in jedem Fall offenbart werden müssten.

Um nachteilige Offenlegungen zu verhindern, besteht für die sichernde Konzerngesellschaft die Möglichkeit, den Anspruch des Insolvenzgläubigers aus der gruppeninternen Drittsicherheit außerhalb des Insolvenzverfahrens

---

625 BGBl. Jahrgang 2019 Teil I Nr. 13, ausgegeben zu Bonn am 25. April 2019, 466 ff.

626 BT-Drucks. 19/4724, 1.

627 *Ohly*, GRUR 2019, 441 (442); Harte-Bavendamm/Ohly/Kalbfus, GeschGehG-*Harte-Bavendamm*, § 2 Rn. 36.

628 BT-Drucks. 19/4724, 24; Harte-Bavendamm/Ohly/Kalbfus, GeschGehG-*Harte-Bavendamm*, § 2 Rn. 36.

629 *Ohly*, GRUR 2019, 441 (443).

(voll) zu befriedigen bzw. sich mit dem Insolvenzgläubiger auf eine Befriedigungssumme zu einigen.[630] Wie groß der so durch die Regelung auferlegte Druck auf die sichernde Konzerngesellschaft tatsächlich ist, hängt nicht zuletzt auch davon ab, welche Darstellungstiefe der Verhältnisse und Auswirkungen die Norm voraussetzt. Diese muss mindestens die ohnehin öffentlich zugänglichen Informationen übersteigen. Andernfalls wäre die Regelung überflüssig.

Einen Anhaltspunkt für die geforderte Darstellungstiefe liefert die grundsätzliche Zielrichtung der Regelungen zur gruppeninternen Drittsicherheit. Der gesicherte Insolvenzgläubiger soll für den Eingriff in seine Rechtsstellung aus der gruppeninternen Drittsicherheit angemessen entschädigt werden. Dementsprechend lässt sich die Tiefe der Darstellung davon abhängig machen, welche Informationen für eine fundierte Beurteilung der Angemessenheit im Rahmen von § 223a Satz 2 InsO notwendig sind. Daraus folgen unterschiedliche Anforderungen an die Darstellung der Verhältnisse. Liegt die gruppeninterne Drittsicherheit in Form einer Personalsicherheit vor, sind umfangreiche Informationen zu verlangen. Schließlich muss nicht weniger als die wirtschaftliche Leistungsfähigkeit des sichernden Unternehmens selbst beurteilt werden können. Dabei kann es über den Wortlaut hinaus sogar notwendig sein, mittelbare Auswirkungen des Insolvenzplans bei weiteren Konzerngesellschaften darzustellen, soweit diese wiederum Auswirkungen auf die maßgebliche Leistungsfähigkeit der sichernden Konzerngesellschaft haben.[631] In diesen Fällen können die Darstellungen im Insolvenzplan zu sichernder und weiteren Konzerngesellschaften im Umfang mitunter denjenigen Angaben entsprechen, die zum Schuldner gemacht werden.[632] Demgegenüber sind die benötigten Informationen bei Realsicherheiten zumeist recht übersichtlich. Es wäre für die Beurteilung der Werthaltigkeit solcher Sicherheiten lediglich von Belang, ob weitere Gläubiger im Rang vor dem Insolvenzgläubiger stehen. Die (wirtschaftlichen) Verhältnisse des Sicherungsgebers selbst hingegen sind folglich nicht entscheidend, soweit nicht weitere Verflechtungen bestehen. Die Vorschrift des § 220 Absatz 3 InsO ist in diesem Fall entsprechend teleologisch zu reduzieren. Gleiches gilt für den Fall, dass die für den

---

630 Siehe dazu unten Seite 162 ff.

631 HambKomm InsO-*Thies/Lieder*, § 220 Rn. 9.

632 HambKomm InsO-*Thies/Lieder*, § 220 Rn. 10.

Insolvenzgläubiger im Insolvenzplan vorgesehene Entschädigung zu einer vollständigen Befriedigung seiner Ansprüche führt.[633] Auch in diesem Fall sind umfassende Darstellungen über die Verhältnisse des Sicherungsgebers nicht notwendig, die mit der Veröffentlichung möglicherweise verbundenen negativen Folgen dementsprechend zu vermeiden.

b. Terminologie

Wie bereits im Rahmen von § 220 InsO aF[634] hat sich der Gesetzgeber auch bei der Formulierung des § 220 Absatz 3 InsO darauf beschränkt, die Anforderungen an die Darstellung abstrakt zu beschreiben. Es bleibt daher unklar, welche Verhältnisse von der sichernden Konzerngesellschaft konkret anzugeben sind. Gleiches gilt für die Ausführungen zu Auswirkungen auf diese Gesellschaft. Grundsätzlich ist es zwar legitim, dem Rechtsanwender durch unbestimmte Rechtsbegriffe eine möglichst sachgerechte Behandlung des konkreten Einzelfalls zu ermöglichen. Im Fall der gruppeninternen Drittsicherheit ist indes zu beachten, dass die sichernde Konzerngesellschaft nicht mit dem Schuldner identisch ist und unterschiedliche Interessenlagen vorliegen (können). Dementsprechend ist – anders als noch im Rahmen von § 220 InsO aF – nicht zwingend darauf zu vertrauen, dass der Planverfasser schon aus eigenem Interesse die notwendigen Informationen in den Plan aufnehmen wird.[635] Es ist daher angezeigt, den weiten Wortlaut zu konkretisieren, um unnötige Diskussionen über die Darstellungstiefe zu vermeiden. Eine denkbare Ergänzung könnte lauten: „[…] einzubeziehen, soweit sie zur Beurteilung der Angemessenheit im Rahmen von § 223a Satz 2 InsO notwendig sind."

3. Zwischenergebnis

Es ist unglücklich, dass der Gesetzgeber keine Aussage zur verlangten Darstellungstiefe trifft und insbesondere den Begriff der Verhältnisse unkommentiert lässt. Dies umso mehr, als die Regelung ausweislich der Gesetzesbegründung gerade einer Klarstellung dienen soll. Unabhängig davon ist der Wortlaut der Norm grundsätzlich zu weit. Insbesondere können unverhältnismäßige wettbewerbsrechtliche Nachteile drohen, wenn in jedem

---

633 Siehe zur daneben bestehenden Möglichkeit der Befriedigung direkt aus der Sicherheit außerhalb des Insolvenzverfahrens Seite 162 ff.

634 BT-Drucks. 12/7302, 182; Kübler/Prütting/Bork InsO-*Spahlinger*, § 220 Rn. 1.

635 Vgl. insofern zu § 220 Absatz 2 InsO aF (seinerzeit § 258 Absatz 2 InsO-E) BT-Drucks. 12/7302, 182.

Fall eine umfassende Darstellung der Verhältnisse gemacht werden muss. Der Wortlaut des § 220 Absatz 3 InsO ist daher teleologisch zu reduzieren auf die Angaben, die für eine Beurteilung der Angemessenheit im Sinne von § 223a Satz 2 InsO zwingend notwendig sind. Wenn die Gestaltung der gruppeninternen Drittsicherheit eine vollständige Befriedigung des Insolvenzgläubigers vorsieht, sind die Verhältnisse der sichernden Konzerngesellschaft folglich irrelevant und nicht anzugeben. Auch bei Realsicherheiten sind im Regelfall lediglich die zwingend erforderlichen Angaben zu machen. Lediglich, wenn die sichernde Konzerngesellschaft eine Personalsicherheit gestellt hat und es nicht zu einer vollständigen Befriedigung kommt, sind umfangreiche Informationen zu verlangen. Nur in diesem Fall sind zumeist detaillierte Angaben notwendig, um die entscheidende wirtschaftliche Leistungsfähigkeit der sichernden Konzerngesellschaft beurteilen zu können. Diese können im Einzelfall – über den Wortlaut des § 220 Absatz 3 InsO hinaus – auch mittelbare Auswirkungen des Insolvenzplans bei weiteren Konzerngesellschaften umfassen.

III. Eigene Plangruppe(n) für Inhaber von Rechten aus gruppeninternen Drittsicherheiten – § 222 Absatz 1 Satz 2 Nummer 5 InsO

Bei der Festlegung der Rechte der Beteiligten im Insolvenzplan sind Gruppen zu bilden, soweit Beteiligte mit unterschiedlicher Rechtsstellung betroffen sind. Es ist zu unterscheiden zwischen […] *5. den Inhabern von Rechten aus gruppeninternen Drittsicherheiten.*

1. Regelungsinhalt

Wenn im Insolvenzplan eine Gestaltung einer gruppeninternen Drittsicherheit vorgenommen wird, müssen die durch diese Sicherheit abgesicherten Insolvenzgläubiger (mindestens) eine eigenen Plangruppe bilden.

2. Bewertende Untersuchung der Regelung

Eine eigene Gruppe ist gemäß § 222 Absatz 1 Satz 1 InsO immer dann zu bilden, wenn Beteiligte mit unterschiedlichen Rechtsstellungen von den Regelungen im Insolvenzplan betroffen sind. Hintergrund dieser Bestimmung ist, dass der Insolvenzplan durch Abweichen von der Regelabwicklung die vermögensrechtliche Stellung aller Beteiligten möglichst verbessern soll.[636] In keinem Fall darf ein Beteiligter gegen seinen Willen schlechter gestellt werden, als er im Falle der Verwertung des Schuldnervermögens nach den allgemeinen gesetzlichen Vorschriften stünde.[637] Um diese Zielvorgaben des Gesetzgebers erreichen zu können, muss im Insolvenzplan berücksichtigt werden, dass die Beteiligten im Insolvenzverfahren rechtlich oder wirtschaftlich unterschiedlich betroffen sind.[638] Folgerichtig müssen die Insolvenzgläubiger, deren Forderungen durch gruppeninterne Drittsicherheiten abgesichert sind, eine eigene Gruppe bilden, soweit auch tatsächlich eine Gestaltung im Insolvenzplan vorgesehen ist.[639] Drittsicherheiten wirken nämlich anders als Eigensicherheiten.[640] Das zeigt sich allein schon daran, dass sie von einem anderen Rechtsträger mit einem anderem Haftungssubstrat gestellt wird.[641] Dementsprechend unterscheidet sich die wirtschaftliche Position der durch eine Drittsicherheit abgesicherten Insolvenzgläubiger von derjenigen, in welcher sich die durch eine Eigensicherheit des Schuldners abgesicherten Insolvenzgläubiger befinden.[642] Das Gleichbehandlungsgebot des § 226 InsO führt dazu, dass ggf. auch mehrere Gruppen für durch gruppeninterne Drittsicherheiten gesicherte Insolvenzgläubiger gebildet werden müssen.[643] Das wird insbesondere in größeren Konzernen der Fall sein, in denen verschiedenartige gruppeninterne Drittsicherheiten im Rahmen einer gemeinsamen Konzernfinanzierung eingesetzt werden.[644] Erst die Bildung verschiedener Gruppen ermöglicht eine Einschätzung, ob dem Grundsatz der Gleichbehandlung entsprochen wurde, wenn in unterschiedliche gruppeninterne Drittsicherheiten in unterschiedlicher Art und Weise und in unterschiedlichem Umfang eingegriffen werden soll.[645]

636 BT-Drucks. 12/2443, 199.
637 Siehe dazu unten Seite 149 f.
638 BT-Drucks. 12/2443, 199.
639 HambKomm InsO-*Thies/Lieder*, § 222 Rn. 14.
640 BT-Drucks. 19/24181, 200.
641 Vgl. Kübler/Prütting/Bork InsO-*Spahlinger*, § 222 Rn. 25a.
642 BT-Drucks. 19/24181, 200.
643 Kübler/Prütting/Bork InsO-*Spahlinger*, § 222 Rn. 25b; vgl. auch LG Frankfurt a.M., Beschluss vom 29.10.2007, 2/9 T 198/07, NZI 2008, 110 (111); BGH, Beschluss vom 07.07.2005, IX ZB 266/04, NZI 2005, 619 (621); Andres/Leithaus InsO-*Andres*, § 222 Rn. 2; MüKoInsO-*Eidenmüller*, § 222 Rn. 55.
644 Vgl. Kübler/Prütting/Bork InsO-*Pleister*, § 238b Rn. 4.
645 Vgl. zur Parallelproblematik unter dem StaRUG *Smid*, DZWIR 2021, 119 (125).

Auch wenn die Bildung verschiedener Gruppen nicht zwingend notwendig ist, kommt eine fakultative Aufteilung der Gläubiger nach § 222 Absatz 2 InsO in Betracht.[646] Dann muss im Insolvenzplan erläutert werden, aufgrund welcher gleichartigen insolvenzbezogenen wirtschaftlichen Interessen die Gruppe sachgerecht gebildet wurde.[647] Insbesondere wenn zu befürchten ist, dass einzelne, aber wesentliche Beteiligte einer nach § 222 Absatz 1 InsO zwingend zu bildenden Gruppe den Plan ablehnen werden, kann die Bildung fakultativer Gruppen ausschlaggebend sein. Auf diese Weise können dann die Voraussetzungen des § 245 Absatz 1 Nummer 3 InsO geschaffen werden, die für eine Zustimmungsfiktion zwingend erforderlich sind.[648]

Allgemein bietet die Gruppenbildung dieselben Chancen und Risiken, wie sie schon bei der Gruppenbildung vor der Normierung der gruppeninternen Drittsicherheit bestanden.[649] So kann eine ungeschickte Gruppenbildung auch in Bezug auf gruppeninterne Drittsicherheiten zu massiven Verzögerungen des Eintritts der Rechtskraftwirkungen eines Insolvenzplans führen. Denn gegen eine gerichtlich bestätigte Gruppenbildung kann nur im Rahmen einer sofortigen Beschwerde nach § 253 InsO vorgegangen werden. Diese richtet sich gegen den gesamten Plan und kann folglich das Wirksamwerden des gesamten Plans verhindern.[650] Andererseits bietet sich auch die Möglichkeit, mit einer geschickten Gruppenbildung ein Scheitern der Annahme des Plans zu verhindern bzw. die Wahrscheinlichkeit eines Scheiterns zu minimieren.[651]

a. Grundsatz der Doppelberücksichtigung statt Ausfallprinzip

Der Insolvenzgläubiger kann grundsätzlich mit mehreren Forderungen unterschiedlicher Art auch verschiedenen Gruppen angehören, weil die Gruppenzugehörigkeit an die Forderungen bzw. Rechte anknüpft und nicht an die Person des Insolvenzgläubigers.[652] Die Zuordnung des Insolvenzgläubigers in die Gruppe der Inhaber von Rechten aus gruppeninternen Drittsicherheiten

646 Kübler/Prütting/Bork InsO-*Spahlinger*, § 222 Rn. 25b.

647 BGH, Beschluss vom 07.05.2015, IX ZB 75/14, ZIP 2015, 1346 (1347).

648 Braun InsO-*Braun/Frank*, § 222 Rn. 7; HambKomm InsO-*Thies/Lieder*, § 222 Rn. 17.

649 Vgl. HambKomm InsO-*Thies/Lieder*, § 222 Rn. 3.

650 Vgl. MüKoInsO-*Eidenmüller*, § 222 Rn. 9.

651 Siehe zur Zulässigkeit von strategischer Gruppenbildung LG Hamburg, Beschluss vom 15.01.2018, 326 T 40/17, ZIP 2018, 389 (391); MüKoInsO-*Eidenmüller*, § 222 Rnn. 8 f. und 110 ff.

652 Uhlenbruck InsO-*Lüer/Streit*, § 222 Rn. 11; Braun InsO-*Braun/Frank*, § 243 Rn. 5; MüKoInsO-*Eidenmüller*, § 222 Rn. 28.

ändert folglich nichts an seinen Forderungen und Rechten in anderen Gruppen. Die Rechte aus gruppeninternen Drittsicherheiten richten sich nämlich gerade nicht gegen den Insolvenzschuldner, sodass diesem gegenüber bestehende Forderungen und Rechte nicht beeinflusst werden. Es gilt wegen der unterschiedlichen Schuldner – anders als beim absonderungsberechtigten Insolvenzgläubiger – nicht das Ausfallprinzip des § 237 Absatz 1 Satz 2 InsO, sondern der allgemeine Grundsatz der Doppelberücksichtigung nach § 43 InsO.[653] Dieser Grundsatz gilt entgegen dem Wortlaut des § 44a InsO in materieller Hinsicht auch für Drittsicherheiten, die der Gesellschafter gestellt hat, weil die Norm nicht die Schlechterstellung des gesellschafterbesicherten Drittdarlehensgebers beabsichtigt.[654] Dabei ist zu bedenken, dass auch nach Vertragsschluss aus einer Drittsicherheit eine vom Gesellschafter gestellte gruppeninterne Drittsicherheit werden kann.[655] Der Gläubiger kann seine Forderung demnach bis zur vollständigen Befriedigung im Insolvenzverfahren jedes einzelnen Schuldners jeweils in voller Höhe geltend machen.[656] Durch die Doppelberücksichtigung wird der Gläubiger mehrerer Schuldner weitaus besser gestellt als der absonderungsberechtigte Insolvenzgläubiger, der lediglich am Schuldnervermögen dinglich gesichert ist und für den das Ausfallprinzip gilt. Dieser erhält danach nur im Rahmen des ersten abschlussreifen Insolvenzverfahrens eine Quote auf den Restbetrag seiner Ausgangsforderung, der ihm nach Verwertung seines Absonderungsrechts verbleibt.[657] Der Gläubiger hingegen, dem mehrere Schuldner für dieselbe Leistung auf das Ganze haften, soll nicht mit einem Teil seiner Forderung ausfallen, obwohl die Quoten sämtlicher Insolvenzverfahren aller Gesamtschuldner insgesamt zu einer vollständigen Befriedigung führten.[658] Das Insolvenzverfahren bewahrt also letztlich die Vorteile, die für den Gläubiger aus einer gesamtschuldnerischen Haftung resultieren.[659] Dies ist auch für den Inhaber von Rechten aus

---

653 Kübler/Prütting/Bork InsO-*Spahlinger*, § 222 Rn. 25c.

654 Mittlerweile h. M. MüKoInsO-*Bitter*, § 44a Rn. 22; Kübler/Prütting/Bork InsO-*Spahlinger*, § 222 Rn. 25c; Andres/Leithaus InsO-*Leithaus*, § 44a Rn. 13; Uhlenbruck InsO-*Knof*, § 43 Rn. 22; zur Historie des Streits MüKoInsO-*Bitter*, § 44a Rn. 21 ff.; abweichend mit dem Wortlaut argumentierend Uhlenbruck InsO-*Hirte*, § 44a Rn. 5.

655 Siehe dazu oben Seite 121 ff.

656 Uhlenbruck InsO-*Knof*, § 43 Rn. 1; MüKoInsO-*Bitter*, § 43 Rn. 1; Andres/Leithaus InsO-*Leithaus*, § 43 Rn. 3.

657 *Schmidt/Bitter*, ZIP 2000, 1077 (1078).

658 *Schmidt/Bitter*, ZIP 2000, 1077 (1079); MüKoInsO-*Bitter*, § 43 Rn. 1.

659 Braun InsO-*Bäuerle*, § 43 Rn. 1; Uhlenbruck InsO-*Knof*, § 43 Rn. 1.

einer gruppeninternen Drittsicherheit sachgerecht, dem ebenfalls verschiedene Schuldner gegenüberstehen. Überdies kommt eine Ausdehnung des in § 237 Absatz 1 Satz 2 InsO normierten Ausfallprinzips schon aus rechtstechnischer Sicht nicht in Betracht. Denn wie die Regelung in § 24 Absatz 3 Satz 1 StaRUG zeigt, hat der Gesetzgeber bewusst darauf verzichtet, das Ausfallprinzip im Insolvenzverfahren auch auf durch gruppeninterne Drittsicherheiten gesicherte Forderungen auszuweiten. Dort wird demgegenüber der Regelungsgehalt des § 237 Absatz 1 Satz 2 InsO angeordnet. Das Stimmrecht in der Gruppe der Inhaber von Restrukturierungsforderungen richtet sich dort nach dem Forderungsbetrag, der nach Abzug des Werts der Drittsicherheit verbleibt.[660] Die unterschiedlichen Regelungen im Insolvenz- und im StaRUG-Verfahren sind auch sachgerecht. Im Insolvenzverfahren stehen dem Insolvenzgläubiger, der durch eine gruppeninterne Drittsicherheit gesichert ist, zwei Schuldner gegenüber, die rechtstechnisch unterschiedlich leistungsfähig sind – einer befindet sich bereits im Insolvenzverfahren, einer nicht. Im vorinsolvenzlichen Restrukturierungsverfahren stehen dem Gläubiger zwar auch zwei Schuldner gegenüber – diese sind indes hinsichtlich ihrer wirtschaftlichen Leistungsfähigkeit ähnlich zu beurteilen – kein Schuldner ist zahlungsunfähig. Diese Lage ist mit derjenigen des absonderungsberechtigten Gläubigers zu vergleichen. Ihm steht ein Schuldner gegenüber, Insolvenzforderung und Absonderungsrecht richten sich gegen eine Insolvenzmasse, die zwangsläufig „gleich leistungsfähig" gegenüber beiden Ansprüchen ist. Dementsprechend zeigen sich insbesondere für die Rechte aus gruppeninternen Drittsicherheiten im Insolvenzverfahren die Vorteile der gesamtschuldnerischen Haftung. Folglich hat der Gesetzgeber für sie den Grundsatz der Doppelberücksichtigung angeordnet. Es fehlt also schon an einer planwidrigen Regelungslücke[661] der Insolvenzordnung. Der Insolvenzgläubiger ist nach alledem beispielsweise in der Gruppe der nicht nachrangigen Insolvenzgläubiger nach § 222 Absatz 1 Satz 2 Nummer 2 InsO genauso uneingeschränkt stimmberechtigt wie in der Gruppe nach § 222 Absatz 1 Satz 2 Nummer 5 InsO.[662]

---

660 BT-Drucks. 19/24181, 126.

661 Siehe zu den Voraussetzungen eines Analogieschlusses oben Seite 119 f.

662 Kübler/Prütting/Bork InsO-*Spahlinger*, § 222 Rn. 25c; a. A. Kübler/Prütting/Bork InsO-*Pleister*, § 238b Rn. 7, der offenbar übersieht, dass § 237 Absatz 1 Satz 2 InsO nicht anwendbar ist.

b. Terminologie

Die kurze und prägnante Formulierung der Norm ist grundsätzlich gelungen. Insbesondere ist es notwendig (aber auch ausreichend), den Terminus *Inhaber von Rechten* zu verwenden statt (zusätzlich) auf den Begriff des Insolvenzgläubigers abzustellen. Jeder Inhaber von Rechten aus einer gruppeninternen Drittsicherheit ist zwar gleichzeitig Insolvenzgläubiger (vgl. Wortlaut des § 217 Absatz 2 InsO) und auch in den Ziffern 2 und 3 des § 222 Absatz 1 InsO wird der Begriff des Insolvenzgläubigers verwendet. Allerdings ist das entscheidende Merkmal, welches die Bildung einer eigenen Gruppe gemäß § 222 Absatz 1 Ziffer 5 InsO rechtfertigt, dass der Insolvenzgläubiger *zusätzlich* Inhaber von Rechten aus einer gruppeninternen Drittsicherheit ist.

Zu kritisieren ist hingegen, dass der Wortlaut undifferenziert für die Inhaber *jeder* gruppeninternen Drittsicherheit eine Gruppenbildung vorsieht. Richtigerweise kann dies nur gelten, wenn auch tatsächlich ein Eingriff in die jeweilige Drittsicherheit beabsichtigt ist.[663] Dies ergibt sich nicht zuletzt aus § 223a Satz 1 InsO und der gesamten Konzeption der Regelungen zur gruppeninternen Drittsicherheit. Vorzugswürdig wäre eine entsprechende Klarstellung.

3. Zwischenergebnis

Bei der Regelung in § 222 Absatz 1 Satz 2 Nummer 5 InsO handelt es sich um eine sachgerechte Ergänzung des Katalogs von Gruppen, die wegen unterschiedlicher Rechtsstellung der Beteiligten zwingend zu bildend sind. Weil Drittsicherheiten wirtschaftlich und rechtlich anders wirken als Eigensicherheiten, ist folgerichtig auch für die Inhaber von Rechten aus gruppeninternen Drittsicherheiten eine eigene Gruppe zu bilden. Darüber hinaus kann es wegen des Gleichbehandlungsgebots des § 226 InsO notwendig sein, für die aus gruppeninternen Drittsicherheiten Berechtigten mehrere Gruppen zu bilden. Die Forderungen und Rechten des Insolvenzgläubigers in anderen Gruppen werden durch die Zuordnung in die Gruppe der Inhaber von Rechten aus gruppeninternen Drittsicherheiten nicht tangiert. Dabei gilt der Grundsatz der Doppelberücksichtigung, wodurch die Vorteile bewahrt werden, die für den Gläubiger aus einer gesamtschuldnerischen Haftung resultieren. Eine analoge Anwendung des § 237 Absatz 1 Satz 2 InsO und eine damit verbundene Ausdehnung des für den absonderungsberechtigten Insolvenzgläubiger geltenden Ausfallprinzips scheiden aus, weil schon keine planungswidrige Regelungslücke vorliegt. Darüber hinaus bestehen auch unterschiedliche

---

663 HambKomm InsO-*Thies/Lieder*, § 222 Rn. 14.

Interessenlagen, weil dem aus einer Drittsicherheit Begünstigten zwei Schuldner gegenüberstehen.

Der Wortlaut lässt auf den ersten Blick fälschlicherweise vermuten, dass für Inhaber von Rechten aus einer gruppeninternen Drittsicherheit in jedem Fall eine eigene Gruppe zu bilden ist. Abgesehen davon ist die kurze und prägnante Regelung in sprachlicher Hinsicht gelungen.

IV. Die angemessene Entschädigung – § 223a InsO

Ist im Insolvenzplan nichts anderes bestimmt, so wird das Recht eines Insolvenzgläubigers aus einer gruppeninternen Drittsicherheit (§ 217 Absatz 2) durch den Insolvenzplan nicht berührt. Wird eine Regelung getroffen, ist der Eingriff angemessen zu entschädigen. § 223 Absatz 1 Satz 2 und Absatz 2 gilt entsprechend.

1. Regelungsinhalt

Die Regelung des § 223a Satz 1 InsO enthält zunächst die Klarstellung, dass die Rechte aus gruppeninternen Drittsicherheiten von der gestaltenden Wirkung des Insolvenzplans ausgenommen bleiben, soweit im Insolvenzplan nichts anderes bestimmt ist.[664] Für Insolvenzgläubiger bleibt es insoweit bei der alten Rechtslage, als der Insolvenzplan keine abweichende Regelung zur Gestaltung ihrer Rechte aus ihrer gruppeninternen Drittsicherheit vorsieht. Sie können ihre Sicherheit gegenüber dem sicherungsgebenden Unternehmen außerhalb des Insolvenzverfahrens des Schuldners geltend machen. Diese Klarstellung soll etwaigen Unsicherheiten im Umgang mit Insolvenzgläubigern vorbeugen, deren Forderungen durch gruppeninterne Drittsicherheiten besichert sind.[665] Sie entspricht dem Regel-Ausnahme-Prinzip, das § 223 Absatz 1 Satz 1 InsO für den absonderungsberechtigten Insolvenzgläubiger anordnet.[666]

Wenn allerdings eine Regelung im Insolvenzplan getroffen und die gruppeninterne Drittsicherheit entsprechend gestaltet wird, gilt § 223a Satz 2 InsO. Danach ist ein Eingriff angemessen zu entschädigen. Aus der Bezugnahme auf § 223 Absatz 2 InsO in § 223a Satz 3 InsO folgt, dass etwaige Regelungen im Insolvenzplan klar und detailliert anzugeben sind.[667] Für die Insolvenzgläubiger muss klar sein, um welchen Bruchteil ihre Rechte aus der gruppeninternen

664 HambKomm InsO-*Thies/Lieder*, § 223a Rn. 1.

665 BT-Drucks. 19/24181, 200.

666 Kübler/Prütting/Bork InsO-*Spahlinger*, § 223a Rn. 2.

667 Kübler/Prütting/Bork InsO-*Spahlinger*, § 223a Rn. 16; vgl. auch Braun InsO-*Braun/Frank*, § 223 Rn. 1.

Drittsicherheit gekürzt werden, für welchen Zeitraum sie gestundet oder welchen sonstigen Regelungen sie unterworfen werden sollen.

Aus der Bezugnahme in § 223a Satz 3 InsO folgt zudem, dass die in § 223 Absatz 1 Satz 2 InsO genannten Sicherheiten, wie Finanzsicherheiten im Sinne von § 1 Absatz 17 KWG, also beispielsweise Barguthaben oder Wertpapiere, auch dann nicht im Insolvenzplan gestaltet werden können, wenn sie per definitionem des § 217 Absatz 2 InsO eigentlich gruppeninterne Drittsicherheiten wären. Es handelt sich dementsprechend um eine Ausnahme vom sachlichen Anwendungsbereich des § 217 Absatz 2 InsO.[668]

2. *Bewertende Untersuchung der Regelung*

Sieht der Insolvenzplan einen Eingriff in gruppeninterne Drittsicherheiten vor, so haben die betroffenen Insolvenzgläubiger einen Anspruch auf eine angemessene Entschädigung. Die gesetzliche Regelung ist insoweit eindeutig, als ein Eingriff in die gruppeninterne Drittsicherheit entschädigt werden soll. In der Gesetzesbegründung heißt es hierzu zwar, dass „*die Entschädigung für Eingriffe in Forderungen, die durch gruppenintern gestellte Drittsicherheiten besichert sind, geregelt*“[669] wäre. Demnach müsste der Eingriff in die Hauptforderung und nicht der Eingriff in die Sicherheit entschädigt werden. Das bedeutete, dass dem Insolvenzgläubiger eine Entschädigung zu leisten wäre, wenn durch den Insolvenzplan seine Insolvenzforderung gekürzt wird, solange sie nur durch eine gruppeninterne Drittsicherheit besichert ist. Zwar sinkt im Fall von akzessorischen Personalsicherheiten wie der Bürgschaft durch eine Kürzung der Insolvenzforderung gemäß § 767 Absatz 1 Satz 1 BGB auch die Verbindlichkeit des Bürgen und spiegelbildlich die Forderung des Insolvenzgläubigers aus der Sicherheit. Dieser Umstand beruht allerdings allein auf der Akzessorietät und gerade nicht auf einer Gestaltung der gruppeninternen Drittsicherheit. Unabhängig davon, ob die Insolvenzforderung durch eine akzessorische oder eine nicht akzessorische gruppeninterne Drittsicherheit gesichert ist, würde es dem Sinn und Zweck des Insolvenzplans gerade zuwiderlaufen, wenn der Insolvenzgläubiger für die Kürzung seiner Insolvenzforderung entschädigt würde. Bei der Gesetzesbegründung kann es sich demnach nur um ein Redaktionsversehen handeln, das abermals auf den hohen Zeitdruck des Gesetzgebungsverfahrens zurückzuführen sein muss.

---

668 Siehe dazu oben Seite 110 ff.

669 BT-Drucks. 19/24181, 200.

a. Die Bestimmung der angemessenen Entschädigung

Hintergrund der Regelung ist, dass der Zweck von gruppeninternen Drittsicherheiten trotz eines gestaltenden Eingriffs grundsätzlich aufrechterhalten werden soll. Damit sie den Sicherungsnehmer gerade bei Leistungsunfähigkeit des Schuldners weiterhin absichert, darf jener nicht entschädigungslos dazu gezwungen werden, auf den ihm zustehenden Wert seiner Sicherheit zu verzichten.[670] Daraus folgt zugleich auch, dass es keinen Grund für eine Entschädigungsleistung gibt, wenn der Insolvenzgläubiger durch den Eingriff in seine Rechte aus einer gruppeninternen Drittsicherheit in wirtschaftlicher Hinsicht gar nicht schlechter gestellt wird als ohne die Gestaltung. Zu denken ist beispielsweise an die Möglichkeit, dass dem Insolvenzgläubiger im Gegenzug für den Eingriff in seine Rechte aus der gruppeninternen Drittsicherheit die Steigerung der Werthaltigkeit einer anderen Sicherheit (indirekt) gleichsam ausgleichend zugutekommt. Genauso, wie bei einer vollständigen Befriedigung außerhalb des Insolvenzverfahrens,[671] erleidet der Insolvenzgläubiger auch in diesem Fall keinen Nachteil. Eine Entschädigung nach § 223a Satz 2 InsO scheidet dann aus.[672]

Wenn eine Entschädigung zu leisten ist, dann muss sie *angemessen* sein. Wann genau die geforderte Angemessenheit vorliegt und wie eine angemessene Entschädigung zu bestimmen ist, überlässt der Gesetzgeber dem Rechtsanwender und der Rechtsprechung.[673] Entscheidend ist das Ergebnis einer Einzelfallprüfung.[674]

aa. Annäherung über Schadenshöhe und Regelungen zum Minderheitenschutz

Dementsprechend kann als Ausgangspunkt auf allgemeine Grundsätze des Schadensersatzrechts zurückgegriffen werden,[675] denn auch bei der Entschädigung im Sinne des § 223a Satz 2 InsO handelt es sich letztlich um einen Schadensersatz.[676] Der Schaden des Insolvenzgläubigers besteht grundsätzlich

---

670 BeckOK InsR-*Geiwitz/Danckelmann*, § 217 Rn. 36.

671 Siehe dazu unten Seite 162 ff.

672 Kübler/Prütting/Bork InsO-*Spahlinger*, § 223a Rn. 9.

673 *Heidrich/Gabriel*, SanB 2020, 162 (165).

674 Graf-Schlicker InsO-*Kebekus/Handschumacher*, § 223a Rn. 2.

675 Braun InsO-*Braun/Frank*, § 223a Rn. 9; vgl. zur parallelen Problematik unter dem StaRUG Braun StaRUG-*Esser*, § 2 Rn. 55.

676 Vgl. Braun InsO-*Braun/Frank*, § 223a Rn. 9; siehe zur Qualifizierung als Schadensersatzanspruch beispielsweise auch im Rahmen des konzernspezifischen Sachwalterverfahrens oben Seite 94 f.

in einem entgangenen Erlös aus der Verwertung seiner Sicherheit. Ohne die Gestaltung der gruppeninternen Drittsicherheit könnte er diese verwerten, um den im Insolvenzverfahren erlittenen Forderungsausfall zu kompensieren.[677]

Unberücksichtigt bleiben die zuvor beschriebenen Konstellationen, in denen der durch den Eingriff erlittene Rechtsverlust anderweitig (indirekt) kompensiert wird und die Gestaltung gar nicht zu einer schlechteren Befriedigung der betroffenen Insolvenzgläubiger führt. In diesen Fällen fehlt es schon an einem zu entschädigenden Eingriff im Sinne der Norm.[678]

In der Praxis liegen häufig komplexere Formen der Konzernfinanzierung vor. Der Insolvenzgläubiger hat dann etwa nicht nur einen Anspruch aus einer Sicherheit, die eine Konzerngesellschaft für den Schuldner gestellt hat, sondern auch aus direkt vom Schuldner gestellten Sicherheiten; beispielsweise Pfandrechte an den Anteilen der Tochtergesellschaften werden häufig zusätzlich bestellt.[679] In derartigen Konstellationen muss berücksichtigt werden, dass der Schaden des Insolvenzgläubigers aus der Gestaltung der gruppeninternen Drittsicherheit um etwaige Beträge zu kürzen ist, die er bereits aus der Ablösung seiner anderen Sicherheiten erhalten hat. Im Rahmen der Verhandlung über die Sanierung des Schuldners kommt es nämlich nicht selten zu der Situation, dass ein neuer Investor Finanzierungsbeiträge leistet und alte Gläubiger des Schuldners beziehungsweise die vom Schuldner gestellten Sicherheiten ablöst. Die in dem Zusammenhang geleisteten Ablösebeträge sind wie auch seine Insolvenzquote bei der Bestimmung des Schadens zu berücksichtigen, um eine doppelte Befriedigung des Insolvenzgläubigers zu verhindern.[680]

Die Bestimmung des Schadens, der dem Insolvenzgläubiger aus der Gestaltung der gruppeninternen Drittsicherheit entsteht, ist allerdings lediglich der erste Schritt auf dem Weg zur Bestimmung der angemessenen Entschädigung im Sinne von § 223a Satz 2 InsO. Die Schadenshöhe begrenzt die angemessene Entschädigung gleichsam nach oben. Die Untergrenze einer angemessenen Entschädigung ergibt sich aus den allgemeinen Regelungen des Insolvenzrechts zum Minderheitenschutz. Auch bei der Beurteilung der Angemessenheit gilt

---

677 Kübler/Prütting/Bork InsO-*Spahlinger*, § 223a Rn. 6; vgl. zur parallelen Problematik unter dem StaRUG Braun StaRUG-*Esser*, § 2 Rn. 56; siehe zur entsprechenden Situation unter § 254 Absatz 2 Satz 1 InsO aF oben Seite 107 ff.

678 Siehe dazu oben Seite 148.

679 Braun StaRUG-*Esser*, § 2 Rn. 57.

680 Braun InsO-*Braun/Frank*, § 223a Rn. 11; vgl. auch HambKomm InsO-*Thies/Lieder*, § 223a Rn. 9; zur parallelen Problematik unter dem StaRUG Braun StaRUG-*Esser*, § 2 Rn. 58.

gemäß § 245 Absatz 1 Nummer 1 und § 251 Absatz 1 Nummer 2 InsO, dass der Insolvenzgläubiger nicht schlechter gestellt werden darf, als er ohne die Gestaltung der gruppeninternen Drittsicherheit im Insolvenzplan stände.[681] Es sind also entsprechende Vergleichsrechnungen anzustellen.[682] Gerade in komplexen Finanzierungs- und/oder Konzernstrukturen können diese mit großem Aufwand verbunden sein. Bezugspunkt für die Vergleichsrechnung ist dabei sowohl hinsichtlich der Werthaltigkeit als auch des Verwertungserlöses die Alternative eines Regelinsolvenzverfahrens und nicht die eines alternativen Insolvenzplans, in welchem die Rechte aus der gruppeninternen Drittsicherheit nicht gestaltet werden.[683]

bb. Berücksichtigung der Werthaltigkeit der gruppeninternen Drittsicherheit

Innerhalb des aus Schadenshöhe und Regelungen zum Minderheitenschutz gebildeten Korridors ist die Entschädigung insoweit angemessen, als sie in ihrem Umfang der Höhe entspricht, in welcher der Anspruch des betroffenen Insolvenzgläubigers aus der gruppeninternen Drittsicherheit gegen die sichernde Konzerngesellschaft werthaltig ist.[684] Ist er nicht voll werthaltig, kann eine vollumfängliche Entschädigung des Schadens auch nicht angemessen sein. Die angemessene Entschädigung entspricht wirtschaftlich demjenigen, das bei einer Befriedigung aus der Sicherheit zu erwarten wäre.[685] Diese Interpretation korrespondiert auch mit der Formulierung in § 238b InsO, wonach sich das „*Stimmrecht* [der aus einer gruppeninternen Drittsicherheit Berechtigten] *nach dem Befriedigungsbeitrag, der aus der Geltendmachung der Rechte aus der Drittsicherheit mutmaßlich zu erwarten ist*" richtet.[686] Folglich schmälern auch mit einer Verwertung verbundene Kosten die Werthaltigkeit

681 *Hain*, in: Das neue Restrukturierungsrecht, § 9 Rn. 67; Kübler/Prütting/Bork InsO-*Spahlinger,* § 223a Rn. 6; vgl. zum StaRUG: *Thole*, ZIP 2020, 1985 (1988).

682 Vgl. BGH, Beschluss vom 24.03.2011, IX ZB 80/11, NZI 2011, 410 (411); *Skauradszun*, ZIP 2021, 1091 (1091 f.); Braun InsO-*Braun/Frank,* § 245 Rn. 3; Uhlenbruck InsO-*Sinz,* § 251 Rn. 26; Uhlenbruck InsO-*Lüer/Streit,* § 245 Rn. 7 und § 251 Rn. 25.

683 Kübler/Prütting/Bork InsO-*Spahlinger,* § 223a Rnn. 7 f.; HambKomm InsO-*Thies/Lieder,* § 223a Rn. 8.

684 Kübler/Prütting/Bork InsO-*Spahlinger,* § 223a Rn. 5; Kübler/Prütting/Bork InsO-*Pleister,* § 238b Rn. 8; vgl. auch BT-Drucks. 19/24181, 199; eindeutiger zur Parallelregelung in § 2 Absatz 4 StaRUG BT-Drucks. 19/24181, 113; Braun StaRUG-*Esser,* § 2 Rn. 59.

685 Für eine Klarstellung im Gesetzestext: *Thole,* Stellungnahme als Sachverständiger, 5.

686 Siehe unten unter Seite 172 ff.

und sind bei der Bestimmung der angemessenen Entschädigung in Abzug zu bringen.[687] Grundsätzlich kommt es bei der Bestimmung der Werthaltigkeit der gruppeninternen Drittsicherheit auf den Zeitpunkt an, in welchem der Insolvenzplan seine Rechtskraftwirkungen entfaltet.[688]

cc. Berücksichtigung der Valutierung der besicherten Verbindlichkeit

Neben der Werthaltigkeit muss bei der Bestimmung der angemessenen Entschädigung auch die Valutierung der besicherten Verbindlichkeit einbezogen werden.[689] Nur soweit die besicherte Verbindlichkeit noch besteht, besteht für den Insolvenzgläubiger überhaupt ein Sicherungsinteresse und ein entsprechender Anspruch aus der Sicherheit.[690] Bei akzessorischen Sicherheiten wie Bürgschaft oder Pfandrecht ergibt sich dies gerade aus der Akzessorietät der Sicherheit zur zugrundeliegenden Hauptforderung. Bei nicht-akzessorische Sicherheiten wie der Sicherungsübereignung[691] oder der Grundschuld[692] kommt es zwar nicht zu einem automatischen Erlöschen der Sicherheit. Ein schuldrechtlicher (Teil-) Rückgewähranspruch ist indes allgemein anerkannt.[693] Er folgt aus dem Treuhandcharakter der Sicherungsabrede. Diese begründet zwischen den Vertragsparteien kraft ihrer Rechtsnatur auch ohne eine ausdrückliche Vereinbarung ein Treuhandverhältnis, weil der Grundschuldgläubiger als Sicherungsnehmer im Außenverhältnis mehr Rechtsmacht erhält als er im Innenverhältnis ausüben darf.[694] Denn gegenüber dem Sicherungsgeber

---

687 Kübler/Prütting/Bork InsO-*Spahlinger,* § 223a Rn. 10.

688 HambKomm InsO-*Thies/Lieder,* § 223a Rn. 10.

689 Braun InsO-*Braun/Frank,* § 223a Rn. 12; vgl. zur parallelen Problematik unter dem StaRUG Braun StaRUG-*Esser,* § 2 Rn. 59.

690 Vgl. zu revolvierenden Globalsicherungen: BGH, Beschluss vom 27.11.1997, GSZ 1 und 2/97, NJW 1998, 671 (671 ff.); zur Grundschuld: BGH, Urteil vom 19.04.2018, IX ZR 230/15, NJW 2018, 2049 (2055).

691 BGH, Beschluss vom 27.11. 1997, GSZ 1 u. 2/97, NJW 1998, 671 (673) zur revolvierenden Globalzession.

692 BGH, Urteil vom 19.04.2018, IX ZR 230/15, NJW 2018, 2049 (2055).

693 BGH, Urteil vom 25.03.1986, IX ZR 104/85, ZIP 1986, 900 (902); BGH, Urteil vom 24.03.2016, IX ZR 259/13, ZIP 2016, 828 (828); Staudinger BGB-*Wolfsteiner,* Vorbemerkungen zu § 1191 ff. Rn. 161; *Zuleger,* in: Praxis der Insolvenz, § 26 Rn. 96; Braun InsO-*Bäuerle,* § 51 Rn. 12; MüKoInsO-*Ganter/Bruns,* Vorbemerkungen vor §§ 49 bis 52 Rn. 87; Uhlenbruck InsO-*Brinkmann,* § 51 Rn. 13.

694 BGH, Urteil vom 06.07.2018, V ZR 115/17, MDR 2018, 1463 (1464); BGH, Urteil vom 08.12.1988, III ZR 107/87, MDR 1989, 430 (430 f.); Erman BGB-*Wenzel,* § 1191 Rn. 5; MüKoBGB-*Lieder,* § 1191 Rn. 19.

ist er anders als im Außenverhältnis auf den vertraglichen Sicherungszweck beschränkt.[695] Die angemessene Entschädigung kann dementsprechend niemals höher sein als die Valutierung der besicherten Verbindlichkeiten.

dd. Werthaltigkeit bei Realsicherheiten

Besteht das Sicherungsrecht in Form einer Realsicherheit an einem Gegenstand, also beispielsweise an einem Grundstück, kann der Wert zumindest relativ exakt durch ein Wertgutachten bestimmt bzw. überprüft werden. Insgesamt müssen dabei alle realistischen Verwertungsalternativen einbezogen werden.[696] Allerdings müssen auch eventuell bestehende vorrangige Sicherungsrechte berücksichtigt und gegebenenfalls in Abzug gebracht werden.[697] Bei beweglichen Sachen ist die Bestimmung bereits etwas schwieriger. Hier kommen auch Verbrauch oder Abnutzung als wertmindernde Faktoren in Betracht.[698] Besteht die Sicherheit aus einem Pfandrecht an Gesellschaftsanteilen, ist dann sogar eine Unternehmensbewertung der betroffenen Gesellschaft notwendig, um die Werthaltigkeit der Sicherheit zu bestimmen.[699] Eine Bestimmung auf Grundlage des Buchwerts dürfte den wahren Wert der Gesellschaft nämlich oft nicht widerspiegeln.[700] Dabei ist grundsätzlich kaum vorstellbar, dass zwei Gutachter bei einer Unternehmensbewertung zu einem gleichlautenden Ergebnis kommen werden. Bereits die Einigung auf eine betriebswirtschaftliche Bewertungsmethode ist in der Praxis oftmals sehr problematisch. In einem Gerichtsverfahren bliebe eine Entscheidung darüber, welche Methode im konkreten Fall geeignet und sachgerecht ist, dem Tatrichter vorbehalten.[701] Hieran zeigt sich deutlich, dass langwierige Diskussionen zu erwarten sind, bis die Werthaltigkeit der gruppeninternen Drittsicherheit so bestimmt ist, dass sie von allen Beteiligten auch akzeptiert wird. Gelingt keine Einigung, bleibt nur der Verzicht auf die Gestaltung – oder eine (zusätzliche) gerichtliche

---

695 BGH, Urteil vom 24.06.2003, IX ZR 75/01, NJW 2003, 3414 (3416); MüKoBGB-*Lieder,* § 1191 Rn. 17; Erman BGB-*Wenzel,* § 1191 Rn. 66.

696 Vgl. zur parallelen Problematik unter dem StaRUG Braun StaRUG-*Esser,* § 2 Rn. 59.

697 Vgl. zur parallelen Problematik unter dem StaRUG Braun StaRUG-*Esser,* § 2 Rn. 59.

698 Vgl. zur parallelen Problematik unter dem StaRUG BeckOK StaRUG-*Skauradszun,* § 2 Rn. 103.

699 Vgl. *Westpfahl/Dittmar,* NZI-Beilage 2021, 46 (47).

700 Vgl. *Westpfahl/Dittmar,* NZI-Beilage 2021, 46 (47).

701 BGH, Urteil vom 13.03.2006, II ZR 295/04, DStR 2006, 1005 (1006); BGH, Beschluss vom 29.09.2015, II ZB 23/14, NJW-RR 2016, 231 (233).

Auseinandersetzung, die den Sanierungsprozess im besten Fall lediglich verzögert.

ee. Werthaltigkeit bei Personalsicherheiten

Auch bei Personalsicherheiten wie Bürgschaften oder Mitverpflichtungen ist die Bestimmung der Werthaltigkeit oft schwierig.[702] Hier muss sich die Bewertung an der wirtschaftlichen Leistungsfähigkeit der sicherungsgebenden Konzerngesellschaft orientieren.[703] Diese zu bestimmen, ist mitunter ein sehr komplexer Vorgang, weil hierzu die rechtlichen und wirtschaftlichen Verhältnisse diverser Konzerngesellschaften und ihrer jeweiligen Schuldner- und Gläubigerstruktur berücksichtigt werden müssen. Diese haben nämlich indirekt ggf. maßgeblichen Einfluss auf die Leistungsfähigkeit der sicherungsgebenden Konzerngesellschaft.[704] Entscheidend ist dabei letztlich das freie Vermögen, welches für die Erfüllung der Verpflichtungen zur Verfügung steht.[705] Der Verkehrswert der Sicherheit kann dabei vom Nominalwert negativ abweichen, wenn der Sicherungsgeber selbst nicht mehr zahlungsfähig ist oder ihm die Zahlungsfähigkeit droht.[706]

ff. Auswirkungen von rechtlichen Gestaltungen auf die Werthaltigkeit, insbesondere Limitation Languages

Neben den beschriebenen wirtschaftlichen können auch rechtliche Gründe vorliegen, die einen vollumfänglichen Zugriff auf die gruppeninterne Drittsicherheit durch den Insolvenzgläubiger verhindern und entsprechend die Werthaltigkeit mindern. Zu denken ist insbesondere an Regelungen im Zusammenhang mit kapitalerhaltungsrechtlichen Bindungen des Vermögens der drittsichernden Gesellschaft.[707] Bestellt eine Tochtergesellschaft Sicherheiten zugunsten des Kreditgebers der Konzernobergesellschaft, handelt

702 Kübler/Prütting/Bork InsO-*Spahlinger*, § 223a Rn. 11.

703 BeckOK InsR-*Geiwitz/Danckelmann*, § 223a Rn. 2; vgl. OLG Hamm, Urteil vom 23.11.2009, 31 U 323/06, juris, Rn. 76.

704 Siehe dazu oben Seite 56 f.

705 Braun InsO-*Braun/Frank*, § 223a Rn. 12; *Ganter*, in: Bankrechts-Handbuch, § 90 Rn. 54a; *Hauser/Warns*, Grundlagen der Finanzierung, 145.

706 *Hoegen/Kranz*, NZI 2021, 105 (107 f.); Kübler/Prütting/Bork InsO-*Spahlinger*, § 223a Rn. 11; vgl. zur parallelen Problematik unter dem StaRUG BeckOK StaRUG-*Skauradszun*, § 2 Rn. 103.

707 Kübler/Prütting/Bork InsO-*Spahlinger*, § 223a Rn. 5; *Hoegen/Kranz*, NZI 2021, 105 (107 f.); vgl. BT-Drucks. 19/24181, 113, allerdings zu § 2 Absatz 4 StaRUG.

es sich dabei um Leistungen aus dem Vermögen der Tochtergesellschaft an ihren Gesellschafter.[708] Entsprechendes gilt (indirekt) auch für Sidestream-Sicherheiten.[709] Diese Leistungen können außerhalb von Vertragskonzernen[710] als verbotene Auszahlung nach § 30 Absatz 1 Satz 1 GmbHG bzw. als verbotene Einlagenrückgewähr nach § 57 Absatz 1 Satz 1 AktG anzusehen sein.[711] Zwar kann der Insolvenzgläubiger seinen Anspruch aus der gruppeninternen Drittsicherheit im Insolvenzverfahren der sichernden Tochtergesellschaft gemäß § 43 InsO unabhängig von den Kapitalerhaltungsregelungen in voller Höhe als Tabellenforderung geltend machen. Ein etwaiger Verstoß gegen Kapitalerhaltungsvorschriften verhindert nämlich nicht, dass die Sicherheit verwertet werden darf.[712] Allerdings können sogenannte „Limitation Languages" ein (teilweises) Verwertungshindernis enthalten. Dabei handelt es sich um verbreitete Regelungen in Kreditverträgen[713], welche der sicherungsgebenden Konzerngesellschaft eine Einrede gegen die Inanspruchnahme aus der Sicherheit ermöglichen sollen, soweit ihr geschütztes Stamm- bzw. Eigenkapital durch die Erfüllung des Anspruchs aus der Sicherheit angegriffen würde.[714] Die Werthaltigkeit der Sicherheit ist für den Sicherungsnehmer insoweit reduziert. Hintergrund der Vereinbarung derartiger Limitation Languages ist der Schutz der Geschäftsleitung abhängiger Konzerngesellschaften vor persönlicher Haftung wegen Verletzungen der Kapitalerhaltungsvorschriften.[715] Nach neuerer höchstrichterlicher Rechtsprechung ist zumindest bei dinglichen Sicherheiten bereits auf den Zeitpunkt der *Bestellung* der Sicherheit abzustellen, wenn eine mögliche Verletzung der Kapitalerhaltungspflicht beurteilt

---

708 *Pleister*, ZIP 2015, 1097 (1098).

709 *Cranshaw/Portisch*, ZInsO 2020, 2617 (2623); *Kiefner/Bochum*, NZG 2017, 1292 (1292).

710 Wegen der Regelung in § 30 Absatz 1 Satz 2 Alt. 1 GmbHG bzw. § 57 Absatz 1 Satz 3 Alt. 1 AktG.

711 *Cranshaw/Portisch*, ZInsO 2020, 2617 (2623); *Pleister*, ZIP 2015, 1097 (1098).

712 BGH, Urteil vom 19.03.1998, IX ZR 22/97, ZIP 1998, 793 (795); *Bormann*, GmbHR 2017, 643 (647); *Pleister*, ZIP 2015, 1097 (1100).

713 *Cranshaw/Portisch*, ZInsO 2020, 2617 (2623).

714 *Heerma/Bergmann*, ZIP 2017, 803 (803).

715 So OLG Frankfurt a.M., Urteil vom 8.11.2013, 24 U 80/13, NZI 2014, 363 (365); *Pleister*, ZIP 2015, 1097 (1101); *Heerma/Bergmann*, ZIP 2017, 803 (804); *Cranshaw/Portisch*, ZInsO 2020, 2617 (2622 f.); a. A. *Bormann*, GmbHR 2017, 643 (647), der bei Fehlen einer ausdrücklichen Regelung auf den allgemeinen Kapitalerhalt als Zweck abstellt.

werden soll.[716] Demnach ist es zukünftig zwar ausgeschlossen, dass es durch die (spätere) *Verwertung* einer dinglichen Sicherheit zu einer Verletzung von Kapitalerhaltungsvorschriften kommt. Hieraus aber den Schluss zu ziehen, Limitation Languages wären zukünftig überflüssig, ist verfehlt.[717] Zum einen ist der Beurteilungszeitpunkt bei Personalsicherheiten noch nicht höchstrichterlich geklärt. Es ist wegen des Unterschieds von dinglicher Verfügung und (lediglich) schuldrechtlicher Verpflichtung durchaus denkbar, dass insoweit auf den Zeitpunkt der Inanspruchnahme der Sicherheit abzustellen sein wird.[718] Zum anderen bleiben Limitation Languages auch bei dinglichen Sicherheiten sinnvoll. Es ist nämlich schon grundsätzlich fraglich, ob die Geschäftsleitung einer abhängigen Konzerngesellschaft im Zeitpunkt der Bestellung der Sicherheit hinreichend verlässlich die Finanzen der Konzernobergesellschaft prüfen kann. Dazu ist sie allerdings verpflichtet, damit die von ihr vertretene Tochtergesellschaft im Gegenzug für die Bestellung der Sicherheit einen vollwertigen Rückgewähranspruch gegen die Konzernobergesellschaft erhält. Wenn die Rückzahlung des der Sicherheit zugrundeliegenden Darlehens nicht ausreichend sicher ist und die Gewährung der Sicherheit nicht aus freiem Vermögen erfolgen kann, liegt nämlich schon im Zeitpunkt der Bestellung ein Verstoß gegen die Kapitalerhaltungsvorschriften vor.[719] Als ausreichend sicher gilt die Rückzahlung, wenn nach vernünftiger kaufmännischer Beurteil das Ausfallrisiko nicht über das allgemeine Kreditrisiko hinausgeht.[720] Um die Geschäftsleitung abhängiger Konzerngesellschaften vor einer entsprechenden Haftung zu schützen, besteht demnach auch bei der Bestellung dinglicher Sicherheiten weiterhin ein Bedürfnis nach Limitation Languages.[721] Insgesamt wird es vom konkreten Einzelfall und dem Wortlaut der Limitation Language abhängen, ob und inwieweit sie einen Schutz gegen die Inanspruchnahme aus der gruppeninternen Drittsicherheit bietet. Soweit dies der Fall ist, ist die Werthaltigkeit der Sicherheit jedenfalls gemindert und die angemessene

716 Zu § 30 GmbHG: BGH, Urteil vom 21.03.2017, II ZR 93/16, NZG 2017, 658 (659); zu § 57 AktG: BGH, Urteil vom 10.01.2017, II ZR 94/15, NZG 2017, 344 (345).

717 A. A. *Bormann*, GmbHR 2017, 643 (647), allerdings schon von anderem Zweck der Limitation Languages ausgehend, vgl. Fn. 715.

718 *Becker*, ZIP 2017, 1599 (1606); a. A. *Cranshaw/Portisch*, ZInsO 2020, 2617 (2623); *Kiefner/Bochum*, NZG 2017, 1292 (1296 f.).

719 BGH, Urteil vom 21.03.2017, II ZR 93/16, NZG 2017, 658 (659).

720 *Felke*, in: Haftung und Insolvenz im GmbH-Recht, Rn. 85; vgl. auch BGH, Urteil vom 01.12.2008, II ZR 102/07, NJW 2009, 850 (852).

721 *Becker*, ZIP 2017, 1599 (1608); *Kiefner/Bochum*, NZG 2017, 1292 (1303).

Entschädigung des Sicherungsnehmers entsprechend zu reduzieren.[722] Auch unter diesem Aspekt sind intensive Auseinandersetzungen zu erwarten.

gg. Hinzuziehung von Sachverständigen

Der Gesetzgeber räumt dem Insolvenzrichter keine explizite Möglichkeit ein, die Bewertung der Werthaltigkeit einem Sachverständigen zu übertragen. Demgegenüber ist dies im StaRUG ausdrücklich vorgesehen. Gemäß § 73 Absatz 3 Nummer 2 StaRUG kann ein Restrukturierungsbeauftragter bestellt werden, der die Angemessenheit der Entschädigungsleistung prüft. Er prüft dabei *„als Sachverständiger"*, muss folglich über die notwendige Expertise verfügen bzw. dazu befugt sein, sich entsprechender Fachkenntnisse zu bedienen. Hieraus kann allerdings weder der Schluss gezogen werden, dass der Gesetzgeber den Beteiligten im Insolvenzverfahren eine größere Expertise zutraut als denjenigen im Stabilisierungs- und Restrukturierungsrahmen, noch ist die Beauftragung von Sachverständigen deshalb ausgeschlossen.[723] Vielmehr hat das Insolvenzgericht grundsätzlich in jedem Verfahrensstadium die Möglichkeit, einen Sachverständigen zu bestellen.[724] Dies ergibt sich aus § 5 Absatz 1 Satz 2 InsO und ist darauf zurückzuführen, dass auch der Amtsermittlungsgrundsatz für das gesamte gerichtliche Verfahren gilt.[725] Voraussetzung ist allerdings, dass die Sachkenntnis des Insolvenzgerichts nicht ausreichend ist und die Beauftragung einzelfallbezogen erfolgt.[726] Außerdem kann bereits der Insolvenzverwalter bei mangelnder Sachkenntnis einen Sachverständigen beauftragen.[727]

Insgesamt ist zu beachten, dass die Ermittlung der Werthaltigkeit beispielsweise durch Sachverständigengutachten aufwendig und entsprechend kostspielig sein kann.[728] Zudem ist zu erwarten, dass die Frage der Angemessenheit

---

722 Braun InsO-*Braun/Frank*, § 223a Rn. 13.

723 In diese Richtung indes *Frind*, NZI 2020, 865 (868). und diesen zitierend Kübler/Prütting/Bork InsO-*Spahlinger*, § 223a Rn. 13.

724 Uhlenbruck InsO-*Pape*, § 5 Rn. 14; Andres/Leithaus InsO-*Andres*, § 5 Rn. 15; MüKoInsO-*Riedel*, § 66 Rn. 29; zur Prüfung der Schlussrechnung OLG Stuttgart, Beschluss vom 15.10.2009, 8 W 265/09, ZIP 2010, 491 (491 f.).

725 Uhlenbruck InsO-*Pape*, § 5 Rn. 14; MüKoInsO-*Ganter/Bruns*, § 5 Rn. 12.

726 *Weitzmann*, ZInsO 2007, 449 (455); *Madaus*, NZI 2012, 119 (124); *Graeber/Graeber*, NZI 2014, 298 (302).

727 *Wiester/Wilk*, NZI 2007, 12 (13).

728 Vgl. Kübler/Prütting/Bork InsO-*Spahlinger*, § 223a Rn. 2; vgl. zum StaRUG *Cranshaw/Portisch*, ZInsO 2020, 2617 (2623).

zum Gegenstand von gerichtlichen Verfahren gemacht werden wird.[729] In der Praxis muss sich daher der Schuldner darum bemühen, die Angemessenheit der Entschädigung im Vorfeld der Planabstimmung nachvollziehbar darzulegen.[730] Sie ist nämlich entscheidender Bestandteil des Planinhalts, von dem die Insolvenzgläubiger ihre Zustimmung oder Ablehnung abhängig machen werden. Zwar trägt in einem etwaigen Gerichtsprozess über die Angemessenheit der vorgesehenen Entschädigung der Insolvenzgläubiger die Darlegungs- und Beweislast (vgl. Wortlaut des § 251 Absatz 3 Satz 2 InsO).[731] Ein solcher wäre gemäß § 251 Absatz 3 und § 253 Absatz 2 Nummer 3 InsO außerhalb des Planverfahrens zu führen. Allerdings ist aus wirtschaftlichen Erwägungen ein zeit- und kostenintensiver Gutachterprozess nur selten förderlich.[732]

b. Art der Entschädigungsleistung

Es wird weder im Gesetzestext noch in der Gesetzesbegründung näher bestimmt, auf welche Art die Entschädigung zu leisten ist.[733] Die Entschädigungsleistung sollte allerdings in der Regel als Geldleistung erfolgen.[734] Ohne die Gestaltung im Insolvenzplan könnte der Gläubiger die Drittsicherheit verwerten und so seinen im Insolvenzverfahren erlittenen Forderungsausfall ausgleichen.[735] Es sind aber auch andere Kompensationsarten denkbar.[736] Beispielsweise könnten die Ansprüche aus der gruppeninternen Drittsicherheit gestundet und im Gegenzug attraktiv verzinst werden.[737] Theoretisch ist zwar auch die Stellung einer anderen Drittsicherheit, beispielsweise durch eine weitere

---

729 *Heidrich/Gabriel*, SanB 2020, 164 (165).

730 Vgl. HambKomm InsO-*Thies/Lieder*, § 223a Rn. 2 zur parallelen Problematik unter dem StaRUG Braun StaRUG-*Esser*, § 2 Rn. 53.

731 Vgl. zur parallelen Situation unter dem StaRUG *Müller*, ZIP 2020, 2253 (2256); BeckOK StaRUG-*Skauradszun*, § 2 Rn. 107.

732 Siehe zur entsprechenden Verringerung der Insolvenzmasse durch Verfahrenskosten oben Seite 50.

733 Kübler/Prütting/Bork InsO-*Spahlinger*, § 223a Rn. 12; HambKomm InsO-*Thies/Lieder*, § 223a Rn. 6.

734 HambKomm InsO-*Thies/Lieder*, § 223a Rn. 6; vgl. Braun InsO-*Braun/Frank*, § 223a Rn. 16.

735 Kübler/Prütting/Bork InsO-*Spahlinger*, § 223a Rn. 6; vgl. zur parallelen Problematik unter dem StaRUG Braun StaRUG-*Esser*, § 2 Rn. 56; siehe zur entsprechenden Situation unter § 254 Absatz 2 Satz 1 InsO aF oben Seite 107 ff.

736 Kübler/Prütting/Bork InsO-*Spahlinger*, § 223a Rn. 12; HambKomm InsO-*Thies/Lieder*, § 223a Rn. 6.

737 Vgl. HambKomm InsO-*Thies/Lieder*, § 223a Rn. 6.

Konzerngesellschaft, als Entschädigungsleistung möglich.[738] Hier besteht allerdings nicht nur die Herausforderung, dass die entsprechende Werthaltigkeit der neuen Drittsicherheit eindeutig nachgewiesen werden muss, sondern der neue Drittsicherungsgeber müsste auch eine Erklärung im Sinne von § 230 Absatz 3 InsO abgeben.[739] Denn er ist im Gegensatz zum ursprünglichen Drittsicherungsgeber der gruppeninternen Drittsicherheit kein Planbeteiligter.[740] Es erscheint daher sinnvoller, eine derartige Ablösung bilateral außerhalb des Planverfahrens vorzunehmen. Durch eine solche separat getroffene Vereinbarung könnten auch weitere Auseinandersetzungen über die Werthaltigkeit der neuen Drittsicherheit vermieden werden.

c. Schuldner der angemessenen Entschädigung

Aus wessen Vermögen die Entschädigung an den Insolvenzgläubiger zu leisten ist, wird gesetzlich ebenfalls nicht geregelt. Soweit sich kein außerhalb des Insolvenzverfahrens stehender Dritter zur Leistung der Entschädigung verpflichtet[741] (vgl. § 230 Absatz 3 InsO), kommen grundsätzlich das Vermögen des Schuldners und des Drittsicherungsgebers infrage. Dogmatisch stringent muss die Entschädigung aus dem Vermögen des Schuldners geleistet werden.[742] Denn es ist das Vermögen des Schuldners, welches die Insolvenzmasse bildet, über die im Insolvenzplan Regelungen getroffen werden. Die Einbeziehung der gruppeninternen Drittsicherheit in den Insolvenzplan stellt dabei eine Ausnahme dar. Folglich sind die mit dieser Ausnahme verbundenen Rechtsfolgen explizit zu regeln, soweit sie von der Regel abweichen sollen. Neben diesem formalen Argument ist es in materieller Hinsicht das Vermögen des Schuldners, gegenüber dem die zugrunde liegende Forderung besteht. Der Drittsicherungsgeber hat gegenüber dem Schuldner einen zivilrechtlichen Ausgleichsanspruch.[743] Zu dieser Problemstellung regelt das Gesetz allerdings

738 HambKomm InsO-*Thies/Lieder*, § 223a Rn. 4; Braun InsO-*Braun/Frank*, § 223a Rn. 16; a. A. offenbar Kübler/Prütting/Bork InsO-*Spahlinger*, § 217 Rn. 50i, der zumindest die Zustimmung des Sicherungsnehmers grundsätzlich voraussetzt.

739 HambKomm InsO-*Thies/Lieder*, § 223a Rn. 4.

740 Siehe dazu unten Seite 181 f.

741 Vgl. HambKomm InsO-*Thies/Lieder*, § 223a Rn. 6.

742 Vgl. ausdrücklich, allerdings nur zu § 2 Absatz 4 StaRUG BT-Drucks. 19/24181, 113; so auch Braun InsO-*Braun/Frank*, § 223a Rn. 9; *Hoegen/Kranz*, NZI 2021, 105 (108); *Morgen/Arends u.a.*, ZRI 2021, 305 (310); *Harig*, in: Das neue Restrukturierungsrecht, § 19 Rn. 45; offen lassend Kübler/Prütting/Bork InsO-*Spahlinger*, § 223a Rn. 12; HambKomm InsO-*Thies/Lieder*, § 223a Rn. 5.

743 Siehe dazu oben Seite 107 ff.

lediglich, dass die Gestaltung für den Insolvenzgläubiger abweichende Folgen hat. Er verliert seinen Zugriff auf die Sicherheit, soweit er angemessen entschädigt wird (vgl. § 223a Satz 2 und § 254 Absatz 2 Satz 1 InsO). Auf das Vermögen der drittsichernden Konzerngesellschaft hat der Umstand der Gestaltung als solche zunächst keine Auswirkungen. Etwas anderes kann nur gelten, wenn dies explizit im Plan vorgesehen ist (vgl. § 254 Absatz 1 InsO). Diese Deutung korrespondiert damit, dass der Schuldner gegenüber dem Sicherungsgeber in dem Maße von seiner Ausgleichspflicht befreit wird, wie der Insolvenzgläubiger seinen Anspruch gegenüber dem Sicherungsgeber verliert.[744] Sollte die Insolvenzmasse des Schuldners nicht für die (vollständige) Zahlung einer angemessenen Entschädigung ausreichen, wird folglich auch der Sicherungsgeber seinen Anteil leisten müssen. Dies ist entsprechend im Insolvenzplan zu bestimmen. Ansonsten scheiterte die Annahme des gesamten Insolvenzplans, was wiederum zur vollständigen Haftung des Sicherungsgebers führen würde. Dieser könnte sich dann beim Schuldner ohnehin nur im Rahmen dessen begrenzter Leistungsfähigkeit schadlos halten. Die Beteiligung an der Entschädigungszahlung dürfte gegenüber der Gefahr eines den gesamten Konzern ergreifenden Domino-Effekts das kleinere Übel darstellen.[745] Außerdem ist zu bedenken, dass der Sicherungsgeber durch die Gestaltung der gruppeninternen Drittsicherheit von seiner Verpflichtung aus der Sicherheit befreit wird, während die im Gegenzug an den Insolvenzgläubiger zu leistende Entschädigungszahlung zumindest grundsätzlich nicht aus seinem, sondern aus dem Vermögen des Schuldners erfolgt. Soweit der Sicherungsgeber von solchen unerwarteten wirtschaftlichen Vorteilen in Form sogenannter Zufallsgewinne (auch „Windfall-Profit“) profitiert und die Insolvenzmasse des Schuldners nicht für die vollständige Zahlung einer angemessenen Entschädigung ausreicht, sollte er daher an der Entschädigungsleistung beteiligt werden.[746]

Diskutabel ist letztlich auch der Standort der Ausnahme vom Anwendungsbereich der gruppeninternen Drittsicherheit in § 223a Satz 3 InsO. Vorzugswürdig wäre eine Bezugnahme auf die Ausnahmetatbestände

744 Siehe zum Mechanismus bei Akzessorietät bzw. Rückgewähranspruch oben Seite 151.

745 Siehe zu den Folgen des Domino-Effekts oben Seite 61 ff.

746 Eine grundsätzliche Beteiligung aus Gründen der Verteilungsgerechtigkeit in Betracht ziehend *Hoegen/Kranz*, NZI 2021, 105 (108); explizit für eine Beteiligung, soweit Windfall-Profit vorliegt *Morgen/Arends u.a.*, ZRI 2021, 305 (310).

im Rahmen der Legaldefinition der gruppeninternen Drittsicherheit in § 217 Absatz 2 InsO gewesen.[747]

d. *Terminologie*

Es fällt auf, dass der Gesetzgeber die zu leistende Entschädigung in § 223a Satz 2 InsO an den Begriff des *Eingriffs* knüpft und nicht – wie in der Ausgangsnorm des § 217 Absatz 2 InsO – an die *Gestaltung* der Sicherheit.

Dies kann nicht darauf zurückzuführen sein, dass eine Entschädigung nur in den Fällen zu leisten wäre, in denen der Insolvenzgläubiger im Insolvenzplanverfahren gegen die Gestaltung der ihn sichernden gruppeninternen Drittsicherheit gestimmt hat. Der Begriff des Eingriffs soll also nicht verdeutlichen, dass die Gestaltung gegen den ausdrücklichen Willen des Insolvenzgläubigers durchgeführt werden muss, um zu einer Entschädigung führen zu können. Auch Insolvenzgläubiger, die der Gestaltung ihrer Sicherheit zustimmen, müssen entschädigt werden – soweit sie wirtschaftlich schlechter gestellt werden. Möglicherweise wollte der Gesetzgeber mit der abweichenden Formulierung genau diesen Aspekt betonen. Es soll gerade nicht jede wirtschaftliche Auswirkung der Gestaltung der gruppeninternen Drittsicherheit ausgeglichen werden, sondern auf den konkreten Schaden des jeweiligen Insolvenzgläubigers abgestellt werden, den dieser in Form eines sehr individuell wirkenden Eingriffs erleidet. Allerdings beinhaltet jede Gestaltung per definitionem immer auch gleichzeitig einen Eingriff in die gestaltete Rechtsposition.[748] Dementsprechend verwendet der Gesetzgeber auch den bestimmten Artikel, es muss *der* Eingriff entschädigt werden, nämlich der aus der im ersten Satzteil genannten Regelung (Gestaltung) folgende. Der Eingriff muss indes nicht immer zu einer wirtschaftlichen Schlechterstellung bzw. einer schlechteren Befriedigung der betroffenen Insolvenzgläubiger führen.[749] Vorzugswürdiger wäre folglich auch an dieser Stelle eine klarere Formulierung gewesen. Insoweit hätte sich eine Orientierung an der gelungenen Formulierung des § 245 Absatz 2a InsO angeboten, die von einem zu erleidenden Rechtsverlust spricht.[750] Wesentlicher als die Differenzierung zwischen *Eingriff in* und *Gestaltung der* gruppeninternen Drittsicherheit ist nämlich die Unterscheidung vom Eingriff einerseits und dem (daraus resultierenden)

---

747 Siehe dazu im Rahmen des § 217 Absatz 2 InsO oben Seite 115.

748 Siehe zum Begriff der Gestaltung und Gestaltungsmöglichkeiten oben Seite 129 f.

749 Kübler/Prütting/Bork InsO-*Spahlinger*, § 223a Rn. 9.

750 Näher dazu unten Seite 178 f.

Rechtsverlust andererseits. Nur soweit der Rechtsverlust nicht anderweitig kompensiert wird und die Gestaltung letztlich zu einer Schlechterstellung des Insolvenzgläubigers führt, muss eine Entschädigung geleistet werden.

Das im Singular formulierte *Recht* ist als kollektiver Singular zu verstehen, wonach auch mehrere Rechte als vom Wortlaut umfasst gelten.[751]

3. *Zwischenergebnis*

Grundsätzlich soll der Insolvenzgläubiger für den aus dem Eingriff in seinen Anspruch aus einer gruppeninternen Drittsicherheit erlittenen Rechtsverlust angemessen entschädigt werden. Dies stellt eine wirksame Regelung dar, um dem Schlechterstellungsverbot gerecht zu werden und den Insolvenzgläubiger vor einer Übervorteilung zu schützen. Zwar ist zu erwarten, dass über die Frage der Angemessenheit nicht selten Diskussionen entstehen werden. Insgesamt ist es allerdings akzeptabel, dem Rechtsanwender mit dem unbestimmten Rechtsbegriff der Angemessenheit einen weiten Spielraum zu geben, um den konkreten Einzelfall sachgerecht behandeln zu können. Dabei müssen auch nicht vollkommen neue Mechanismen entwickelt werden, weil auf die allgemeinen Grundsätze des zivilrechtlichen Schadensrechts sowie des insolvenzrechtlichen Minderheitenschutzes zurückgegriffen werden kann. Damit lassen sich zumindest Ober- und Untergrenze des Entschädigungsanspruches eindeutig bestimmen. Dementsprechend ist nicht zu erwarten, dass den Insolvenzgläubigern ihre Sicherheiten ohne wirtschaftlich angemessenen Ausgleich genommen werden könnten.[752] Hinsichtlich der konkreten Entschädigungshöhe wird es für den Sanierungserfolg zumeist darauf ankommen, dass die Beteiligten eine Einigung erzielen. Andernfalls droht eine Verzögerung durch die Einholung von Gutachten, die das Verfahren sprengen kann.[753] Darüber hinaus besteht die Hoffnung, dass sich alsbald einheitliche Auslegungsregelungen entwickeln werden, die es allen Beteiligten ermöglichen, den Umfang der angemessenen Entschädigung hinreichend konkret und mit überschaubarem zeitlichen und finanziellen Aufwand abschätzen zu können.

Darüber hinaus ist auch die Formulierung des § 223a Satz 2 InsO verbesserungswürdig. Durch eine Orientierung an der gelungenen Formulierung des § 245 Absatz 2a InsO hätte besser zum Ausdruck gebracht werden sollen, wofür genau der Insolvenzgläubiger angemessen zu entschädigen ist. Die angemessene

---

751 Siehe zur Kritik am Stilmittel der Variation oben unter Seite 111 f.

752 Diese Gefahr sieht indes *Thole*, Stellungnahme als Sachverständiger, 5.

753 Vgl. zur parallelen Situation unter dem StaRUG *Proske/Streit*, NZI 2020, 969 (970).

Entschädigung soll er für seinen durch den Eingriff erlittenen und nicht anderweitig kompensierten Rechtsverlust erhalten und nicht für den Eingriff an sich, wie der Wortlaut des § 223a Satz 2 InsO fälschlicherweise suggeriert.

Letztlich wäre die Regelung des Ausnahmetatbestands des § 223a Satz 3 InsO im Rahmen der Legaldefinition der gruppeninternen Drittsicherheit in § 217 Absatz 2 InsO vorzugswürdig gewesen.

V. Die Zustimmung des verbundenen Unternehmens – § 230 Absatz 4 InsO

Sieht der Insolvenzplan Eingriffe in die Rechte von Gläubigern aus gruppeninternen Drittsicherheiten vor, so ist dem Plan die Zustimmung des verbundenen Unternehmens beizufügen, das die Sicherheit gestellt hat.

1. Regelungsinhalt

Soweit durch den Insolvenzplan in gruppeninterne Drittsicherheiten eingegriffen werden soll, wird ihre Einbeziehung in den Insolvenzplan an die Zustimmung des Sicherungsgebers gebunden. Entscheidet er, den Insolvenzgläubiger des Insolvenzschuldners aufgrund der gestellten Sicherheit außerhalb des Insolvenzverfahrens vollumfänglich zu befriedigen, gibt es keinen Grund, ihn daran zu hindern. Die Entscheidung darüber soll in der unternehmerischen Freiheit des Sicherungsgebers liegen.[754] Eine Gestaltung der gruppeninternen Drittsicherheit im Insolvenzplan des Schuldners kommt dann nicht mehr in Betracht.

2. Bewertende Untersuchung der Regelung

Der Hintergrund der Regelung wird vom Gesetzgeber im Schutz der unternehmerischen Freiheit des Sicherungsgebers gesehen. In dieser Hinsicht ist grundsätzlich fraglich, warum die Eingriffe gemäß § 230 Absatz 4 InsO der Zustimmung des jeweiligen Drittsicherungsgebers bedürfen sollen. Die Geschäftsleitung des Drittsicherungsgebers hat auch bei ihrer Entscheidung über die Zustimmung die Sorgfalt eines ordentlichen Geschäftsmannes anzuwenden und ist daneben aufgrund ihrer Treuepflicht zur Wahrung der Gesellschaftsinteressen verpflichtet. Für den Geschäftsführer der GmbH ergibt sich dies beispielsweise aus § 43 Absatz 1 GmbH, für den Vorstand der AG aus § 93 Absatz 1 AktG.

---

754 BT-Drucks. 19/24181, 200.

Zunächst ist zu bedenken, dass in den meisten Fällen die Tochtergesellschaft die Sicherheiten stellt. In der Praxis verhalten sich Geschäftsleiter von abhängigen Konzerngesellschaften in der Regel so, wie dies von der Konzernobergesellschaft vorgegeben wird,[755] wenn nicht das Konzerninteresse und das Interesse der Konzerngesellschaften ohnehin parallel laufen.[756] Letztlich wird daher in den meisten Fällen die Konzernleitung über die Einbeziehung der gruppeninternen Drittsicherheit entscheiden.[757]

a. Keine direkten Nachteile für Drittsicherungsgeber

Unabhängig von diesem tatsächlichen Befund ist bei der Entscheidung der Geschäftsleitung zu beachten, dass der ursprünglich außerhalb des Insolvenzverfahrens bestehende Anspruch des Insolvenzgläubigers gegen den Drittsicherungsgeber durch die Gestaltung im Regelfall gekürzt wird. Eine Erweiterung des Anspruchs gegen den Drittsicherungsgeber ist jedenfalls ausgeschlossen. Die Gestaltung kann für ihn daher keine unmittelbaren Nachteile bringen. Im Gegenteil sind im Regelfall sogar wirtschaftliche Vorteile in Form sogenannter Zufallsgewinne zu erwarten, weil die für die Gestaltung der Drittsicherheit im Gegenzug an den Insolvenzgläubiger zu leistende Entschädigung zumindest grundsätzlich aus dem Vermögen des Schuldners – und nicht des Drittsicherungsgebers – erfolgt.[758] Auch wenn die unternehmerische Entscheidung der Geschäftsleitung nur einer Evidenzkontrolle zugänglich ist,[759] kann sie dementsprechend faktisch nur in Form der Zustimmung zur Gestaltung der Drittsicherheit ausgeübt werden. Deshalb sollte die Gestaltung im Insolvenzplan des Schuldners erst gar nicht von der Zustimmung des Sicherungsgebers abhängig gemacht werden. Das Zustimmungserfordernis ist nicht nur überflüssig, weil die Geschäftsleitung des Drittsicherungsgebers insofern faktisch gebunden ist, sondern bietet darüber hinaus auch die Möglichkeit rein strategischer Obstruktionen.[760] Davon ausgehend, dass die angemessene Entschädigung ein wirtschaftliches Äquivalent für die Gestaltung der gruppeninternen Drittsicherheit darstellen soll, ist kein (redlicher) Grund für die

755 *Beck*, DZWIR 2014, 381 (383).

756 *Druey*, in: FS Hommelhoff, 148; *Grunewald*, in: FS Prütting, 944.

757 Zur parallelen Fragestellung im Rahmen des § 17 Absatz 4 StaRUG *Cranshaw/Portisch*, ZInsO 2020, 2617 (2623).

758 Siehe dazu Ausführungen oben unter Seite 158 f.

759 H. M., vgl. zur GmbH nur MüKoGmbHG-*Fleischer*, § 43 Rn. 88a; zur AG beispielsweise MüKoAktG-*Spindler*, § 93 Rn. 65.

760 Vgl. *Hoegen/Kranz*, NZI 2021, 105 (108).

Geschäftsleitung des Drittsicherungsgebers ersichtlich, die Zustimmung zu verweigern.

b. Konzernweite Treuepflicht

Zu beachten ist ferner eine konzernweit bestehende Treuepflicht, welche die Konzerngesellschaften untereinander verpflichtet. Diese trifft zunächst die Konzernobergesellschaft gegenüber allen von ihr unmittelbar oder mittelbar abhängigen Konzerngesellschaften.[761] Umgekehrt unterliegen auch die Konzerngesellschaften gegenüber ihren Gesellschaftern, also insbesondere gegenüber der Konzernobergesellschaft dieser Treuepflicht.[762] Dies gilt auch in mehrstufigen Konzernen, sodass auch Enkel- und Urenkelgesellschaften verpflichtet sind, auf die Interessen der Konzernobergesellschaft Rücksicht zu nehmen.[763] Nachdem bei Vorlage eines Insolvenzplans durch den Schuldner davon auszugehen ist, dass eine darin vorgesehene Gestaltung einer gruppeninternen Drittsicherheit im Interesse des Schuldners liegt, ist dieses Interesse folglich von der sichernden Konzerngesellschaft zu berücksichtigen. Weil kein redlicher Grund ersichtlich ist, der ein gegenteiliges Interesse der sichernden Konzerngesellschaft rechtfertigen könnte, ist auch unter dem Gesichtspunkt der konzernweit wechselseitig existierenden Treuepflichten eine Modifizierung des § 230 Absatz 4 InsO anzuregen.

c. Beschränkungen der unternehmerischen Freiheit

Darüber hinaus darf nicht übersehen werden, dass die unternehmerische Freiheit des – konzernangehörigen, gemäß § 15 AktG verbundenen – Sicherungsgebers zumeist ohnehin beschränkt ist.[764] Eines besonderen Schutzes seiner unternehmerischen Freiheit bedarf es folglich gar nicht.[765]

Das gilt zunächst für alle Fälle, in denen die Konzernunternehmen über § 16 AktG, also qua Mehrheitsbeteiligung verbunden sind. Dabei ist es unerheblich, ob die Mehrheitsbeteiligung über die Mehrheit der Anteile (§ 16 Absatz 1 Alternative

---

761 *Schneider/Burgard*, in: FS Ulmer, 591.

762 Zur GmbH: BGH, Urteil vom 10.06.1991, II ZR 234/89, GmbHR 1991, 362 (362); zur AG: BGH, Urteil vom 19.09.1994, II ZR 248/92, MDR 1994, 559 (560).

763 *Schneider/Burgard*, in: FS Ulmer, 602.

764 Vgl. *Cranshaw/Portisch*, ZInsO 2020, 2617 (2623); BeckOK StaRUG-*Skauradszun*, § 2 Rn. 94.

765 In diesem Zusammenhang sei noch einmal darauf hingewiesen, dass sich die Untersuchung auf abhängige Konzerngesellschaften in der Form der Ein-Personen-GmbH beschränkt, siehe oben Seite 32 f.

1 AktG) oder die Mehrheit der Stimmrechte (§ 16 Absatz 1 Alternative 2 AktG) vermittelt wird. In der Insolvenz der herrschenden Konzernobergesellschaft fällt die Beteiligung und die Ausübung der mit ihr verbundenen Rechte in die Insolvenzmasse.[766] Der faktische Konzern bleibt in der Insolvenz des herrschenden Unternehmens bestehen.[767] Dementsprechend gehen die Kompetenzen der zur Vertretung und Geschäftsleitung berufenen Gesellschafter und Organe mit der Eröffnung des Insolvenzverfahrens auf den Insolvenzverwalter über (vgl. § 80 Absatz 1 InsO).[768] Die faktischen Befugnisse, welcher der herrschenden Konzernobergesellschaft aus ihrer Gesellschafterstellung zustehen, bleiben bestehen und werden vom Insolvenzverwalter ausgeübt.[769] Anders verhält es sich nur im Fall der Eigenverwaltung gemäß §§ 270 ff. InsO oder wenn der Insolvenzverwalter die Beteiligung freigegeben hat.[770] Hier kommt es wieder zur ursprünglich bestehenden Abhängigkeit. Unabhängig von der konkreten Konstellation bleibt die Geschäftsleitung der Tochtergesellschaft also in jedem Fall abhängig.

Die Konstellation der Mehrheitsbeteiligung stellt den Regelfall der Konzerninsolvenzen dar, in denen sich der Domino-Effekt am häufigsten zeigt.[771] In der Regel stellt nämlich die operativ tätige Tochtergesellschaft Sicherheiten für die konzernleitende Konzernobergesellschaft (Upstream-Sicherheit).[772] Für eine eigene und vor allem freie unternehmerische Entscheidung der Tochtergesellschaft über die Gestaltung der von ihr gestellten Sicherheiten bleibt in dieser Konstellation kein Raum. Es liefe den Interessen der Konzernobergesellschaft gerade entgegen, wenn sich eine ihrer Tochtergesellschaften gegen die Gestaltung auch der gruppeninternen Drittsicherheiten stellte. Denn die Gestaltung muss im Interesse der Konzernobergesellschaft liegen, sonst hätte diese sie nicht in ihren Insolvenzplan aufgenommen.

---

766 Uhlenbruck InsO-*Hirte/Praß*, § 35 Rn. 160; *Kurz*, in: Insolvenzrechts-Handbuch, § 90 Rn. 591.

767 *Beck*, MwStR 2014, 359 (365); *Specovius/Wilcken*, in: Insolvenzrechts-Handbuch, § 95 Rn. 104; a. A. Uhlenbruck InsO-*Hirte*, § 11 Rn. 413.

768 OLG München, Beschluss vom 24.08.2010, 31 Wx 154/10, NZI 2011, 28 (28); MüKoInsO-*Vuia*, § 80 Rn. 111; *Jenal*, in: Praxis der Insolvenz, § 31 Rn. 96; *Kurz*, in: Insolvenzrechts-Handbuch, § 90 Rn. 593; *Beck*, MwStR 2014, 359 (365).

769 MüKoInsO-*Peters*, § 35 Rn. 258; *Beck*, MwStR 2014, 359 (365).

770 *Jenal*, in: Praxis der Insolvenz, § 31 Rn. 97 ff.

771 Siehe dazu oben Seite 61 ff.

772 Siehe dazu oben Seite 107.

Wegen der Erweiterung des Anwendungsbereichs des § 217 Absatz 2 InsO[773] ist auch der Fall erfasst, in denen die Konzernobergesellschaft die Sicherheit für die insolvente Tochtergesellschaft gestellt hat (Downstream-Sicherheit). Diese Konstellationen sind in der Praxis indes selten, weil zumeist Beherrschungs- und/oder Gewinnabführungsverträge zwischen Konzernober- und Tochtergesellschaft bestehen. Dann ist die Konzernobergesellschaft analog § 302 Absatz 1 AktG zum Verlustausgleich verpflichtet, und die Tochtergesellschaft folglich vor einer Überschuldung oder Zahlungsunfähigkeit grundsätzlich geschützt.[774] Im faktischen Konzern ist diese Konstellation zwar grundsätzlich denkbar. Allerdings wird der faktische Konzern beendet, wenn die abhängige Konzerngesellschaft falliert.[775] Der herrschende Einfluss kann gegenüber dem Insolvenzverwalter nämlich nicht durchgesetzt werden. Dieser ist grundsätzlich unabhängig.[776] In jedem Fall bleibt damit der Konzernobergesellschaft als Sicherungsgeber zumindest grundsätzlich ein unternehmerischer Entscheidungsfreiraum. Die allgemeine gesellschaftsrechtliche Treuepflicht bleibt daneben aber bestehen.

Wie im Fall der Mehrheitsbeteiligung stellt sich die Situation bei gemäß § 17 AktG als abhängige und herrschende Unternehmen verbundenen Unternehmen dar. Die Geschäftsleitung des abhängigen Unternehmens steht dann unter dem unmittelbaren oder mittelbaren Einfluss des herrschenden Unternehmens. Eine freie unternehmerische Entscheidung ist hier erst recht nicht möglich, wenn das sicherheitsgebende Unternehmen – wie im Regelfall[777] – das abhängige Unternehmen ist. Ganz ähnlich ist die Lage im Unterordnungskonzern gemäß § 18 Absatz 1 AktG.

Abweichend sind einzig die Fälle von Vertragskonzernen zu diskutieren, in denen die einheitliche Leitung über einen Beherrschungsvertrag gemäß § 291 AktG (analog) und nicht über eine Mehrheitsbeteiligung vermittelt wird. Hier ist seit der Ablösung der Konkursordnung durch die Insolvenzordnung umstritten, welche Auswirkungen die Insolvenz einer beteiligten Konzerngesellschaft auf Beherrschungsverträge hat.[778] Selbst wenn man ihre automatische Beendigung im Fall der Insolvenz der Konzernobergesellschaft anerkennen wollte, bliebe es zumindest bei auch faktischen Konzernen, in denen die abhängigen

---

773 Siehe dazu oben Seite 116 f.
774 Siehe dazu oben Seite 87.
775 Siehe dazu oben Seite 59.
776 MüKoInsO-*Vuia*, § 80 Rn. 111; *Graeber*, NZI 2007, 265 (269).
777 *Pleister*, ZIP 2015, 1097 (1097).
778 Siehe zu den vertretenen Ansichten oben Seite 58 f.

Konzerngesellschaften in der Rechtsform der GmbH[779] verfasst sind und der Beherrschungsvertrag (zusammen mit einem Gewinnabführungsvertrag) lediglich aus steuerlichen Gründen neben der Mehrheitsbeteiligung besteht[780], bei der in § 37 GmbHG normierten Abhängigkeit vom insolventen Gesellschafter.

Anders stellt sich die Sachlage jedoch im Gleichordnungskonzern gemäß § 18 Absatz 2 AktG dar. Nach der Erweiterung des § 217 Absatz 2 InsO[781] sind von den Regelungen zur gruppeninternen Drittsicherheit nunmehr auch Konstellationen umfasst, in denen Sicherungsgeber und Schuldner gemäß § 18 Absatz 2 AktG zwar unter einheitlicher Leitung zusammengefasst sind – aber ohne dass eine Abhängigkeit zwischen ihnen besteht. Im vertraglichen Gleichordnungskonzern können Gleichordnungsverträge den unternehmerischen Entscheidungsspielraum zwar partiell einschränken. Sie sind aber ohne Weiteres jederzeit kündbar, sodass sich der einheitlichen Leitung mühelos entzogen werden kann.[782] Gleichordnungsverträge sind gemäß § 291 Absatz 2 AktG gerade keine Beherrschungsverträge. Trotzdem sind durchaus Konstellationen vorstellbar, in denen auch die unternehmerische Freiheit der gleichgeordneten, sicherungsgebenden Gesellschaft faktisch beschränkt ist. Das dürfte dann der Fall sein, wenn die Gestaltung der von der einen Schwester gestellten gruppeninternen Drittsicherheit im Insolvenzplan der anderen Schwester im Interesse der leitenden Konzerngesellschaft liegt, um den bestmöglichen Sanierungserfolg realisieren und einen auch in dieser Konstellation möglichen Domino-Effekt vermeiden zu können. Je nachdem, wie eng die Verbindungen im jeweiligen Gleichordnungskonzern sind, dürfte entsprechender Druck ausgeübt werden. Auch im faktischen Gleichordnungskonzern, in dem die einheitliche Leitung insbesondere durch die Leitung der verbundenen Unternehmen durch dieselben Familienmitglieder begründet wird[783], dürfte eine Verweigerung der Zustimmung durch das sicherungsgebende Unternehmen tatsächlich nicht vorkommen. Auf die ohnehin untergeordnete praktische Relevanz von Gleichordnungskonzernen wurde überdies bereits hingewiesen.[784]

---

779 Siehe dazu oben Seite 32 f.

780 Vgl. dazu *Boor*, RNotZ 2017, 65 (69); *Göhmann/Winnen*, RNotZ 2015, 53 (53); *Zeidler*, NZG 1999, 692 (692).

781 Siehe dazu oben Seite 116 f.

782 Emmerich/Habersack-*Emmerich*, § 18 AktG Rn. 35.

783 Emmerich/Habersack-*Emmerich*, § 18 AktG Rn. 31.

784 Siehe dazu oben Seite 41 f.

Abschließend bleiben im Rahmen von § 15 AktG noch zwei weitere mögliche Verbindungen, nämlich die wechselseitige Beteiligung mit mehr als 25 % der Anteile im Sinne von § 19 AktG und über den Unternehmensvertrag nach § 292 AktG. Bei der wechselseitigen Beteiligung kommt es wiederum darauf an, wie sie im Einzelfall ausgestaltet ist.[785] Auch wechselseitig beteiligte Unternehmen können nämlich herrschende und abhängige Unternehmen sein, § 19 Absätze 2 und 3 AktG. Die jeweiligen Auswirkungen auf die unternehmerische Freiheit der Konzerngesellschaften lassen sich entsprechend der gerade dargestellten Konstellationen entnehmen. Die Unternehmensverträge nach § 292 AktG hingegen behindern die freie unternehmerische Entscheidung der sicherungsgebenden Unternehmen zumindest rechtlich nicht. Weder (Teil-) Gewinnabführungsverträge noch Gewinngemeinschaft noch Betriebspacht- oder Überlassungsvertrag greifen rechtlich in die Autonomie der beteiligten Unternehmen ein.[786] Faktische Begrenzungen bleiben daneben auch hier denkbar.

d. Rechtsträgerprinzip erfordert keine Zustimmung

In den Fällen, in denen der Schutz der unternehmerischen Freiheit des Sicherungsgebers das Zustimmungserfordernis nicht erfordert, könnte demgegenüber ein formaler Grund für die Beibehaltung der Regelung sprechen, der in der Gesetzesbegründung nicht genannt wird. Durch die Gestaltung der von ihm gestellten gruppeninternen Drittsicherheit wird der Sicherungsgeber nämlich erstmalig formal Beteiligter des Insolvenzverfahrens des Schuldners. Dies war vor der Gesetzesänderung nicht der Fall.[787] Nachdem die gruppeninterne Drittsicherheit nach der Konzeption des Gesetzgebers weiterhin kein Bestandteil der Insolvenzmasse (des Schuldners) ist, könnte es folglich als dogmatisch stringent angesehen werden, wenn der Sicherungsgeber nicht gegen seinen Willen zum Beteiligten des Planverfahrens gemacht werden kann.[788] Insbesondere die Rechtskraftwirkung des § 254 Absatz 1 InsO ohne seine ausdrückliche Zustimmung könnte insoweit problematisch sein.[789] Letztlich käme darin also wiederum das insolvenzrechtlich verankerte Rechtsträgerprinzip zum Ausdruck. Diesem Argument kann entgegengehalten werden, dass der

785 Überblick über die verschiedenen Möglichkeiten Emmerich/Habersack-*Emmerich*, § 19 AktG Rn. 1 ff.

786 MüKoAktG-*Bayer*, § 18 Rn. 6.

787 Siehe dazu oben Seite 131 ff.

788 In diese Richtung HambKomm InsO-*Thies/Lieder*, § 230 Rn. 10.

789 Siehe dazu unten Seite 181 ff.

Drittsicherungsgeber sich dem Insolvenzverfahren auch schlicht dadurch entziehen könnte, dass er den Anspruch des Insolvenzgläubigers aus der Sicherheit vollständig außerhalb des Verfahrens befriedigt. Außerdem wird das Argument dadurch relativiert, dass der „Wille" des Drittsicherungsgebers – wie gezeigt – zumeist nicht sein eigener ist. Und schließlich hätte der Gesetzgeber dieses nicht auf der Hand liegende Argument neben dem Schutz der unternehmerischen Freiheit wohl erwähnt, wenn es bei seinen Überlegungen eine Rolle gespielt hätte.

e. Teleologische Reduktion vs. Widerspruchslösung

Zusammenfassend lässt sich im Hinblick auf den vom Gesetzgeber beabsichtigten Schutz der unternehmerischen Freiheit des Sicherungsgebers demnach festhalten, dass das Zustimmungserfordernis in § 230 Absatz 4 InsO in vielen Fällen entbehrlich ist. Es ist unnötig, wenn die Geschäftsleitung in der die Sicherheit stellenden Konzerngesellschaft ohnehin in ihrem Entscheidungsermessen festgelegt ist. Das ist insbesondere der Fall, wenn sie ohne eigene Gegenleistung von der Sicherheit befreit wird. Darüber hinaus sind die gesellschaftsrechtlichen Treuepflichten zu beachten, die zwischen Konzernobergesellschaft und sämtlichen unmittelbar und mittelbar abhängigen Konzerngesellschaften wechselseitig bestehen. Außerdem ist in den weitaus meisten Fällen schon grundsätzlich die unternehmerische Freiheit beschränkt, welche die Norm gerade schützen soll. Darüber hinaus bietet das Zustimmungserfordernis sogar die Möglichkeit, das Insolvenzverfahren unnötig in die Länge zu ziehen. Es drohen langwierige Prozesse, welche die Insolvenzmasse zu Lasten der Insolvenzgläubiger schmälern.[790] In dem Zusammenhang ist schließlich zu erwähnen, dass der Sicherungsgeber ggf. notwendige gesellschaftsrechtliche Beschlüsse vor der Erteilung der Zustimmung im Sinne von § 230 Absatz 4 InsO einholen muss.[791] Ist der Sicherungsgeber eine abhängige Konzerngesellschaft, wird ein entsprechender Beschluss von der Konzernobergesellschaft als Gesellschafter zu fassen sein. Auch hieran wird die untergeordnete Bedeutung des Zustimmungsbedürfnisses für den Schutz der unternehmerischen Freiheit sichtbar. Schließlich folgt auch aus dem Rechtsträgerprinzip keine Notwendigkeit eines Zustimmungserfordernisses. Weiterhin problematisch bleibt indes die aus § 220 Absatz 3 InsO folgende Offenlegung der eigenen

790 Siehe dazu oben Seite 53.
791 Braun InsO-*Braun/Frank*, § 230 Rn. 14.

wirtschaftlichen Verhältnisse im Insolvenzplan des Schuldners.[792] Diese allein rechtfertigt das Zustimmungserfordernis allerdings nicht.

Insgesamt ist folglich eine teleologische Reduktion des Zustimmungserfordernisses angezeigt. Diese muss zunächst erfolgen, wenn die Gestaltung der gruppeninternen Drittsicherheit eine vollständige Befriedigung des Insolvenzgläubigers aus dem Vermögen des Schuldners vorsieht.[793] In diesem Fall ist bereits die Regelung des § 220 Absatz 3 InsO teleologisch zu reduzieren, um die mit der Offenlegung der wirtschaftlichen Verhältnisse verbundenen wettbewerbsrechtlichen Nachteile zu verhindern.[794] Darüber hinaus ist die Regelung des § 230 Absatz 4 InsO teleologisch zu reduzieren, soweit die unternehmerischen Freiheit der drittsichernden Konzerngesellschaft, die von der Norm geschützt werden soll, gar nicht existiert. Dies ist insbesondere der Fall, wenn in faktischen Konzernen die Tochtergesellschaft die gruppeninterne Drittsicherheit gestellt hat.

Vorzugswürdig gegenüber einer teleologischen Reduktion des Zustimmungserfordernisses wäre indes eine grundsätzliche Änderung des § 230 Absatz 4 InsO. Statt eines Zustimmungserfordernisses, das zumeist entgegen dem Wortlaut wegen einer teleologischen Reduktion nicht zur Anwendung kommt, sollte eine sog. Widerspruchslösung eingeführt werden. Eine solche wäre vor allem aus verfahrenstechnischer Sicht vorteilhaft. Danach sollte nicht grundsätzlich die Zustimmung des verbundenen Unternehmens zur Gestaltung von gruppeninternen Drittsicherheiten notwendig sein. Stattdessen sollte das verbundene Unternehmen (ausschließlich) bei berechtigtem Interesse Widerspruch gegen die Gestaltung erheben können. Unter dem unbestimmten Rechtsbegriff des berechtigten Interesses können dann genau diejenigen (wenigen) Sachverhalte subsumiert werden, in denen keine teleologische Reduktion der aktuellen Regelung angezeigt ist. Die Widerspruchslösung hätte insbesondere den Vorteil, dass in einer gerichtlichen Auseinandersetzung über das berechtigte Interesse das verbundene Unternehmen die Darlegungs- und Beweislast trifft. Darüber hinaus würde bloßer Formalismus vermieden.

---

792 Siehe dazu oben Seite 135 ff.

793 Vgl. Kübler/Prütting/Bork InsO-*Spahlinger*, § 230 Rn. 11; Graf-Schlicker InsO-*Kebekus/Handschumacher*, § 230 Rn. 4.

794 Siehe dazu oben Seite 135 ff.

f. Terminologie

Es ist nicht ersichtlich, warum der Gesetzgeber von seiner einheitlichen Formulierung abweicht und anders als in § 217 Absatz 2 InsO („*Inhaber von Insolvenzforderungen*"), § 220 Absatz 3 InsO („*Rechte von Insolvenzgläubigern*") und § 223a InsO („*Recht eines Insolvenzgläubigers*") den Terminus des *Gläubigers* verwendet. Der Inhalt dieses Begriffs ist weiter, jeder Insolvenzgläubiger ist auch Gläubiger, aber nicht jeder Gläubiger ist gleichzeitig Insolvenzgläubiger. Zwar führt dies nicht zu inhaltlichen Problemen, weil der Gesetzgeber die gruppeninterne Drittsicherheit in § 217 Absatz 2 InsO zumindest insoweit klar definiert hat, als sie einen Anspruch eines Inhabers einer Insolvenzforderung voraussetzt. Der Gläubiger einer gruppeninternen Drittsicherheit ist damit auch im Rahmen des § 230 Absatz 4 InsO immer Insolvenzgläubiger. Trotz dieser Bezugnahme bleibt die Formulierung allerdings unsauber, und es ist unabhängig davon nicht ersichtlich, warum der Gesetzgeber unnötig Diskussionsbedarf schafft. Die uneinheitliche Verwendung der Termini ist überdies wegen des Gebots der Normenklarheit zu kritisieren.[795]

In § 230 Absatz 4 InsO erfolgt keine weitere Erläuterung, auf welche Art das Unternehmen verbunden sein soll, welches die Sicherheit stellt. Durch den abschließenden Relativsatz wird das Unternehmen aber als dasjenige präzisiert, welches die gruppeninterne Drittsicherheit gestellt hat. Die Legaldefinition der gruppeninternen Drittsicherheit in § 217 Absatz 2 InsO wiederum legt fest, dass die Verbindung der Unternehmen im Sinne von § 15 AktG bestehen muss. Dies gilt folglich auch im Rahmen von § 230 Absatz 4 InsO.

3. Zwischenergebnis

Das in § 230 Absatz 4 InsO geregelte Zustimmungserfordernis ist zu weitgehend und geht über den beabsichtigten Zweck deutlich hinaus. Stattdessen führt es zu unnötigem Formalismus. Die Regelung ist demnach teleologisch zu reduzieren. In den meisten Fällen fehlt es bereits an der unternehmerischen Freiheit der drittsichernden Konzerngesellschaft, die durch das Zustimmungserfordernis geschützt werden soll. Das Zustimmungserfordernis ist in diesen Fällen nicht sachgerecht, eine Zustimmung entgegen dem Wortlaut nicht erforderlich. Außerdem ist nicht nachvollziehbar, warum das formale Erfordernis aufrechterhalten bleiben soll, wenn in materieller Hinsicht kein Zweifel an der Zustimmung bestehen kann. Dies ist insbesondere der Fall, wenn die drittsichernde Konzerngesellschaft durch die vollständige

795 Siehe dazu oben Seite 111 f.

Befreiung von der Sicherheit sog. Zufallsgewinne erwartet, ohne hierfür eine Gegenleistung erbringen zu müssen. Gesellschaftsrechtliche Treuepflichten führen außerdem zu einer Einschränkung des Entscheidungsspielraums. Auch in diesen Fällen ist die Regelung des § 230 Absatz 4 InsO teleologisch zu reduzieren.

Gegenüber der teleologischen Reduktion vorzugswürdig wäre eine grundlegende Überarbeitung der Regelung des § 230 Absatz 4 InsO. Das Zustimmungserfordernis sollte durch eine Widerspruchslösung ersetzt werden. Dadurch könnte Aufwand vermieden werden, der sich aus unnötigem Formalismus ergeben würde. Die Möglichkeit des Widerspruchs gegen die Gestaltung der gruppeninternen Drittsicherheit sollte dabei von einem berechtigten Interesse der drittsichernden Konzerngesellschaft abhängig gemacht werden. Dies wird in den allermeisten Fällen schon faktisch nicht bestehen, weil die Interessen der abhängigen Konzerngesellschaft von der Konzernleitung vorgegeben werden.

VI. Das Stimmrecht der aus gruppeninternen Drittsicherheiten Berechtigten – § 238b InsO

Sieht der Plan Eingriffe in Rechte aus gruppeninternen Drittsicherheiten vor, richtet sich das Stimmrecht nach dem Befriedigungsbeitrag, der aus der Geltendmachung der Rechte aus der Drittsicherheit mutmaßlich zu erwarten ist.

1. Regelungsinhalt

Die Vorschrift des § 238b InsO regelt das Stimmrecht der Insolvenzgläubiger, deren Rechte aus einer gruppeninternen Drittsicherheit gestaltet werden sollen.[796]

2. Bewertende Untersuchung der Regelung

Für die Bestimmung des Stimmrechts im Rahmen des § 238b InsO ist zunächst die Stimmgewichtung innerhalb der jeweiligen[797] Gruppe entscheidend. Es kommt also darauf an, in welchem Verhältnis die Befriedigungsbeträge zueinander stehen, welche die Gruppenmitglieder jeweils erwarten dürfen.[798] In

796 BT-Drucks. 19/24181, 201.

797 Ggf. sind für Inhaber von Rechten aus gruppeninternen Drittsicherheiten auch mehrere Gruppen zu bilden, siehe dazu oben Seite 140 ff.

798 Kübler/Prütting/Bork InsO-*Pleister*, § 238b Rn. 8.

Bezug auf die Bestimmung des Stimmrechts[799] besteht also eine Ähnlichkeit des absonderungsberechtigten Insolvenzgläubigers und desjenigen, der aus einer gruppeninternen Drittsicherheit Ansprüche herleiten kann.[800] Wie auch bei § 238 InsO hängt die Stimmrechtsfestsetzung im Rahmen von § 238b InsO von der Stimmgewichtung innerhalb der Gruppe ab. Bei § 238 InsO kommt es dabei gemäß § 76 Absatz 2 Halbsatz 2 InsO auf den Wert des Absonderungsrechts an. Im Rahmen des § 238b InsO ist maßgeblich darauf abzustellen, inwieweit eine Befriedigung aus der gruppeninternen Drittsicherheit ohne ihre Gestaltung überhaupt zu erwarten wäre.[801] Daraus folgt im Rahmen des § 238b InsO eine enge Verknüpfung mit der Frage, in welcher Höhe eine Entschädigung als angemessen im Sinne von § 223a Satz 2 InsO zu beurteilen ist.[802] Sowohl die Angemessenheit der Entschädigung als auch das Stimmrecht hängen letztlich von der Werthaltigkeit der jeweiligen gruppeninternen Drittsicherheit ab.[803] Sie ist das entscheidende Maß für die Einschränkung der Rechtsposition des durch sie gesicherten Insolvenzgläubigers. Dementsprechend erfolgt auch keine Modifikation des Stimmrechts, wenn die Gestaltung im Insolvenzplan lediglich zu einer teilweisen Kürzung des zu erwartenden Befriedigungsbetrages führt.[804]

Anders stellt sich dies dar, wenn die Rechte des Insolvenzgläubigers aus einer gruppeninternen Drittsicherheit vollständig befriedigt werden. Zwar enthält § 238b InsO keinen Verweis auf § 237 Absatz 2 InsO, wie dies etwa für absonderungsberechtigte Gläubiger in § 238 Absatz 2 InsO vorgesehen ist. Danach haben diese kein Stimmrecht, soweit ihre Forderungen nicht beeinträchtigt werden.[805] Der fehlende Verweis ist auf den ersten Blick auch folgerichtig, weil die gruppeninterne Drittsicherheit überhaupt erst dadurch zum Gegenstand des Insolvenzverfahrens wird, dass sie im Insolvenzplan des Schuldners gestaltet wird. Eine mit der Gestaltung einhergehende Beeinträchtigung im Sinne

799 Anders ist dies in Bezug auf die Ausübung des Stimmrechts, hier gilt für Rechte aus gruppeninternen Drittsicherheiten der Grundsatz der Doppelberücksichtigung, siehe dazu oben Seite 142 ff.

800 Kübler/Prütting/Bork InsO-*Pleister*, § 238b Rn. 9.

801 Kübler/Prütting/Bork InsO-*Spahlinger*, § 222 Rn. 25d; HambKomm InsO-*Thies/Lieder*, § 222 Rn. 15.

802 Kübler/Prütting/Bork InsO-*Pleister*, 238b Rn. 8.

803 Kübler/Prütting/Bork InsO-*Pleister*, 238b Rn. 8; siehe dazu bereits oben Seite 154 f.

804 HambKomm InsO-*Thies/Lieder*, § 238b Rn. 3.

805 MüKoInsO-*Hintzen*, § 238 Rn. 14; Andres/Leithaus InsO-*Andres*, § 238 ff. Rn. 20; Braun InsO-*Braun/Frank*, § 238 Rn. 8.

von § 237 Absatz 2 InsO ist demnach sehr wahrscheinlich, ein Ausschluss des daran anknüpfenden Stimmrechts spiegelbildlich unwahrscheinlich. Demgegenüber ist das Absonderungsrecht unabhängig von einer Gestaltung im Insolvenzplan in das Insolvenzverfahren des Schuldners einbezogen. Dieser Unterschied ergibt sich daraus, dass absonderungsfähige Sicherheiten gerade vom Insolvenzschuldner aus seinem Vermögen gestellt werden, während die Ansprüche aus gruppeninternen Drittsicherheiten gerade nicht mit der Insolvenzmasse verbunden sind.

Allerdings darf nicht übersehen werden, dass nicht immer eine Beeinträchtigung im Sinne von § 237 Absatz 2 InsO vorliegt, wenn eine gruppeninterne Drittsicherheit als Bestandteil des Insolvenzverfahrens gestaltet wird. Genauso wie § 220 Absatz 3 InsO[806] und § 230 Absatz 4 InsO[807] teleologisch zu reduzieren sind, wenn die Rechte des Insolvenzgläubigers aus einer gruppeninternen Drittsicherheit vollständig befriedigt werden, muss auch das Stimmrecht dieser Insolvenzgläubiger in diesen Fällen in den entsprechenden Gruppen ausgeschlossen sein.[808] Dies lässt sich dem Wortlaut der Vorschrift auch ohne Weiteres entnehmen. § 238b InsO sieht ein Stimmrecht nur vor, wenn ein „*Eingriff*" in die Rechte des Insolvenzgläubigers aus seiner gruppeninternen Drittsicherheit vorliegt. Das ist bei vollständiger Befriedigung gerade nicht der Fall. Dementsprechend ist eine analoge Anwendung des § 237 Absatz 2 InsO nicht notwendig und nicht angezeigt,[809] um den Stimmrechtsausschluss zu begründen. Ebenso wenig ist es erforderlich, das (vermeintliche) Fehlen des Verweises auf § 237 Absatz 2 InsO und dessen Entbehrlichkeit mit einer Parallele zur Rechtslage beim absonderungsberechtigten Insolvenzgläubiger zu rechtfertigen.[810]

Schließlich ist auffällig, dass § 238b InsO die Erörterung der Rechte aus gruppeninternen Drittsicherheiten im Erörterungs- und Abstimmungstermin nach § 235 Absatz 1 InsO nicht explizit vorsieht, wie dies etwa § 238 Absatz 1 InsO für den absonderungsberechtigen Gläubiger regelt. Auch ohne diesen Verweis muss eine entsprechende Erörterung dennoch erfolgen.[811] Dies ergibt sich insbesondere daraus, dass auch der durch eine gruppeninterne Drittsicherheit

806 Siehe dazu oben Seite 135 ff.

807 Siehe dazu oben Seite 162 ff.

808 Vgl. Kübler/Prütting/Bork InsO-*Pleister*, § 238b Rn. 10; vgl. auch Kübler/Prütting/Bork InsO-*Spahlinger*, § 222 Rn. 25e.

809 So indes Kübler/Prütting/Bork InsO-*Spahlinger*, § 222 Rn. 25e.

810 So indes Kübler/Prütting/Bork InsO-*Pleister*, § 238b Rn. 10.

811 Kübler/Prütting/Bork InsO-*Pleister*, § 238b Rn. 9.

gesicherte Insolvenzgläubiger (weiterhin) Beteiligter im Sinne von § 235 Absatz 1 Satz 1 InsO bleibt und auch die gruppeninterne Drittsicherheit nunmehr Bestandteil des Insolvenzplans ist.[812] Eine Klarstellung wäre insoweit allerdings wünschenswert gewesen.

3. *Terminologie*

Verwirrend ist die Formulierung der Vorschrift im Indikativ. Maßstab für die Bestimmung des Stimmrechts muss nämlich der Befriedigungsbeitrag sein, der bei einer – lediglich hypothetischen – Geltendmachung der Rechte aus der gruppeninternen Drittsicherheit außerhalb des Insolvenzverfahrens mutmaßlich zu erwarten wäre. Durch die beabsichtigte Gestaltung der Rechte aus der gruppeninternen Drittsicherheit im Insolvenzplan können diese Rechte nämlich gerade nicht mehr geltend gemacht werden (vgl. § 254 Absatz 2 Satz 1 InsO). Dementsprechend müsste statt des Indikativs der Konjunktiv gewählt werden. Es müsste also heißen: „[…], der aus der Geltendmachung der Rechte aus der Drittsicherheit mutmaßlich zu erwarten [*wäre*]". Auch insoweit ist wiederum[813] die Formulierung des § 254 Absatz 2a InsO positiv hervorzuheben. Dort wird durch den Infinitiv der zeitliche Ablauf korrekt aufgegriffen.[814]

Überdies ist auffällig, dass am Ende der Norm die Drittsicherheit lediglich im Singular auftaucht. Dies dürfte – ebenso wie das fehlende Adjektivattribut „gruppenintern" – darauf zurückzuführen sein, dass sich bereits am Anfang des Satzes der komplette Terminus findet. Möglicherweise möchte der Gesetzgeber damit auch zum Ausdruck bringen, dass unter Umständen mehrere Gruppen für Inhaber von Rechten aus gruppeninternen Drittsicherheiten gebildet werden und das Stimmrecht dann jeweils in Bezug auf die jeweilige Drittsicherheit separat zu bestimmen ist. Beide Verkürzungen sind unter dem Gesichtspunkt stringenter Formulierung zumindest diskutabel, für das Normverständnis und die Rechtsanwendung letztlich aber ohne Konsequenzen.

Nicht zuletzt kann auch der Standort der Regelung kritisch hinterfragt werden. Offenbar wollte der Gesetzgeber möglichst wenig in die bereits bestehenden Normenfolge eingreifen. Die neuen Regelungen zur gruppeninternen Drittsicherheit wurden daher schlicht angehängt. Die Regelungen in § 223a oder § 245 Absatz 2a InsO sind weitere Beispiele dieses Vorgehens. Übersichtlicher und dementsprechend vorzugswürdig wäre es gewesen, die Regelung des

812 Siehe dazu oben Seite 131 ff.
813 Siehe bereits zur Norm des § 223a InsO oben Seite 160 f.
814 Siehe dazu unten Seite 178 f.

§ 238b InsO in § 237 InsO zu integrieren.[815] Die gruppeninterne Drittsicherheit sichert nämlich per definitionem einen Insolvenzgläubiger, wie sich bereits aus dem Wortlaut des § 217 Absatz 2 InsO ergibt.[816] Dessen Stimmrechte werden grundsätzlich in § 237 InsO geregelt. Mindestens hätte die Regelung des § 238b InsO vor der Regelung des § 238a InsO stehen sollen. Grund hierfür ist die Ähnlichkeit zwischen absonderungsberechtigtem Gläubiger und dem durch eine gruppeninterne Drittsicherheit gesicherten Insolvenzgläubiger in Bezug auf die Bestimmung des Stimmrechts. Diese Sachnähe der Regelung des § 238b InsO zu § 238 InsO hätte auch durch den Standort der Regelung dokumentiert werden sollen.[817]

4. Zwischenergebnis

Inhaltlich ist die Regelung des § 238b InsO sachgerecht. Die Werthaltigkeit der jeweiligen gruppeninternen Drittsicherheit stellt das entscheidende Maß für die (wirtschaftliche) Einschränkung der Rechtsposition des durch sie gesicherten Insolvenzgläubigers dar. Insoweit besteht eine enge Verbindung zur Bestimmung der angemessenen Entschädigung gemäß § 223a Satz 2 InsO. Dementsprechend muss sich auch das Stimmrecht daran orientieren, das im Termin gemäß § 235 InsO erörtert und festgesetzt wird. Wenn die Ansprüche aus der gruppeninternen Drittsicherheit vollständig befriedigt werden, hat der gesicherte Insolvenzgläubiger in den entsprechenden Gruppen kein Stimmrecht. Kleinere sprachliche und systematische Mängel sind vor dem Hintergrund zwar zu kritisieren, stellen letztlich aber keinen entscheidenden Punkt dar.

VII. Die angemessene Entschädigung als zusätzliche Voraussetzung des Obstruktionsverbots – § 245 Absatz 2a InsO

Wird die erforderliche Mehrheit in der nach § 222 Absatz 1 Satz 2 Nummer 5 zu bildenden Gruppe nicht erreicht, gelten die Absätze 1 und 2 für diese Gruppe nur, wenn die für den Eingriff vorgesehene Entschädigung die Inhaber der Rechte aus der gruppeninternen Drittsicherheit für den zu erleidenden Rechtsverlust angemessen entschädigt.

---

815 So auch Kübler/Prütting/Bork InsO-*Pleister*, § 238b Rn. 1.
816 Siehe zur Legaldefinition oben Seite 111 ff.
817 Kübler/Prütting/Bork InsO-*Pleister*, § 238b Rn. 1.

1. Regelungsinhalt

Nur wenn die durch eine gruppeninterne Drittsicherheit gesicherten Insolvenzgläubiger für den zu erleidenden Rechtsverlust angemessen entschädigt werden sollen, kann bei fehlender Mehrheit innerhalb ihrer nach § 222 Absatz 1 Satz 2 Nummer 5 InsO gebildeten Gruppe die Zustimmungsfiktion des § 254 Absatz 1 InsO gelten.[818]

2. Bewertende Untersuchung der Regelung

Die Regelung in § 245 Absatz 2a InsO stellt eine zusätzliche Voraussetzung dar, ohne deren Vorliegen das Obstruktionsverbot aus § 245 Absatz 1 InsO und die damit verbundene Zustimmungsfiktion nicht greifen sollen. Grundsätzliches Ziel des Obstruktionsverbotes ist es, einen Ausgleich zu schaffen zwischen Gläubigergruppen, die den Insolvenzplan befürworten, und solchen, die ihn ablehnen. Einerseits soll verhindert werden, dass Gläubigergruppen aus missbräuchlichen eigennützigen Erwägungen die Annahme des Insolvenzplans verhindern.[819] Andererseits müssen auch die ablehnenden Gruppen angemessen geschützt werden und es darf gegen ihren Willen nur unter den normierten Voraussetzungen die Zustimmung zum Insolvenzplan als erteilt gelten.[820]

In Bezug auf Eingriffe in gruppeninterne Drittsicherheiten hat der Gesetzgeber die bislang vorgesehen Voraussetzungen offenbar als nicht ausreichend angesehen, um die Gruppenmitglieder angemessen zu schützen. Ihre Zustimmung darf nur fingiert werden, wenn sie zusätzlich angemessen entschädigt werden. Dies ist nachvollziehbar und sachgerecht. Immerhin bietet sich mit dem Eingriff in die gruppeninterne Drittsicherheit nunmehr die Gelegenheit, in Rechte einzugreifen, die vorher der Gestaltung im Insolvenzverfahren des Schuldners grundsätzlich entzogen waren (vgl. § 254 Absatz 2 InsO aF).[821] Letztlich handelt es sich bei der Regelung in § 245 Absatz 2a InsO um eine stringente Umsetzung des Gesamtkonzeptes der gruppeninternen Drittsicherheit. Diese beinhaltet im Kern den in § 223a Satz 2 InsO normierten Grundsatz, dass ein Eingriff mit entsprechendem Rechtsverlust nur gegen eine angemessene Entschädigung möglich ist. Es wäre daher widersinnig, ein Obstruktionsverbot im Sinne von § 245 InsO anzunehmen, wenn es an dieser Entschädigung fehlt.

818 BT-Drucks. 19/24181, 201.
819 BT-Drucks. 12/2443, 208.
820 Braun InsO-*Braun/Frank*, § 245 Rn. 1.
821 Siehe dazu oben Seite 107 ff.

Dementsprechend ist die Angemessenheit der Entschädigung auch nicht erst im Rahmen eines Minderheitenschutzantrages nach § 251 InsO zu prüfen. Weil die angemessene Entschädigung zwingende Voraussetzung für die Gestaltung der gruppeninternen Drittsicherheit ist, muss sie stattdessen von Amts wegen bereits im Rahmen der Zustimmungsfiktion des § 245 InsO überprüft werden, wenn die erforderliche Mehrheit innerhalb der Gruppe verfehlt wird.[822]

3. *Terminologie*

Zunächst sticht die Formulierung eines „*zu erleidenden Rechtsverlust*[s]" ins Auge. In den anderen Vorschriften zur gruppeninternen Drittsicherheit und selbst im ersten Teil von § 245 Absatz 2a InsO wird hingegen der Begriff „Eingriff" verwendet. Beispielsweise in § 223a Satz 2 InsO heißt es, dass „[…] *der Eingriff angemessen zu entschädigen*" sei, falls in einem Insolvenzplan die Rechte aus einer gruppeninternen Drittsicherheit gestaltet werden. Statt auf den Eingriff wird in § 245 Absatz 2a InsO nun auf die (Rechts-) Folge dieses Eingriffs, nämlich den Rechtsverlust, Bezug genommen. Der Eingriff soll sich offenbar in einem zu erleidenden Rechtsverlust manifestieren. Dies ist sprachlich präzise, wenn sich die angemessene Entschädigung nicht am Eingriff orientieren soll, sondern am zu erleidenden Rechtsverlust. Dementsprechend ist nach dem Wortlaut darauf abzustellen, dass die Entschädigung angemessen ist, um den Rechtsverlust auszugleichen. Das mag auf den ersten Blick wie Wortklauberei wirken. Letztlich wird aber ein klarer Hinweis darauf gegeben, wessen Perspektive dabei zugrunde zu legen ist. Während der Eingriff nämlich von Schuldnerseite her – namentlich im seinem Insolvenzplan – erfolgt, wird der Rechtsverlust vom Gläubiger erlitten. Bei der Beurteilung der Frage, ob eine Entschädigung angemessen ist, muss es daher auf die Sichtweise des Gläubigers ankommen.[823] Dies entspricht einerseits dem Umstand, dass es sich bei der Regelung des § 245 Absatz 2a InsO um eine Schutzvorschrift zugunsten des gesicherten Insolvenzgläubigers handelt. Andererseits kommt nicht zuletzt auch in dieser Sichtweise das Wesen der Insolvenzordnung als gläubigerzentriertes Verfahren[824] zum Ausdruck. Ebenfalls einleuchtend ist die Formulierung im Infinitiv, weil der Rechtsverlust nach der Gesetzeskonstruktion erst eintritt, wenn die weiteren Voraussetzungen erfüllt sind. Der Rechtsverlust tritt also

---

822 HambKomm InsO-*Thies/Lieder*, § 245 Rn. 19.

823 Siehe dazu oben 146 ff.

824 Siehe dazu oben Seite 46 ff.

zeitlich später ein als die angeordnete Geltung der Absätze 1 und 2. Er wird erst erlitten, wenn die Rechtskraftwirkungen des Insolvenzplans eintreten.[825]

Daneben stellt sich allerdings die Frage, warum der Gesetzgeber die gruppeninterne Drittsicherheit im Singular erwähnt. Hierbei dürfte es sich um einen kollektiven Singular handeln, wonach auch mehrere gruppeninterne Drittsicherheiten als vom Wortlaut umfasst gelten. Hierauf weist jedenfalls der Verweis auf § 222 Absatz 1 Satz 2 Nummer 5 InsO hin, wo der Plural verwendet wird. Es muss nämlich nicht zwingend in jedem Fall für jede gruppeninterne Drittsicherheit eine eigene Gruppe gebildet werden, sodass in der nach § 222 Absatz 1 Satz 2 Nummer 5 InsO zu bildenden Gruppe auch Insolvenzgläubiger mehrerer gruppeninterner Drittsicherheiten zusammengefasst sein können.[826] Unklar bleibt auch bei dieser Interpretation, warum der Gesetzgeber zusätzlich zum Singular auch noch einen bestimmten Artikel verwendet. Geht man davon aus, dass der Gesetzgeber die Möglichkeit der Bildung einer Gruppe für mehrere gruppeninterne Drittsicherheiten nicht schlicht übersehen hat, kann man den Schluss ziehen, dass der bestimmte Artikel umgekehrt die Möglichkeit der Pflicht zur Bildung mehrerer Gruppen nach § 222 Absatz 1 Satz 2 Nummer 5 InsO betonen soll. Dies ist zwar inhaltlich richtig, hätte indes durch eine klarere Formulierung besser herausgestellt werden können. Diese ist durch marginale Änderungen zu erreichen: „*Wird die erforderliche Mehrheit in* [einer] *nach § 222 Absatz 1 Satz 2 Nummer 5 zu bildenden Gruppe nicht erreicht, gelten die Absätze 1 und 2 für diese Gruppe nur, wenn die für den Eingriff vorgesehene Entschädigung die Inhaber der Rechte aus der* [jeweiligen] *gruppeninternen Drittsicherheit für den zu erleidenden Rechtsverlust angemessen entschädigt.*“

4. *Zwischenergebnis*

Gemäß § 223a Satz 2 InsO darf ein Eingriff in die Rechte aus einer gruppeninternen Drittsicherheit nur gegen eine angemessene Entschädigung erfolgen. Folgerichtig bestimmt die Regelung des § 245 Absatz 2a InsO ergänzend, dass die Zustimmung der entsprechenden Gruppe nur fingiert werden darf, wenn die Inhaber dieser Rechte (zusätzlich) angemessen entschädigt werden. Dies ist stringent. Es wäre nämlich widersinnig, wenn der Kerngedanke der Regelungen zur Gestaltung von gruppeninternen Drittsicherheiten – die angemessene

---

825 Vergleiche demgegenüber die missglückte Formulierung des § 238b InsO oben Seite 175 f.

826 Siehe dazu oben Seite 140 ff.

Entschädigung für den Eingriff – durch eine Zustimmungsfiktion umgangen werden könnte.

Positiv hervorzuheben ist die insgesamt präzise Formulierung der Norm. Sie spiegelt den zeitlichen Ablauf des Insolvenzverfahrens in Bezug auf die Gestaltung einer gruppeninternen Drittsicherheit wider und hebt die Gläubigerperspektive – zurecht – als entscheidend hervor. Einzig zwei marginale Änderungen sind überlegenswert.

VIII. Rechtskraftwirkungen des Insolvenzplans auch hinsichtlich der Rechte aus gruppeninternen Drittsicherheiten – § 254 Absatz 2 InsO

Die Rechte der Insolvenzgläubiger gegen Mitschuldner und Bürgen des Schuldners sowie die Rechte dieser Gläubiger an Gegenständen, die nicht zur Insolvenzmasse gehören, oder aus einer Vormerkung, die sich auf solche Gegenstände bezieht, *werden mit Ausnahme der nach § 223a gestalteten Rechte aus gruppeninternen Drittsicherheiten (§ 217 Absatz 2)* durch den Plan nicht berührt. Der Schuldner wird jedoch durch den Plan gegenüber dem Mitschuldner, dem Bürgen oder anderen Rückgriffsberechtigten in gleicher Weise befreit wie gegenüber dem Gläubiger.

1. Regelungsinhalt

Die Ausgangsfassung von § 254 Absatz 2 Satz 1 InsO aF bestimmte, dass persönliche Ansprüche der Insolvenzgläubiger gegen Dritte sowie etwaige Vormerkungswirkungen von den Regelungen im Insolvenzplan unberührt blieben. Durch die Gesetzesänderung in Form einer Ergänzung wird von dieser Bestimmung für die nach § 223a gestalteten Rechte aus gruppeninternen Drittsicherheiten eine Ausnahme gemacht.

2. Bewertende Untersuchung der Regelung

Hintergrund der ursprünglichen Fassung von § 254 Absatz 2 Satz 1 InsO aF war, dass Dritte, die für den Schuldner gegenüber Insolvenzgläubigern Sicherheiten eingeräumt haben, weder Beteiligte des Insolvenzplans noch überhaupt des zugrunde liegenden Verfahrens waren.[827] Ihnen gegenüber entfaltete

827 OLG Dresden, Urteil vom 18.12.2012, 13 U 1032/12, ZIP 2013, 1341 (1342); *Weitbrecht*, Mittelbare Planeingriffe in Sicherungsrechte, 41 f.; HKInsO-*Haas*, § 254 Rn. 7.

der Insolvenzplan grundsätzlich keine Wirkungen.[828] § 217 InsO aF bot keine Möglichkeit, direkt in die Drittsicherheiten durch den Insolvenzplan einzugreifen, und § 254 Absatz 2 Satz 1 InsO aF verhinderte einen indirekten Eingriff über eine Regelung der gesicherten Insolvenzforderung.[829] Dementsprechend blieben die Sicherungsrechte der Insolvenzgläubiger unabhängig von im Insolvenzplan vorgesehenen Forderungsverzichten bestehen. Sie bestanden in voller Höhe als erfüllbare, aber nicht erzwingbare Naturalobligationen, sog. unvollkommene Verbindlichkeiten, fort.[830] Lediglich im Innenverhältnis zwischen Drittsicherungsgeber und Schuldner entfaltete der Insolvenzplan Wirkung.[831] Der Regressanspruch des Drittsicherungsgebers gegenüber dem Schuldner wurde nämlich gemäß § 254 Absatz 2 Satz 2 InsO in gleicher Höhe reduziert wie die Ansprüche der Insolvenzgläubiger.[832]

a. Drittsicherungsgeber als Planbeteiligter

Nach der Gesetzesänderung gilt diese Grundverständnis nicht mehr, weil die Rechte aus gruppeninternen Drittsicherheiten nun gemäß § 217 Absatz 2 InsO und § 223a InsO im Insolvenzplan gestaltet werden können. Der Drittsicherungsgeber wird durch die Gestaltung der von ihm gestellten Drittsicherheit Beteiligter des Planverfahrens im Sinne von § 254 Absatz 1 InsO.[833] Die Eigenschaft als Planbeteiligter ergibt sich dann schon allein aus der Rückausnahme in § 254 Absatz 2 Satz 1 InsO nF. Danach bleiben die gestalteten Rechte aus gruppeninternen Drittsicherheiten nicht mehr vom Plan unberührt und es gilt § 254 Absatz 1 InsO. Zwar werden die „*Beteiligten*" im Sinne von § 254 Absatz 1 InsO nicht legal definiert und dem Insolvenzplanverfahren liegt auch insgesamt kein einheitlicher Beteiligtenbegriff zugrunde.[834] Als Beteiligte im Sinne von § 254 Absatz 1 InsO gelten allerdings grundsätzlich diejenigen, deren Rechte und Pflichten unmittelbar durch den Plan betroffen sind.[835]

---

828 BT-Drucks. 12/2443, 213.

829 *Weitbrecht*, Mittelbare Planeingriffe in Sicherungsrechte, 47.

830 BGH, Urteil vom 10.05.2012, IX ZR 206/11, DZWIR 2012, 465 (465); MüKoInsO-*Huber/Madaus,* § 254 Rn. 26.

831 Siehe zu erhöhter Insolvenzgefahr des Drittsicherungsgebers und daraus resultierendem drohenden Domino-Effekt oben Seite 107 ff.

832 BT-Drucks. 19/24181, 202.

833 A. A. HambKomm InsO-*Thies/Lieder,* § 217 Rn. 12.

834 HambKomm InsO-*Thies/Lieder,* § 217 Rn. 12.

835 BGH, Beschluss vom 22.02.2007, IX ZB 106/06, NZI 2007, 341 (341); Uhlenbruck InsO-*Lüer/Streit,* § 254 Rn. 15; Andres/Leithaus InsO-*Andres,* § 254 Rn. 4; MüKoInsO-*Huber/Madaus,* § 254 Rn. 16.

Hierunter ist auch der Drittsicherungsgeber zu subsumieren, soweit die von ihm gestellte gruppeninterne Drittsicherheit im Insolvenzplan gestaltet wird. Seine aus der Sicherheit resultierenden Pflichten werden nämlich durch die Gestaltung modifiziert. Darüber hinaus ist der Drittsicherungsgeber auch nicht mit einem (planunbeteiligten) Dritten zu vergleichen, der bereits vor der Einführung des § 254 Absatz 2 Satz 1 InsO nF durch eine Individualvereinbarung in den Insolvenzplan einbezogen werden konnte.[836] Die gruppeninterne Drittsicherheit wird gerade nicht dadurch gestaltet, dass sich der Drittsicherungsgeber durch eine (separate) Willenserklärung den Wirkungen des Insolvenzplans unterwirft, sondern durch Mehrheitsbeschluss innerhalb des Insolvenzplanverfahrens.[837] Hiervon zu unterscheiden ist in diesem Zusammenhang, dass die Zustimmung des Drittsicherungsgebers – zumindest nach dem Wortlaut des § 230 Absatz 4 InsO[838] – eine Grundvoraussetzung dafür ist, die Sicherheit überhaupt im Insolvenzplan gestalten zu können. Liegt eine Gestaltung der gruppeninternen Drittsicherheit im Plan vor, ist der Drittsicherungsgeber aber in jedem Fall Planbeteiligter. Die Rechtskraftwirkung des § 254 Absatz 1 InsO wirkt dann *kraft Gesetzes* (§ 254 Absatz 2 Satz 1 InsO nF) auch für und gegen ihn und nicht kraft Individualvereinbarung. Dementsprechend ist es wenig überzeugend, das Zustimmungserfordernis des § 230 Absatz 4 InsO als Argument dafür anzuführen, um dem Drittsicherungsgeber die Planbeteiligteneigenschaft abzusprechen.[839]

Schließlich wird der Unterschied zum Dritten, der außerhalb des Planverfahrens steht, anhand der umfassenden Einbindung des Drittsicherungsgebers in das Planverfahren deutlich. Zu nennen sind insoweit insbesondere die umfangreichen Informationspflichten im Rahmen von § 220 Absatz 3 InsO.[840]

Wird die gruppeninterne Drittsicherheit hingegen nicht im Insolvenzplan gestaltet, bleibt es für den Drittsicherungsgeber faktisch bei der ursprünglichen Regelung des § 254 Absatz 2 Satz 1 InsO aF. Er bleibt Dritter außerhalb des

---

836 MüKoInsO-*Huber/Madaus,* § 254 Rn. 17; Uhlenbruck InsO-*Lüer/Streit,* § 254 Rn. 16; Andres/Leithaus InsO-*Andres,* § 254 Rn. 5.

837 BeckOK InsR-*Stadler,* § 254 Rn. 5a.

838 Siehe dazu oben Seite 162 ff.

839 So allerdings HambKomm InsO-*Thies/Lieder,* § 230 Rn. 10; HambKomm InsO-*Thies/Lieder,* § 217 Rn. 12.

840 Siehe dazu oben Seite 135 ff.

Planverfahrens. Letztlich handelt es sich bei der Ergänzung von § 254 Absatz 2 Satz 1 InsO demnach um eine notwendige Folgeanpassung.[841]

b. *Terminologie*

Auffällig ist, dass auch die ursprüngliche Regelung des § 254 Absatz 2 Satz 1 InsO aF lediglich zwei konkrete Personalsicherheiten aufführt, nämlich die Mitschuld und die Bürgschaft, wohingegen eine gruppeninterne Drittsicherheit nach § 217 Absatz 2 InsO darüber hinaus auch „*aufgrund einer anderweitig übernommenen Haftung*“ entsteht. Der Gesetzgeber hat es insofern offenbar nicht für notwendig erachtet, diese Fälle im Rahmen des § 254 Absatz 2 Satz 1 InsO ebenfalls zu erwähnen. Letztlich ist es für die Bewertung der Terminologie des § 254 Absatz 2 Satz 1 InsO in Bezug auf den Forschungsgegenstand der gruppeninternen Drittsicherheit auch irrelevant, weil über den Verweis auf § 223a InsO und § 217 Absatz 2 InsO eindeutig auf die gruppeninterne Drittsicherheit Bezug genommen wird. Außerdem kann man dem Gesetzgeber insoweit eher positiv zugutehalten, dass bei der Formulierung des § 217 Absatz 2 InsO nunmehr eine Klarstellung erfolgt ist. Denn schon vorher war unumstritten, dass der Rechtsgrund der Haftung der Drittsicherungsgeber im Rahmen des § 254 Absatz 2 Satz 1 InsO aF irrelevant ist.[842] Warum diese Klarstellung nicht auch im Rahmen der Neufassung von § 254 Absatz 2 Satz 1 InsO vorgenommen wurde, wenn der Gesetzgeber dies offenbar auch für notwendig erachtete, ist indes nicht erkennbar.

3. *Zwischenergebnis*

Die Ergänzung der Regelung in § 254 Absatz 2 Satz 1 InsO stellt eine notwendige und gleichsam gelungene Folgenanpassung dar. Schließlich muss die Rechtskraftwirkung des § 254 Absatz 1 InsO auch hinsichtlich der Rechte aus gruppeninternen Drittsicherheit gelten, soweit der Drittsicherungsgeber durch eine Gestaltung der von ihm gestellten Sicherheit zum unmittelbaren Beteiligten und die gruppeninterne Drittsicherheit zum Gegenstand des Insolvenzverfahrens geworden ist.

Leider verpasst es der Gesetzgeber, die ohnehin notwendige Anpassung der Norm für weitere Klarstellungen zu nutzen.

841 BT-Drucks. 19/24181, 202.
842 MüKoInsO-*Huber/Madaus,* § 254 Rn. 27.

C. Zusammenfassende Stellungnahme zu den Neuregelungen

Grundsätzlich sind die Regelungen des Gesetzgebers zur gruppeninternen Drittsicherheit inhaltlich als gelungen zu bewerten.[843] Das vom Gesetzgeber verfolgte Ziel wird umfassend adressiert und der Anwendungsbereich ist eindeutig bestimmt. Auch wenn man sich an der ein oder anderen Stelle ein größeres Maß an Klarheit wünschen kann, ist es legitim und dem Gesetzgeber zuzugestehen, unbestimmte Rechtsgriffe zu verwenden und die konkrete Ausgestaltung den Rechtsanwendern und der Rechtsprechung zu überlassen.[844] Dies gilt insbesondere für die Bestimmung der Höhe einer angemessenen Entschädigung derjenigen Insolvenzgläubiger, deren Rechte aus der gruppeninternen Drittsicherheit gestaltet werden. Nur so ist eine möglichst große Einzelfallgerechtigkeit zu erreichen.

Es dürfte vor allem auf den hohen zeitlichen Druck, unter dem das Gesetz entstanden ist, zurückzuführen sein, dass die Regelungen allerdings auch unter einigen sprachlichen Mängeln leiden. Insoweit wären Überarbeitungen wünschenswert. Letztlich ist allerdings nicht davon auszugehen, dass die sprachlichen Defizite zu negativen Auswirkungen in der Rechtsanwendung führen werden. In denjenigen Fällen, in denen der Anwendungsbereich dem Wortsinn nach zu weit geraten ist, bleibt eine teleologische Reduktion möglich.

Die Regelungen zur gruppeninternen Drittsicherheit sind geeignet, wechselseitige, aus der Stellung von Sicherheiten resultierende Haftungsverstrickungen in Konzernsachverhalten aufzulösen. Dadurch wird dem in diesen Konstellationen drohenden Domino-Effekt wirksam entgegengetreten. Der Gesetzgeber hat insoweit im Laufe des Gesetzgebungsverfahrens richtigerweise erkannt, dass für eine effektive Wirksamkeit der Regelung auch Konstellationen umfasst sein müssen, in denen die Sicherheiten von der Konzernobergesellschaft gestellt werden. Eine Beschränkung der Regelungen auf Downstream-Konstellationen wäre zwar ein weniger starker Eingriff in das dogmatische System der Insolvenzordnung gewesen. Allerdings wäre eine solche Beschränkung auch weniger wirksam. Auch Drittsicherheiten, die von der Konzernobergesellschaft für eine Tochtergesellschaft oder von einer solchen an eine andere gestellt werden, führen nämlich zu den wechselseitigen Haftungsverstrickungen der Konzerngesellschaften, die die Gefahr eines Domino-Effekts in sich tragen.

---

843 Vgl. auch die Zusammenfassung der Stellungnahmen von Verbänden der Restrukturierungs- und Insolvenzbranche *Jung/Meißner u.a.*, KSI 2020, 253 (260).

844 Siehe dazu oben Seite 161 f.

Die Regelungen knüpfen dabei insgesamt nicht an ein Verschulden der Geschäftsleitung oder Missbrauchstatbestände an. Dadurch sind auch Konstellationen vom Regelungsbereich umfasst, in denen lediglich legitime, vom Gesetzgeber vorgegebenen Möglichkeiten und Vorteile der Konzernierung ausgenutzt werden. Der Eingriff in das insolvenzrechtlich verankerte Rechtsträgerprinzip wird durch eine Entschädigungsleistung an die betroffenen Gläubiger kompensiert. Ihre berechtigten Interessen werden dadurch gewahrt. Daneben bleibt auch das allgemeine Verschlechterungsverbot bestehen. Außerdem ist der Eingriff lediglich partieller Natur – und zwar in zweifacher Hinsicht. Zum einen wird schon grundsätzlich lediglich die Haftungsseparierung aufgehoben, das Rechtsträgerprinzip bleibt im Übrigen unangetastet. Zum anderen erfolgt auch der Eingriff in die Haftungsseparierung als Teilaspekt des Rechtsträgerprinzips ausschließlich in Bezug auf gruppeninterne Drittsicherheiten.

Innerhalb der Gesetzesbegründung fällt auf, dass die Regelungen zur gruppeninternen Drittsicherheit zuvorderst dazu dienen sollen, den Wert des Konzernverbundes zu erhalten und Folgeinsolvenzen von Konzerngesellschaften zu verhindern. Die Rechtfertigung des Eingriffs erfolgt damit vorrangig aus der Sichtweise des Schuldners. Dogmatisch stringenter wäre es gewesen, daneben auch mit der daraus resultierenden, besser zu erreichenden Gläubigerbefriedigung zu argumentieren. Schließlich stellt eine bestmögliche Gläubigerbefriedigung die oberste Maxime der Insolvenzordnung dar. Die hierauf einzahlenden Aspekte, die aus dem Erhalt des Konzernverbundes und der Vermeidung von Folgeinsolvenzen resultieren, deutet der Gesetzgeber indes lediglich an. Gleichwohl kommt innerhalb der gesetzlichen Regelungen berechtigterweise zum Ausdruck, dass es sich bei der Insolvenzordnung weiterhin und auch in Bezug auf die Gestaltung von gruppeninternen Drittsicherheiten um ein gläubigerzentriertes Verfahren handelt. Insbesondere die Bestimmung der angemessenen Entschädigung hat aus der Perspektive des gesicherten Insolvenzgläubigers zu erfolgen.

Es muss darüber hinaus deutlich konstatiert werden, dass beispielsweise der Ansatz der materiellen Konsolidierung eine effektivere Gestaltungsmöglichkeit dargestellt hätte, um den Domino-Effekt zu verhindern. Ihre Wirkung würde sich wegen des weiteren Anwendungsbereichs nicht nur auf Haftungsverstrickungen beschränken, die aus wechselseitig gestellten Sicherheiten resultieren. Es ist indes zu akzeptieren, dass der Gesetzgeber lediglich diese Konstellation regeln wollte. Zu diesem Zweck ist das Instrument der gruppeinternen Drittsicherheit genauso geeignet, greift allerdings deutlich weniger stark in die dogmatischen Grundfesten des Insolvenzrechts ein.

Insbesondere bleibt es bei getrennten Insolvenzverfahren. Außerdem wird an das bereits etablierte Insolvenzplanverfahren angedockt, sodass auch der systematische Eingriff minimal ist.

Letztlich sei der Vollständigkeit halber erwähnt, dass außerhalb der Regelungen des SanInsFoG bereits Regelungen existieren, die einen Eingriff in „gruppeninterne Drittsicherheiten“ zulassen.[845] Das Gesetz über Schuldverschreibungen aus Gesamtemissionen (SchVG) ermöglicht die Restrukturierung von Schuldverschreibungen auch ohne die volle Unterstützung aller Beteiligten.[846] Über § 22 SchVG besteht dabei auch die Möglichkeit, die Abreden der für Schuldverschreibungen gestellten Sicherheiten durch Mehrheitsbeschluss der Gläubiger zu ändern.[847] Handelt es sich beim Sicherungsgeber um ein Unternehmen, das nach §§ 15 ff. AktG mit dem Schuldner verbunden ist, entspricht die Sicherheit einer gruppeninternen Drittsicherheit im Sinne der Definition von § 217 Absatz 2 InsO.[848] Bei genauerer Betrachtung unterscheiden sich die Konstellationen jedoch grundlegend. Zum einen gilt für Schuldverschreibungen gemäß § 4 Satz 1 SchVG der Grundsatz der kollektiven Bindung. Danach müssen die Anleihebedingungen für alle Beteiligten jederzeit identisch ausgestaltet sein, um die freie Handelbarkeit, die sog. Fungibilität, der Schuldverschreibungen sicherzustellen.[849] Dies führt notwendigerweise zu einer gewissen Beschränkung der individuellen Rechtsmacht.[850] Zum anderen setzt eine Änderung der Sicherheit durch die Gläubigermehrheit nach § 22 Satz 2 SchVG voraus, dass die Änderungsmöglichkeit bereits ausdrücklich in den Anleihebedingungen vorgesehen ist.[851] Diese hat jeder Gläubiger im Zeitpunkt seiner Anlageentscheidung akzeptiert. Die Änderung spiegelt damit ein typisches und bekanntes Anlagerisiko von Schuldverschreibungen wider.[852] Eine Kompensation der Gläubiger ist dementsprechend nicht angezeigt. Anders als die Regelung des § 223a Satz 2 InsO sieht das SchVG folglich auch keine Entschädigung vor.

---

845 *Lürken*, ZIP 2021, 1305 (1312).

846 BT-Drucks. 16/12814, 17.

847 BT-Drucks. 16/12814, 26; *Freudenberger*, Das Schuldverschreibungsgesetz, 133; Heidel SchVG-*Müller*, § 22 Rn. 1.

848 Vgl. *Lürken*, ZIP 2021, 1305 (1312).

849 BT-Drucks. 16/12814, 17; Preuße SchVG-*Dörfler/Röh*, § 4 Rn. 4; Heidel SchVG-*Müller*, § 4 Rn. 1.

850 Preuße SchVG-*Dörfler/Röh*, § 4 Rn. 1; vgl. auch Heidel SchVG-*Müller*, § 4 Rn. 5.

851 BT-Drucks. 16/12814, 26; *Freudenberger*, Das Schuldverschreibungsgesetz, 133.

852 Vgl. *Freudenberger*, Das Schuldverschreibungsgesetz, 183.

Dritter Teil Für und Wider ein materielles Konzerninsolvenzrecht

Nachdem im ersten Teil der Untersuchung grundlegende Überlegungen zu einem materiellen Konzerninsolvenzrecht dargestellt und denkbare Regelungsansätze bewertet wurden, folgte im zweiten Teil eine systematische Analyse der neuen Regelungen zur gruppeninternen Drittsicherheit. Dabei konnte festgestellt werden, dass deren Gestaltung im Rahmen eines Insolvenzplans zur Vermeidung von Domino-Effekten sinnvoll erscheint. Die im Gegenzug an die Gläubiger zu leistende angemessene Entschädigung für wegen des Eingriffs erlittene Rechtsverluste stellt eine pragmatische Lösung dar.

Abschließend soll nun die Frage beantwortet werden, inwieweit sich aus den Regelungen zur gruppeninternen Drittsicherheit weitere Argumente für oder wider ein materielles Konzerninsolvenzrecht ableiten lassen.

A. Ausgangslage

Auch wenn der Gesetzgeber mit den Regelungen zur gruppeninternen Drittsicherheit einen kleinen Schritt in Richtung eines materiellen Konzerninsolvenzrechts gegangen ist, indem er unter bestimmten Voraussetzungen den Eingriff in das Vermögen von nicht insolventen Konzerngesellschaften auch gegen den Willen ihrer Gläubiger ermöglicht, ist ihr Anwendungsbereich sehr begrenzt. Überdies bestehen auch innerhalb des Anwendungsbereichs konzernspezifische Probleme, die nicht nur auf die wechselseitigen Haftungsverstrickungen zurückzuführen sind, mithin nicht mit den neu eingeführten Regelungen zu lösen sind.

Es bleiben demnach Konstellationen bestehen, in denen noch flexiblere Lösungsmöglichkeiten hilfreich wären. Exemplarisch können Konzerne in der Bauwirtschaft genannt werden, die für die Realisierung einzelner Projekte jeweils eigene Bauträgergesellschaften gründen und diese mit einem Minimum an Kapital ausstatten. Ist ein Projekt nicht (selbsttragend) erfolgreich, wird die Bauträgergesellschaft zumeist im Insolvenzverfahren abgewickelt. Der Insolvenzverwalter lehnt die Erfüllung der Bauträgerverträge gegenüber den

Auftraggebern in der Regel ab.[853] Während der hinter der Bauträgergesellschaft stehende Konzern selbst finanziell gesund bleibt, können sich für die Auftraggeber finanziell gravierende Nachteile ergeben.[854]

Bei der Diskussion darf nicht übersehen werden, dass sich der Gesetzgeber trotz der bekannten Probleme und der intensiv geführten Debatte um ein materielles Konzerninsolvenzrecht bislang stets gegen die Einführung umfassendere Regelungen entschieden hat.[855] Insbesondere der mit der materiellen Konsolidierung einhergehende Wegfall der Haftungstrennung zwischen den Konzerngesellschaften und der Schutz der Haftungserwartungen der Gläubiger stellen Hürden dar, die argumentativ nicht überzeugend überwunden werden können. Eine vollständige und bedingungslose materielle Konsolidierung kommt trotz ihrer Vorteile dementsprechend nicht in Betracht.[856]

Zumindest unter bestimmten Voraussetzungen wäre eine materielle Konsolidierung hingegen sinnvoll. Im Folgenden soll deshalb der Versuch unternommen werden, aus den Vorschriften zur gruppeninternen Drittsicherheit einen Regelungsansatz abzuleiten, mit dem sich der Kodifizierung einer materiellen Konsolidierung angenähert werden kann. Auf diese Weise soll zwischen den beiden argumentativen Polen – grundsätzliche materielle Konsolidierung der Vermögen sämtlicher Konzerngesellschaften einerseits und ihre generelle Ablehnung mit Festhalten an getrennten Insolvenzverfahren mit getrennten Insolvenzmassen andererseits – vermittelt werden.

B. Entschädigungsleistung als Anknüpfungspunkt für eine Neuregelung

Als Anknüpfungspunkt dient der wesentliche Unterschied zwischen den vom Gesetzgeber eingeführten Regelungen zur gruppeninternen Drittsicherheit und anderen bislang diskutierten Regelungsansätzen zu einem materiellen Konzerninsolvenzrecht. Dieser besteht in der gemäß § 223a Satz 2 InsO

853 *Bagaric*, ZMR 2019, 655 (655).

854 Vgl. *Bagaric*, ZMR 2019, 655 (659), die eine Schadloshaltung sogar in jedem Fall für unmöglich hält.

855 Vgl. ausdrücklich im Rahmen der Einführung des KIG BT-Drucks. 18/407, 17; vgl. auch *Bundesministerium der Justiz,* Erster Bericht der Kommission für Insolvenzrecht, 292.

856 Siehe dazu oben Seite 83 ff. und Seite 104 ff.

zu leistenden Entschädigung.[857] Nur wenn die Inhaber von Rechten aus einer gruppeninternen Drittsicherheit eine angemessene Entschädigung erhalten, ist eine Gestaltung ihrer Rechte möglich. Der Mechanismus – Eingriff in eine Rechtsposition gegen angemessene Entschädigung – hat bislang in der Diskussion um ein materielles Konzerninsolvenzrecht keine Berücksichtigung gefunden.

Dieser stellt in der Rechtswissenschaft einen bereits bewährten Ansatz dar. Zu denken ist grundsätzlich an die sog. Junktim-Klausel des Art. 14 Absatz 3 Sätze 2 und 3 GG. Danach muss für eine Enteignung letztlich eine Entschädigung geleistet werden, die unter gerechter Abwägung der Interessen der Allgemeinheit und der Beteiligten bestimmt wurde. Wird die Entschädigung nicht in einer entsprechenden Weise geregelt, liegt ein verfassungswidriger Verstoß gegen die Junktim-Klausel vor.[858] Ein Beispiel für eine konkrete Regelung dieses Mechanismus' ist der zwangsweise Ausschluss von Minderheitsaktionären aus einer Gesellschaft durch den Hauptaktionär nach §§ 327a ff. AktG (sog. aktienrechtlicher Squeeze-Out). Dieser ist nur rechtmäßig, wenn die Minderheitsaktionäre im Gegenzug eine angemessene Barabfindung erhalten.[859]

Der Ansatz über die Leistung einer angemessenen Entschädigung für erlittene Rechtsverluste ist im Fall der Gestaltung von gruppeninternen Drittsicherheiten ein gangbarer Weg, um dogmatische Zweifel pragmatisch auszuräumen. Er trägt dem Umstand Rechnung, dass es keine Möglichkeit gibt, den spezifischen Problemen von Konzerninsolvenzen zu begegnen, ohne zumindest teilweise in das Rechtsträgerprinzip einzugreifen. Die Bestimmung der Angemessenheit der Entschädigungsleistung ist zwar mit einigem Aufwand verbunden und bietet Spielraum für Diskussionen. Sie ist aber dazu geeignet, den systemwidrigen Eingriff zu kompensieren, und grundsätzlich leistbar. Dies liegt vor allem daran, dass die Sicherungssachverhalte nur einen kleinen Ausschnitt der Rechtsbeziehungen eines Konzernverbundes ausmachen. Überdies ist die Werthaltigkeit einer Sicherheit mit einem klaren Prüfungsprogramm bestimmbar.

---

857 Siehe dazu oben Seite 146 ff.

858 Vgl. BVerfG, Beschluss vom 21.07.1955, 1 BvL 33/51, MDR 1956, 18 (18).

859 Vgl. zur verfassungsrechtlichen Unbedenklichkeit der §§ 327a ff. AktG im Hinblick auf Art. 14 GG BVerfG, Beschluss vom 30.05.2007, 1 BvR 390/04, Rn. 1 (16 ff.).

I. Schutz von Gläubigerinteressen

Es stellt sich die Frage, ob man das Instrument einer Kompensationslösung auch nutzen kann, um die Vorteile einer materiellen Konsolidierung im Einzelfall zu ermöglichen.

Eine Eins-zu-eins-Umsetzung des Mechanismus einer Entschädigungsleistung für jeden Eingriff in eine Rechtsposition, wie er den Regelungen zur gruppeninternen Drittsicherheit zugrunde liegt, dürfte nicht denkbar sein. Besonders deutlich zeigt sich das, wenn man das Konzept der materiellen Konsolidierung der Vermögen sämtlicher Konzerngesellschaften zugrunde legte. Wenn dann jeder Eingriff in eine Rechtsposition mit einer Entschädigungsleistung kompensiert werden müsste, wäre die jeweilige Bestimmung der Angemessenheit in den meisten Fällen kaum mehr mit vertretbarem Aufwand zu leisten.

1. Allokationseffizienz

Ein Ausweg könnte darin bestehen, als Maßstab an die aus den Wirtschaftswissenschaften bekannte sog. Allokationseffizienz anzuknüpfen.[860] Spielarten der Allokationseffizienz sind das Pareto-Kriterium und das Kaldor-Hicks-Kriterium. Nach dem Pareto-Kriterium ist eine Güterverteilung (Allokation) X besser als eine Güterverteilung Y, wenn X kein Individuum schlechter und mindestens eines besserstellt als Y.[861] Eine Pareto-optimale Güterverteilung liegt vor, wenn keine weiteren Pareto-Verbesserungen mehr möglich sind, also kein Individuum besser gestellt werden kann, ohne ein anderes schlechter zu stellen (sog. Pareto-Effizienz).[862] Demnach ist das Pareto-Kriterium nicht geeignet für Güterverteilungen, bei denen nicht alle Teilnehmer besser gestellt werden. Im Rahmen einer materiellen Konsolidierung wäre es folglich kein geeigneter Ansatz.[863] Es ist kaum denkbar, dass nicht mindestens ein Gläubiger irgendeiner Konzerngesellschaft durch die materielle Konsolidierung (zunächst) schlechter gestellt wird. Diese

---

860 Vgl. *Konold*, Konzerninsolvenz, 34, der fälschlicherweise Allokationseffizienz und Pareto-Effizienz gleichsetzt.

861 Vgl. *Eidenmüller*, Effizienz als Rechtsprinzip, 48.

862 *Blair/Chatfield*, Public Choice Vol. 17, 1974, 93 (95); *Brümmerhoff/Büttner*, Finanzwissenschaft, 44.

863 Vgl. *Trautmann*, Die Legitimation der beschränkten Haftung im Konzern, 51, die ganz allgemein das „*Pareto-Kriterium nicht zur Bestimmung der opti-malen Rechtsregel*" für geeignet hält; a. A. offenbar *Konold*, Konzerninsolvenz, 34, der indes bereits ein falsches Begriffsverständnis zugrunde legt, siehe dazu Fn. 860.

(erwartbare) Schlechterstellung soll durch die Entschädigungsleistung schließlich gerade ausgeglichen werden. Es ist daher vorzugswürdig, an das Kaldor-Hicks-Kriterium anzuknüpfen. Nach dem Kaldor-Hicks-Kriterium ist die Veränderung einer (Güter-) Verteilung der Ausgangsverteilung vorzuziehen, wenn der Nutzenzuwachs (Mehrwert) durch die Umverteilung ausreicht, um eventuelle Nutzenminderungen einzelner Wirtschaftssubjekte ausgleichen zu können und darüber hinaus noch einen verbleibenden Nutzenzuwachs zu generieren.[864] Danach kann eine Güterverteilung grundsätzlich auch dann vorteilhaft sein, wenn einzelne Individuen schlechter gestellt und ihre eventuellen Nutzenminderungen auch nicht ausgeglichen werden. Dies ist darauf zurückzuführen, dass es aus volkswirtschaftlicher Sicht primär um die Mehrung des *Gesamt*nutzens geht.[865] Aufgrund des Schlechterstellungsverbots der Insolvenzordnung (vgl. § 245 Absatz 1 Nummer 1, § 251 Absatz 1 Nummer 2 InsO) ist das Kaldor-Hicks-Kriterium deshalb zu modifizieren, bevor es auf den Ansatz der materiellen Konsolidierung angewendet werden kann. Während das Kaldor-Hicks-Kriterium lediglich voraussetzt, dass die Kompensation der Nutzenminderungen durch den Nutzenzuwachs möglich ist, müsste diese Kompensation im Sinne des Schlechterstellungsverbots auch tatsächlich erfolgen.

2. *Bestmögliche Befriedigung sämtlicher Insolvenzgläubiger*

Eine materielle Konsolidierung käme demnach infrage, soweit die für den einzelnen Gläubiger aus der materiellen Konsolidierung resultierenden Nachteile im Vergleich zum Mehrwert, der hierdurch für sämtliche Gläubiger erzielt werden kann, so gering wären, dass auch nach einem Ausgleich der Nachteile ein Rest-Mehrwert erzielt würde. In diesem Fall könnten die Interessen des einzelnen Gläubigers dem allgemeinen Interesse an einer materiellen Konsolidierung untergeordnet werden. Der Rest-Mehrwert müsste dann – in Modifikation des Kaldor-Hicks-Kriteriums – gleichmäßig unter allen Gläubigern verteilt werden. So würde jeder Insolvenzgläubiger in wirtschaftlicher Hinsicht besser gestellt, als er ohne die materielle Konsolidierung stände.

---

864 *Kaldor*, The Economic Journal Vol. 49, No. 195, 1939, 549 (550); *Hicks*, The Economic Journal Vol. 49, No. 196, 1939, 696 (698 ff.); vgl. auch *Eidenmüller*, Effizienz als Rechtsprinzip, 51.

865 Vgl. *Trautmann*, Die Legitimation der beschränkten Haftung im Konzern, 51 f., die die aus der entsprechenden Anwendung des Kaldor-Hicks-Kriteriums resultierenden volkswirtschaftlichen Vorteile über das Steuersystem umverteilen möchte.

Im Ergebnis würde über die Anknüpfung an die Allokationseffizienz der dogmatische Eingriff in das Rechtsträgerprinzip aus Gläubigersicht durch einen wirtschaftlichen Vorteil kompensiert werden. Die Insolvenzgläubiger können zwar nicht mehr auf die Haftungsmasse ihres Vertragspartners zugreifen, anhand derer sie beispielsweise das Insolvenzrisiko kalkuliert haben, sondern müssen mit anderen Insolvenzgläubigern um eine Konzerninsolvenzmasse konkurrieren. Für die Gläubiger dürfte allerdings ihre bestmögliche Befriedigung im Fokus stehen und deren rechtssystematische Herleitung dagegen von untergeordnetem Interesse sein. Eine materielle Konsolidierung kommt bei einer Anknüpfung an das modifizierte Kaldor-Hicks-Kriterium ausschließlich in Betracht, wenn sich für jeden einzelnen Gläubiger ein wirtschaftlicher Vorteil ergibt. Insbesondere die Befürchtung, dass berechtigte Haftungserwartungen der Gläubiger enttäuscht werden könnten, wird auf diese Weise ausgeräumt.

Wenngleich es sich bei dieser Lösung nicht um eine direkte Entschädigungszahlung handelte, könnte insoweit der pragmatische Ansatz des Gesetzgebers zur gruppeninternen Drittsicherheit für die materielle Konsolidierung fruchtbar gemacht werden.

II. Fakultativer Konzernvermerk zum Schutz insbesondere des Schuldners

Auch wenn das Insolvenzrecht die bestmögliche Gläubigerbefriedigung ins Zentrum stellt, müssen darüber hinaus auch die berechtigten Interessen des Schuldners und des Rechtsverkehrs insgesamt berücksichtigt werden.

1. Drohende Rechtsunsicherheit

Ein berechtigter Einwand gegen das Konzept der materiellen Konsolidierung besteht darin, dass es zu Rechtsunsicherheit führen würde.

Auf Seiten des Konzerns wirkt sich diese grundsätzlich negativ auf die Investitionsbereitschaft aus. Hierdurch bleiben Wachstumspotentiale ungenutzt.[866] Zum Beispiel könnten die Risiken besonders gewagter Unternehmungen nicht auf separate Konzerngesellschaften begrenzt werden. Wenn die Haftungsmassen der einzelnen Konzerngesellschaften durch den Eingriff einer materiellen Konsolidierung nicht strikt voneinander getrennt bleiben, wäre es im Vorhinein nicht abzuschätzen, wie sich die Insolvenz einer Konzerngesellschaft auf das übrige Konzernvermögen ausweiten könnte. Auch

866 *Eidenmüller*, Effizienz als Rechtsprinzip, 50.

für den Rechtsverkehr wäre das jeweils im Fall der Insolvenz zur Verfügung stehende Haftungssubstrat im Zeitpunkt des Vertragsschlusses nicht klar erkennbar, Insolvenzrisiken deshalb nicht unter den Vertragsparteien kalkulierbar.[867]

Zwar hat auch der Gesetzgeber mit der Kodifizierung der Regelungen zur gruppeninternen Drittsicherheit gerade gezeigt, dass ein gewisses Maß an Unsicherheit hinzunehmen ist. Jede Drittsicherheit kann grundsätzlich nach Vertragsschluss zur gruppeninternen Drittsicherheit werden.[868] Insbesondere ist aber zu beachten, dass die mit einer „globalen" materiellen Konsolidierung verbundene Rechtsunsicherheit ungleich größer wäre als im Rahmen der begrenzten Regelungen zu gruppeninternen Drittsicherheiten. Ebenso wenig können die Bedenken damit ausgeräumt werden, dass eine gewisse Rechtsunsicherheit zum allgemeinen Lebensrisiko gehört und beispielsweise durch eine Verschmelzung vollkommen neue Vertragspartner geschaffen werden können. Die Folgen einer umfassenden materiellen Konsolidierung wären deutlich gravierender.

Dementsprechend muss dem Argument der Rechtsunsicherheit auf andere Weise begegnet werden.[869] Dazu geeignet wäre die Möglichkeit, de lege ferenda einen Konzernvermerk explizit ins Handelsregister aufzunehmen. Ein derartiger Konzernvermerk wäre die Erklärung einer Konzerngesellschaft im Handelsregister, welche auf die Zugehörigkeit zu einem Konzern und die damit verbundene Möglichkeit einer materiellen Konsolidierung hinweist. Wenn eine materielle Konsolidierung grundsätzlich im Raum stände, wäre dies für den gesamten Rechtsverkehr auf diese Weise vorher eindeutig erkennbar. Auf Seite der potentiellen Vertragspartner von Konzerngesellschaften könnte auf diese Weise eine privatautonome Entscheidung darüber getroffen werden, ob unter diesem Umstand eine Rechtsbeziehung begründet werden soll. Auch auf Konzernseite kann sich entsprechend vorbereitet werden.

Eine derartige Erklärung, welche auf die Möglichkeit einer materiellen Konsolidierung hinweist, wäre nicht außergewöhnlich. Vereinzelt wird sogar bereits ein Trend in Richtung von Konzerntransparenz erkannt, die beispielsweise durch Konzernerklärungen erreicht werden kann.[870]

---

867 Siehe dazu oben Seite 72 f.

868 Siehe dazu oben Seite 121 ff.

869 Vgl. *Ehricke*, Das abhängige Konzernunternehmen in der Insolvenz, 601, der Aufklärungspflicht von abhängigen Konzerngesellschaften über Konzernlage und Konzernobergesellschaft fordert.

870 *Druey*, in: FS Hommelhoff, 157.

2. *Schutz der Privatautonomie der Gesellschafter*

Die Eintragung eines Konzernvermerks müsste darüber hinaus fakultativ sein, um auch die Interessen der Gesellschafter der Konzerngesellschaften angemessen zu berücksichtigen. Immerhin bedeutete eine materielle Konsolidierung im Fall der Insolvenz nichts weniger als den Verzicht auf die Haftungsbeschränkung der einzelnen Konzerngesellschaften untereinander.

a. *Vor Eröffnung des Konzerninsolvenzverfahrens*

Außerdem liegt es außerhalb des Insolvenzverfahrens prinzipiell in der freien Entscheidung der Gesellschafter, in welcher Rechtsform sie am Markt agieren möchten. Wie nicht zuletzt die Regelungen zur Verschmelzung zeigen, können sie die Rechtsform auch jederzeit ändern. Dementsprechend müssten die Gesellschafter auch frei in ihrer Entscheidung sein, ob sie einen Konzernvermerk ins Handelsregister eintragen lassen möchten. In den Regelungen zur gruppeninternen Drittsicherheit wird dieser Aspekt im Rahmen der Zustimmungserklärung nach § 230 Absatz 4 InsO reflektiert.[871] Entscheiden sie sich gegen eine Eintragung, bliebe es bei der aktuellen Rechtslage und dem Grundsatz „Ein Rechtsträger, ein Vermögen, ein Verfahren".[872] Wird ein entsprechender Vermerk indes beantragt und eingetragen, würde damit die materielle Konsolidierung unter den mit einem Konzernvermerk versehenen Konzerngesellschaften in einem Konzerninsolvenzverfahren ermöglicht.

Es müsste den Gesellschaftern überdies möglich sein, den Konzernvermerk auf einzelne Konzerngesellschaften zu beschränken. Auch wenn eine materielle Konsolidierung und die damit verbundenen Vorteile umso größer sind, je mehr Konzerngesellschaften zum Konsolidierungskreis gehören,[873] überwiegt in diesem Fall die schützenswerte Privatautonomie der Gesellschafter. Um den Rechtsverkehr transparent darüber aufzuklären, dass nicht alle Konzerngesellschaften vom Vermerk umfasst sind und das Haftungssubstrat dementsprechend nicht das gesamte Konzernvermögen umfasst, sollte ein Teilkonzernvermerk in Betracht gezogen werden.

Bis zu einer etwaigen Eröffnung des Konzerninsolvenzverfahrens müssten die Gesellschafter in Ausübung ihrer unternehmerischen Freiheit auch dazu

---

871 Siehe dazu oben Seite 162 ff.

872 Siehe dazu oben Seite 25.

873 Siehe dazu oben Seite 86 ff.

befugt bleiben, Konzernvermerke wieder zu löschen. Um Missbrauch zu verhindern, bietet sich insofern eine Unbeachtlichkeitsfrist von einem Jahr an: Wird innerhalb eines Jahres nach Antrag auf Löschung des Konzernvermerks das Insolvenzverfahren eröffnet, bliebe die Löschung des Konzernvermerks unbeachtlich – die Konzerngesellschaften würden so behandelt, als wäre der Konzernvermerk noch im Handelsregister eingetragen. Die Länge der Frist orientiert sich dabei an der im Insolvenzanfechtungsfrist üblichen Jahresfrist (vgl. § 135 Absatz 1 Nummer 2 InsO, § 135 Absatz 2 InsO, § 136 Absatz 1 InsO sowie § 138 Absatz 1 Nummern 1, 1a und 3 InsO).

b. Nach Eröffnung des Konzerninsolvenzverfahrens

Nach Eröffnung des Konzerninsolvenzverfahrens wäre es den Gesellschaftern dann nicht mehr möglich, den Konzernvermerk und die damit verbundenen Rechtsfolgen zu beseitigen. Diese Notwendigkeit ergibt sich schon daraus, dass das Insolvenzverfahren grundsätzlich gläubigerzentriert ist. Im Zentrum steht die bestmögliche Gläubigerbefriedigung.[874] Wenn die materielle Konsolidierung der Vermögen der Konzerngesellschaften eine dem Kaldor-Hicks-Kriterium entsprechende Lösung darstellt,[875] hätten es Konzerninsolvenzverwalter und die Mehrheit der Gläubiger ab dem Zeitpunkt der Verfahrenseröffnung allein in der Hand, ob und zwischen welchen Konzerngesellschaften mit Konzernvermerk eine materielle Konsolidierung durchgeführt wird. Auf diese Weise können auch solvente Konzerngesellschaften einbezogen werden.

Demgegenüber wären die einzelnen Konzerngesellschaften nicht schutzwürdig, weil sich ihre Gesellschafter bewusst für ein Auftreten am Markt unter Konzernvermerk entschieden hätten und sich dementsprechend auf die etwaigen Folgen vorbereiten konnten.

3. Kein Schutz von Alt-Gläubigern

Regelmäßig dürften Konzerngesellschaften bereits über Vertragspartner verfügen, wenn sich die Frage nach der Eintragung eines fakultativen Konzernvermerks stellt. Zumeist entwickeln sich Konzernstrukturen über einen längeren Zeitraum. Deshalb könnte über eine Übergangsregelung diskutiert

874 Siehe dazu oben Seite 46 ff.
875 Siehe dazu oben Seite 190 f.

werden. Anknüpfungspunkt könnte wiederum die im Insolvenzrecht etablierte Jahresfrist sein, die auch für die Unbeachtlichkeitsfrist der Löschung eines einmal eingetragenen Konzernvermerks vorgeschlagen wurde.[876] Demnach könnte der Konzernvermerk gegenüber Alt-Gläubigern erst wirksam werden, wenn nach der Eintragung mindestens ein Jahr vergangen ist.

Entscheidendes Argument gegen eine Übergangsfrist im Fall des nach Vertragsschluss eingetragenen Konzernvermerks ist, dass die Gläubiger vor einem Konzernvermerk prinzipiell gar nicht geschützt werden müssen. Durch die gleichzeitige Anknüpfung an das modifizierte Kaldor-Hicks-Kriterium ist sichergestellt, dass ihnen aus dem Konzernvermerk ausschließlich wirtschaftliche Vorteile erwachsen können. Ist eine materielle Konsolidierung nach diesem Kriterium nicht für jeden von ihnen wirtschaftlich vorteilhaft, bleibt der Konzernvermerk ihnen gegenüber faktisch ohne Rechtsfolge. Eine materielle Konsolidierung findet dann nicht statt.

Zu beachten ist insoweit außerdem, dass der Gesetzgeber eine entsprechende Übergangsfrist im Rahmen der Regelungen zur gruppeninternen Drittsicherheit für entbehrlich gehalten hat. Wenn eine Drittsicherheit nach Vertragsschluss zur gruppeninternen Drittsicherheit wird, wird der Gläubiger nicht durch eine Übergangsfrist geschützt.[877] Die angemessene Entschädigung § 223a Satz 2 InsO und das allgemeine insolvenzrechtliche Schlechterstellungsverbot der § 245 Absatz 1 Nummer 1 und § 251 Absatz 1 Nummer 2 InsO werden als ausreichend betrachtet. Auch die Gläubiger von Vertragspartnern, die in Folge einer Verschmelzung nach dem UmwG ihr Vermögen mit demjenigen der Konzernobergesellschaft vereinigen, werden ebenfalls nicht durch eine Übergangsfrist geschützt, sondern regelmäßig lediglich über eine etwaige Sicherheitsleistung.[878]

4. *Kein Verstoß gegen den Numerus Clausus der Gesellschaftsformen*

Auch einem etwaigen Einwand, bei der Einführung eines Konzernvermerks handelte es sich um einen Verstoß gegen den Numerus Clausus der Gesellschaftsformen[879] durch eine indirekte Einführung einer neuen Gesellschaftsform, könnte begegnet werden. Nicht zuletzt die aktuelle Diskussion um die Einführung einer GmbH mit gebundenem Vermögen (GmbH-gebV) zeigt,

---

876 Siehe dazu oben Seite 194 f.
877 Siehe dazu oben Seite 121 ff.
878 Siehe dazu oben Seite 70 f.
879 *Schwerdtfeger*, Gesellschaftsrecht, Einführung und Grundlagen, Rn. 28.

dass der Katalog der Gesellschaftsformen erweitert werden kann.[880] Genauso wie es die GmbH-gebV den Gesellschaftern durch dauerhafte Bindung des Gesellschaftsvermögen ermöglichen soll, „*ein glaubwürdiges Signal für langfristig orientiertes Unternehmertum zu setzen*“[881], könnte der Konzernvermerk dazu dienen, den Marktteilnehmern glaubwürdig zu versichern, dass im Krisenfall das Vermögen aller Konzerngesellschaften mit Konzernvermerk als Haftungsmasse zur Verfügung steht.

5. *Eintragung im Handelsregister*

Für die Eintragung eines derartigen Konzernvermerks könnte das Handelsregister genutzt werden.[882]

a. *Verkehrsschutz durch Transparenz und Publizität*

Das Handelsregister hat eine Transparenz- und Publizitätsfunktion.[883] Es ist seine Aufgabe, die offenzulegenden Informationen zu den zentralen Unternehmensdaten für den Rechtsverkehr bereitzuhalten und sie ihm zugänglich zu machen.[884] Wie sich an § 15 HGB zeigt, werden an den Inhalt des Handelsregisters bereits heute in gewissem Maße materiell-rechtliche Wirkungen geknüpft.[885] Dementsprechend wäre es prinzipiell möglich, das bereits vorhandene Instrument Handelsregister dazu zu nutzen, die mit dem Konzept der materiellen Konsolidierung verbundene Rechtsunsicherheit zu beseitigen. Der Verkehrsschutz ist schließlich eines der Hauptziele des Handelsregisters.[886]

b. *Konzernstrukturen derzeit im Handelsregister nicht klar erkennbar*

Überdies wird schon lange erwogen, das Handelsregister um bestimmte Eintragungsgegenstände wie die Tatsache einer Konzernierung zu erweitern, damit es seiner Publizitätswirkung genügen kann.[887] Auch die Schaffung

---

880 Vgl. den Gesetzentwurf bei *Sanders/Dauner-Lieb u.a.*, GmbHR 2021, 285 (287 ff.).

881 *Sanders/Dauner-Lieb u.a.*, GmbHR 2021, 285 (285).

882 Vgl. *Zöllner*, NZG 2003, 354 (355).

883 Hopt HGB-*Merkt,* § 8 Rn. 1; EBJS HGB-*Schaub,* § 8 Rn. 44.

884 *Richter/Brinkmann*, in: Registerwesen, 23 f.; EBJS HGB-*Schaub,* § 8 Rn. 44; *Müller*, CR 1992, 71 (75).

885 BGH, Beschluss vom 03.02.2015, II ZB 12/14, NJW 2015, 2116 (2118).

886 Hopt HGB-*Merkt,* § 8 Rn. 1; *Richter/Brinkmann*, in: Registerwesen, 26.

887 *Schneider*, WM 1986, 181 (185); *Schneider*, EuZW 2011, 649 (650); *Zöllner*, NZG 2003, 354 (355); Hopt HGB-*Merkt,* § 8 Rn. 2b; *Merkt*, Unternehmenspublizität, 459.

eines eigenen Gesellschaftsgruppenregisters wird diskutiert.[888] Derzeit ist das Handelsregister nicht dazu geeignet, die Konzernlage von Gesellschaften eindeutig zu recherchieren. Das gilt erst recht für ganze Konzernstrukturen. Zwar sind beispielsweise die Gesellschafter einer GmbH aus dem Handelsregister zu entnehmen.[889] Die Gesellschafterliste ist gemäß § 40 Absatz 1 Satz 1 GmbHG immer auf aktuellem Stand zu halten, Veränderungen beispielsweise durch Anteilsübertragungen werden nach § 2 Absatz 3 Nummer 7 GesLV dokumentiert.[890] Umgekehrt ist es aber nicht möglich, bei einer GmbH oder AG zu erkennen, ob und bei welcher Gesellschaft sie als Gesellschafter fungiert.[891] Die Eintragung von Beherrschungsverträgen bei der Konzernobergesellschaft ist beispielsweise nicht zulässig.[892] Das führt dazu, dass immer nur von einer Tochtergesellschaft „nach oben" recherchiert werden kann. Schwestergesellschaften bleiben so gänzlich unerkannt. Dies ist insbesondere deshalb problematisch, weil ein potentieller Vertragspartner bei seiner Recherche immer bei der ihm gegenübertretenden einzelnen Konzerngesellschaft ansetzen wird.[893] Ihm bleiben nicht selten Großteile einer Konzernstruktur verborgen. Ist der potentielle Vertragspartner die Konzernobergesellschaft, ist eine Konzernierung für ihn aus dem Handelsregister gänzlich unersichtlich.

c. Keine Abhilfe durch Transparenzregister

Auch das jüngst geschaffene Transparenzregister gemäß § 18 Absatz 1 Satz 1 GwG[894] schafft keine Abhilfe. Es hat das Ziel, den Missbrauch unter anderem von juristischen Personen zum Zweck der Geldwäsche und Terrorismusfinanzierung

888 Vgl. *Zöllner*, NZG 2003, 354 (355).

889 MüKoGmbHG-*Heidinger*, § 40 Rn. 5; *Krafka*, Registerrecht, Rn. 1102a; Scholz GmbHG-*Seibt*, § 40 Rn. 3.

890 *Krafka*, Registerrecht, Rn. 1101a.

891 EBJS HGB-*Schaub*, § 8 Rn. 45.

892 K. Schmidt/Lutter AktG-*Langenbucher*, § 294 Rn. 2; MüKoAktG-*Altmeppen*, § 294 Rn. 12; *Krafka*, Registerrecht, Rn. 1111; EBJS HGB-*Schaub*, § 8 Rn. 106; Emmerich/Habersack-*Emmerich*, § 293 AktG Rn. 46; für eine fakultative Eintragung OLG Celle, Beschluss vom 04.06.2014, 9 W 80/14, NZG 2015, 644 (645); MüKoGmbHG-*Liebscher*, Anhang zu § 13 Rn. 800 f.; vgl. auch das Plädoyer für eine Eintragung von *Priester*, GmbHR 2015, 169 (171 f.).

893 *Schneider*, WM 1986, 181 (185).

894 Vgl. Artikel 1 des Gesetz zur Umsetzung der Vierten EU-Geldwäscherichtlinie, zur Ausführung der EU-Geldtransferverordnung und zur Neuorganisation der Zentralstelle für Finanztransaktionsuntersuchungen, BGBl. Jahrgang 2017 Teil I Nr. 39, ausgegeben zu Bonn am 24. Juni 2020, 1822 ff.

zu verhindern.[895] Zwar führt das Register zu einer weiteren Ausdehnung der Unternehmenstransparenz.[896] Dazu trägt auch der Ausbau zum Vollregister durch den Wegfall der sog. Mitteilungsfiktion nach § 20 Absatz 2 GwG aF bei, wonach eine Meldepflicht jetzt unabhängig davon besteht, ob die Angaben alternativ auch in anderen Registern wie dem Handelsregister abrufbar sind.[897] Allerdings ist es seinem Schutzzweck entsprechend nicht darauf ausgelegt, Konzernstrukturen sichtbar zu machen. Es kann lediglich von einer Konzerngesellschaft auf ihren jeweils wirtschaftlich Berechtigten, der noch dazu eine natürlich Person und keine Konzernobergesellschaft ist (vgl. § 3 GwG), geschlossen werden und nicht umgekehrt. In Bezug auf eine Konzernstruktur ergibt sich aus dem Transparenzregister somit kein wesentlicher Erkenntnisgewinn gegenüber dem Handelsregister.

d. Keine Abhilfe durch Konzernabschluss

Ein Gesamtbild von Konzernstrukturen ergibt sich für den Rechtsverkehr auch nicht aus dem Konzernabschluss nach §§ 290 ff. HGB.[898] Aufgrund zahlreicher Ausnahmetatbestände in §§ 291 bis 293 HGB vermitteln diese insbesondere über mehrstufige Konzerne per se kein vollständiges Bild.[899] Spiegelbildlich zur Lage im Handelsregister muss der informationsbedürftige Gläubiger Kenntnis über die Konzernobergesellschaft haben, um den Konzernabschluss überhaupt als Informationsquelle zu erkennen. Zu beachten ist außerdem, dass die gesuchten Informationen unter Umständen in mehreren Teilkonzernabschlüsse enthalten sind.[900] Schließlich fehlt Konzernabschlüssen auch die Klarheit eines Registers, das einen einfachen und standardisierten Überblick ermöglicht.[901] In praktischer Hinsicht kommt hinzu, dass die Aufstellungsfrist gemäß § 290 Absatz 1 HGB in der Regel fünf Monate nach dem Stichtag des Konzernabschlusses beträgt; die Offenlegungsfrist, also die Frist zur Einreichung beim Betreiber des Bundesanzeigers,[902] beträgt gemäß

895 BT-Drucks. 18/11555, 89.

896 MüKoAktG-*Koch*, § 67 Rn. 76.

897 *Bode/Gätsch*, NZG 2021, 437 (439).

898 *Schneider*, EuZW 2011, 649 (650).

899 *Busse von Colbe/Ordelheide u.a.*, Konzernabschlüsse, 71 ff.; Baetge/Kirsch/Thiele-*Kirsch/Berentzen*, § 291 HGB Rn. 1 ff.

900 Vgl. kritisch zum Informationsgehalt *Busse von Colbe/Ordelheide u.a.*, Konzernabschlüsse, 70 f.

901 Noack/Servatius/Haas GmbHG-*Servatius*, § 40 Rn. 15b.

902 EBJS HGB-*Böcking/Gros u.a.*, § 325 Rn. 1 ff.

§ 325 Absatz 1a Satz 1, Absatz 3 HGB ein Jahr.[903] Allein hierdurch wird verhindert, dass eine aktuelle Information über Konzernstrukturen möglich ist.

e. *Privaten Recherchen fehlt Publizitätswirkung*

Die noch verlässlichste Hilfe können derzeit spezialisierte private Anbieter[904] leisten, die sowohl Rückwärtssuchen vom Gesellschafter „abwärts" als auch von der Konzerngesellschaft „aufwärts" ermöglichen.[905] Selbst ihr Angebot dürfte indes nicht vollständig sein. Außerdem fehlt den auf diese Weise gewonnen Informationen die Publizitätswirkung und der damit verbundene öffentliche Glaube des Handelsregisters.[906]

f. *Fortentwicklung des Handelsregisters durch Konzernvermerk*

Der Konzernvermerk könnte einen Schritt in Richtung einer erweiterten Information des Rechtsverkehrs über Konzernstrukturen darstellen. Insgesamt könnte das Handelsregister durch die Möglichkeit der Aufnahme eines Konzernvermerks weiter aufgewertet werden. Einem seiner Hauptziele, dem Verkehrsschutz, könnte ein weiterer Aspekt hinzugefügt werden. Die hinzugewonnene Transparenz diente nicht nur dem Gläubigerinteresse, sondern die Offenlegung der Konzernstrukturen könnte das gesamtwirtschaftliche Vertrauen in den Markt als Ganzes stärken.[907]

Zu beachten ist insoweit, dass immer eine Abwägung zwischen der Bedeutung der Information und der Gefahr der Überfrachtung des Handelsregisters zu erfolgen hat.[908] Einzutragen wäre deshalb nur der Konzernvermerk als solches. Detaillierte Informationen über die verbundenen Konzerngesellschaften, mit deren Vermögen es unter Umständen zu einer materiellen Konsolidierung käme, könnten in einer Anlage entsprechend der Gesellschafterliste aufgenommen werden. Insoweit reicht es, sich vor Augen zu führen, dass Konzerne mitunter über hunderte von Konzerngesellschaften verfügen.[909] Eine Eintragung

---

903 *Bachmann/Peitz*, in: Unternehmensberichterstattung, 44.

904 Wie etwa Dun & Bradstreet Deutschland GmbH.

905 Vgl. *Müller*, CR 1992, 71 (75).

906 Vgl. BGH, Urteil vom 09.10.2003, VII ZR 122/01, NJW-RR 2004, 120 (120); *Krafka*, Registerrecht, Rn. 1102a; *Richter/Brinkmann*, in: Registerwesen, 30.

907 Vgl. *Merkt*, Unternehmenspublizität, 460.

908 Noack/Servatius/Haas GmbHG-*Servatius*, § 40 Rn. 15b; Lutter/Hommelhoff GmbHG-*Bayer*, § 40 Rn. 12.

909 Vgl. *Bode/Gätsch*, NZG 2021, 437 (442); *Schneider*, EuZW 2011, 649 (650).

sämtlicher Konzerngesellschaften im originären Registerauszug scheidet folglich aus.

III. Zusätzliche Vermögensvorteile trotz Aufhebung der Haftungsseparierung durch Transparenz

Neben der wirtschaftlichen Kompensation der Gläubiger durch die Beachtung der Allokationseffizienz kommt unter volkswirtschaftlichem Blickwinkel eine Überlegung hinzu, die insbesondere die Bedenken relativieren kann, wonach eine materielle Konsolidierung die wirtschaftlichen Vorteile einer Konzernierung grundsätzlich zunichtemachen würde. Insbesondere die mit der materiellen Konsolidierung verbundene faktische Aufhebung der Haftungsseparierung hätte negative Auswirkungen auf die gesellschaftliche Wertschöpfung, weil Innovationsanreize verloren gingen.[910]

1. Informationsasymmetrie und adverse Selektion

Demgegenüber würde den negativen Folgen von Vermögensverlagerungen entgegengewirkt. Aus Sicht des konzernexternen Gläubigers resultieren die potentiellen Kosten der Konzernierung im Zeitpunkt des Vertragsschlusses vor allem aus der Gefahr, dass später wesentliche Vermögensbestandteile innerhalb des Konzerns verlagert werden[911] und dementsprechend nicht mehr als Haftungsmasse zur Verfügung stehen. Weil der Gläubiger vor Vertragsschluss nicht weiß, ob und welche Vermögensverschiebungen innerhalb des Konzerns geplant sind, besteht zwischen Konzern und Gläubiger eine Informationsasymmetrie. Der Gläubiger als rationaler Marktteilnehmer wird die Gefahr der Vermögensverlagerung einpreisen oder gar nicht mit einer Konzerngesellschaft kontrahieren.[912] Dies führt zu einer Form sog. Negativauslese bzw. adverser Selektion.[913] Der Geschäftspartner wird aufgrund der Unsicherheit entweder nicht mehr oder nur zu besseren Konditionen bereit sein, eine Vertragsbeziehung einzugehen. Spiegelbildlich verliert die Konzerngesellschaft Kunden oder muss schlechtere Vertragsbedingungen akzeptieren und/oder sie muss mit weniger geeigneten Vertragspartnern

---

910 Siehe dazu oben Seite 25.

911 *Fülbier/Gassen*, in: Kosten und Nutzen des faktischen Konzerns, 49.

912 Siehe dazu oben Seite 72 f.

913 *Akerlof*, The Quarterly Journal of Economics Vol. 84, No. 3, 1970, 488 (489 f.); *Metoja*, ZInsO 2016, 992 (993 f.); *Schantz*, in: Bankrecht, Kap. 23 Rn. 9.

kontrahieren.[914] Auf diese Weise wird das Ertragspotential des Konzerns bedroht bzw. nicht voll ausgenutzt und die geschäftlichen Risiken steigen.[915]

Diese Konsequenzen lassen sich analog den Folgen von Informationsasymmetrien auf den Gütermärkten ableiten.[916] Auf einem Gütermarkt führt die Informationsasymmetrie letztlich zur Verdrängung von Anbietern guter Qualität. Denn die Unsicherheit über die wirkliche Qualität führt bei potentiellen Kunden zu einer insgesamt nur durchschnittlichen Zahlungsbereitschaft. Dadurch ziehen sich die Anbieter von Gütern mit einer guten oder sehr guten Qualität allmählich vom Markt zurück, da sie keine angemessenen Preise erzielen können. Dies hat zur Folge, dass aufgrund der sinkenden Qualität der Güter auch die Zahlungsbereitschaft der Nachfrager sinkt. Dadurch nimmt auch die Qualität der angebotenen Güter weiter ab. Letztlich führt dieser fortwährende Prozess dazu, dass der Markt zusammenbricht. Die fehlenden Informationen sorgen also für eine negative Entwicklung auf beiden Seiten. Dieser Effekt lässt sich aber beispielsweise durch sog. Signaling, also dem Bereitstellen von Informationen durch den Konzern, oder sog. Screening, dem Beschaffen von Informationen durch potentielle Gläubiger, verhindern oder zumindest vermindern.[917] Beides ist indes mit zusätzlichen Kosten verbunden.

2. *Information durch Konzernvermerk und Organisationstransparenz*

Der Konzernvermerk (oder seine Abwesenheit) stellte eine kostengünstige und sehr effektive Möglichkeit des Signaling dar. Potentielle neue[918] Geschäftspartner würden vor der Begründung einer Geschäftsbeziehung darüber informiert, dass das Vermögen des Vertragspartners (der Konzerngesellschaft) unter Umständen mit den Vermögen weiterer Konzerngesellschaften konsolidiert werden kann. Durch diese Information sinken seine Kosten für ein etwaiges weitergehendes Screening.

Auch dem Effekt der Negativauslese könnte auf diese Weise begegnet werden. Zum einen wäre die Gefahr der Vermögensverlagerung zumindest vermindert, soweit die Vermögensgegenstände Bestandteil einer Konzerninsolvenzmasse

---

914 *Fülbier/Gassen*, in: Kosten und Nutzen des faktischen Konzerns, 50.

915 Vgl. *Fülbier/Gassen*, in: Kosten und Nutzen des faktischen Konzerns, 50.

916 Vgl. dazu grundlegend *Akerlof*, The Quarterly Journal of Economics Vol. 84, No. 3, 1970, 488 (489 f.).

917 Vgl. grundlegend am Beispiel des Arbeitsmarktes *Spence*, The Quarterly Journal of Economics Vol. 87, No. 3, 1973, 355 (357 ff.).

918 Alt-Gläubigern schadet der Konzernvermerk immerhin nicht, siehe Seite 195 f.

würden. Zum anderen wäre aus dem Handelsregister ersichtlich, inwieweit es zu einer materiellen Konsolidierung kommen kann. Hierdurch würde eine gewisse Organisationstransparenz[919] geschaffen, welche Informationsasymmetrien weiter abbauen könnte. Beide Vertragspartner wüssten vor Vertragsschluss um die Auswirkungen der Konzernstruktur auf ihr Vertragsverhältnis. Dies führte zunächst zu geringeren Kosten auf Seiten des Gläubigers, soweit er nicht die Verlagerung von Vermögensgegenständen fürchten müsste. Folglich würde er insoweit auch keinen Risikoaufschlag verlangen, was wiederum der Konzerngesellschaft zugutekäme. Überdies profitierte auch der Konzern davon, dass das Phänomen der Negativauslese abgeschwächt würde. Ertragspotentiale könnten besser ausgenutzt werden.

Es besteht daher die berechtigte Hoffnung, dass sich ein entsprechender Konzernvermerk im Handelsregister und die damit verbundene Transparenz positiv auf die Positionierung des Konzerns bzw. seiner Konzerngesellschaften am Markt auswirken würde. Umgekehrt könnte ein fehlender Konzernvermerk auch zu Skepsis führen. Zu denken ist wiederum an Bauträgermodelle, in denen einzelne Projektgesellschaften nicht selten zu Lasten der Auftraggeber „geopfert" werden.[920] Bei Etablierung eines Konzernvermerks wäre (hier durch die Abwesenheit des Vermerks) von vornherein ersichtlich, dass der Konzern ganz bewusst nicht mit seinem gesamten Vermögen für den Erfolg eines Projekts einstehen möchte. Gleiches gilt in abgeschwächter Form auch bei Teilkonzernvermerken.[921]

Schließlich wird in dem Zusammenhang aktuell auch auf europäischer Ebene betont, dass Beteiligte die Ergebnisse von Insolvenzverfahren besser abschätzen können müssen. Die Europäische Kommission hat am 24.09.2020 einen weiteren Aktionsplan zum Ausbau der Kapitalmarktunion veröffentlicht.[922] Die darin enthaltene Maßnahme 11 („*Mehr Berechenbarkeit bei den Ergebnissen grenzüberschreitender Investitionen mit Blick auf Insolvenzverfahren*") steht zwar nicht im Kontext des Konzerninsolvenzrechts, verdeutlicht aber dennoch, dass auch die Europäische Kommission Transparenz und Vorhersehbarkeit im Insolvenzverfahren generell eine besondere Bedeutung beimisst.

---

919 Vgl. *Fülbier/Gassen*, in: Kosten und Nutzen des faktischen Konzerns, 53 f.

920 Siehe dazu oben Seite 187 f.

921 Siehe dazu oben Seite 194.

922 COM/2020/590 final, Eine Kapitalmarktunion für die Menschen und Unternehmen – neuer Aktionsplan

IV. Keine Fallgruppenbildung

Schließlich böte die Anknüpfung an das modifizierte Kaldor-Hicks-Kriterium und den Konzernvermerk einen Vorteil gegenüber der bislang die Diskussion um eine materielle Konsolidierung prägenden Fallgruppenbildung.[923] Auf diese Weise könnte eine Lösung für konzernspezifische Probleme in der Insolvenz gefunden werden, die sich einzig an den allgemeinen Prinzipien des Insolvenzverfahrens und den mit ihm grundsätzlich verfolgten Zielen und Zwecken[924] orientiert.[925] Sie hat überdies den Vorteil, dass sie an zwei objektive Kriterien anknüpft, die prinzipiell ohne Interpretationsspielraum bestimmt werden können. Eine materielle Konsolidierung wäre grundsätzlich nur möglich, soweit sich einerseits die Gesellschafter des Schuldners in Ausübung ihrer Privatautonomie durch die Eintragung von Konzernvermerken im Vorhinein für einen Verzicht auf die Haftungsbeschränkung entschieden hätten und wenn sie andererseits jedem Gläubiger einen wirtschaftlichen Vorteil brächte.

Demgegenüber wäre aber nicht in jedem Fall, der sich einer der diskutierten Fallgruppen zuordnen lässt, eine materielle Konsolidierung überhaupt im Sinne einer bestmöglichen Gläubigerbefriedigung angezeigt. Nur weil ein Konzern als Vertragskonzern statuiert ist[926] oder einheitlich am Markt auftritt[927], kann daraus nicht der Schluss gezogen werden, dass eine materielle Konsolidierung *grundsätzlich* zu einer bestmöglichen gemeinschaftlichen Befriedigung der Gläubiger beitrüge.

Darüber hinaus knüpfen viele Fallgruppen, für die eine materielle Konsolidierung diskutiert wird, an ein rechtsmissbräuchliches Verhalten an. Zu nennen ist hier exemplarisch die Fallgruppe der Vermögensvermischung. Sie wird immer wieder genannt, weil sie Ausgangspunkt der US-amerikanischen „substantive consolidation" ist und sich deshalb vermeintlich auch für das deutsche Insolvenzverfahren aufdrängt.[928] Bei der Lösung konzernspezifischer Probleme in der Insolvenz, die beispielsweise aus dem Domino-Effekt resultieren können, geht es aber zumeist gerade nicht um rechtsmissbräuchliches

---

923 Vgl. exemplarisch *Paulus*, ZIP 2005, 1948; *Humbeck*, NZI 2013, 957.

924 Siehe dazu oben Seite 46 ff.

925 Vgl. in diese Richtung *Verhoeven*, Die Konzerninsolvenz, 260.

926 *Humbeck*, NZI 2013, 957 (960).

927 *Paulus*, ZIP 2005, 1948 (1955).

928 Vgl. *Paulus*, ZIP 2005, 1948 (1954); *Hong*, Materielle Konsolidierung bei Konzerninsolvenz, 117 f.

Verhalten.[929] Im Gegenteil geht es regelmäßig um Folgen, die aus der legitimen Nutzung von gesellschaftsrechtlich ermöglichten Gestaltungen resultieren.[930] Folglich muss auch die Entscheidung darüber, ob überhaupt eine materielle Konsolidierung möglich sein soll, originär von den Gesellschaftern der Konzerngesellschaften getroffen werden.

Der rechtswidrigen Ausnutzung von Konzernstrukturen sollte hingegen mit dem Straf- und Deliktsrecht begegnet werden.[931] Denn die „kriminelle Energie", die sich in derartigen Sachverhalten zeigt, ist nicht konzernspezifisch, sondern stets auf die letztlich hinter den Konzernstrukturen stehenden natürlichen Personen zurückzuführen.[932] Ein materielles Konzerninsolvenzrecht, das die verschiedenen Ziele aller Beteiligten im Sinne einer bestmöglichen Gesamtreorganisation oder -liquidation auch gegen divergierende Einzelinteressen der verbundenen Gesellschaften und/oder einzelner Gläubiger durchzusetzen sucht,[933] ist hierfür nicht geeignet. Das Insolvenzrecht hat schließlich grundsätzlich die Verteilungsgerechtigkeit zum Ziel und nicht die Sanktion von kriminellen Auswüchsen.[934]

Insgesamt eignet sich die Anknüpfung an Fallgruppen zwar nicht, um den Anwendungsbereich einer materiellen Konsolidierung zu bestimmen. Hierdurch wird allerdings nicht kategorisch ausgeschlossen, die Rechtsfolge einer materiellen Konsolidierung auch in anderen Konstellationen als Ultima Ratio zuzulassen.[935]

V. Verfahrensrechtliche Aspekte

1. Umsetzung im Insolvenzplanverfahren

Sollte man sich für die Einführung der Möglichkeit einer materiellen Konsolidierung im Einzelfall entscheiden, sollte sie wie die Gestaltung der gruppeninternen Drittsicherheit im Insolvenzplanverfahren durchgeführt werden.[936] Das hätte zunächst den Vorteil, dass auf ein bereits etabliertes

---

929 Siehe zu den konzernspezifischen Problemen und insbesondere dem Domino-Effekt oben Seite 56 ff.

930 Siehe dazu oben Seite 106 f.

931 Vgl. *Sester*, ZIP 2005, 2099 (2100).

932 Vgl. *Lutter*, in: FS Volhard, 112 f.; *Beck*, Konzernhaftung, 100 f.

933 Siehe dazu oben Seite 45.

934 Vgl. *Verhoeven*, Die Konzerninsolvenz, 223.

935 So etwa *Madaus*, NZI-Beilage 2018, 4 (6).

936 Vgl. *Verhoeven*, Die Konzerninsolvenz, 301.

und akzeptiertes Instrument der Insolvenzordnung zurückgegriffen werden kann. Das Insolvenzplanverfahren ermöglicht außerdem flexible Lösungen, welche unabhängig von den vergleichsweise starren Bestimmungen des Regelinsolvenzverfahrens wirtschaftliche Gesichtspunkte in den Blick nehmen können.[937] Im Rahmen dessen könnten Insolvenzverwalter und Gläubiger im Einzelfall beispielsweise selbst entscheiden, ob und in welchem Umfang eine materielle Konsolidierung einen Vorteil im Sinne einer bestmöglichen Gläubigerbefriedigung bieten kann.[938] Insbesondere könnte eine Entscheidung darüber getroffen werden, welche mit einem Konzernvermerk im Handelsregister eingetragenen Konzerngesellschaften nicht an der Konsolidierung teilnehmen sollen. Sollen einzelne Konzerngesellschaften nicht weiter am Konzerninsolvenzverfahren teilnehmen, etwa weil sie für die Auflösung konzernspezifischer Probleme unbedeutend sind oder die Konsolidierung auch ihres Vermögens keinen Mehrwert für die Gläubigergemeinschaft verspricht, könnten sie vom Konzerninsolvenzverwalter gleichsam freigegeben werden.[939] Insoweit besteht eine Parallele zu gruppeninternen Drittsicherheiten, die ebenfalls freigegeben werden können.[940]

Außerdem könnten im Insolvenzplanverfahren die unterschiedlichen Interessen der Gläubiger im Rahmen der Gruppenbildung berücksichtigt und Gleich- und Ungleichbehandlungen einzelfallbezogen angepasst werden.[941] Auch hierin besteht dann eine Parallele zur kodifizierten gruppeninternen Drittsicherheit.

Grundvoraussetzung für die Durchführung einer materiellen Konsolidierung im Insolvenzplanverfahren wäre die Aufrechterhaltung der Leitungsmacht der Konzernobergesellschaft. Wird diese durch Beherrschungsverträge vermittelt, müssen diese auch in der Insolvenz bestehen bleiben. Ein derartiges Verständnis hat der Gesetzgeber mit den Regelungen zur gruppeninternen Drittsicherheit zwar zugrunde gelegt.[942] Um etwaige Rechtsunsicherheit zu vermeiden, sollte der Anstoß des Gesetzgebers aufgegriffen werden.

---

937 HambKomm InsO-*Thies/Lieder,* Vorbemerkung zu §§ 217 ff. Rn. 1.

938 Vgl. *Verhoeven*, Die Konzerninsolvenz, 301.

939 Siehe dazu oben Seite 50 f.

940 Siehe dazu oben Seite 129.

941 *Paulus*, ZIP 2005, 1948 (1955).

942 Siehe dazu oben Seite 127 f.

2. *Insolvenzgericht*

Schließlich kann diskutiert werden, ob ein Konzerninsolvenzverfahren mit materieller Konsolidierung von jedem Insolvenzgericht durchgeführt werden könnte. Insoweit wird vorgetragen, gerade an ländlichen Insolvenzgerichten fehlten hierfür die Kapazitäten.[943] Dem kann entgegengehalten werden, dass auch de lege lata im Falle von Konzerninsolvenzen ein enormer Aufwand betrieben werden muss, um den – aktuell mehreren – Insolvenzverfahren gerecht werden zu können. Schon für die Erstellung von Insolvenzplänen, welche eine Gestaltung von gruppeninternen Drittsicherheiten vorsehen, wird mitunter ein enormer Aufwand notwendig sein.[944] Zu denken ist beispielsweise an stark verflochtene Konzerne, in denen sich Gestaltungen von Drittsicherheiten mittelbar auf weitere Konzerngesellschaften auswirken können. In diesen Fällen können die Darstellungen im Insolvenzplan zu Drittsicherungsgebern und weiteren Konzerngesellschaften im Umfang denjenigen Angaben entsprechen, die zum Schuldner selbst gemacht werden.[945] Überdies kommt man insbesondere in Fällen, in denen der Domino-Effekt eintritt, nicht um eine minutiöse Aufschlüsselung der Haftungsmassen herum. Auch bei der Abwicklung eines gesamten Konzerns muss jeder Vermögensgegenstand bewertet werden. Daran ändert der Umstand nichts, dass in der Praxis ein Investor zumeist einen Gesamtkaufpreis bietet, um diesen Aufwand zu vermeiden.[946]

Ein einziges Verfahren mit konsolidierter Konzerninsolvenzmasse böte insoweit den Vorteil, dass interne Ansprüche unberücksichtigt bleiben könnten und viele Insolvenzanfechtungen entfielen. Die Feststellung der zur Verfügung stehenden Konzerninsolvenzmasse wäre dadurch gegenüber Einzelaufstellungen deutlich erleichtert. Dadurch sollte es einem erfahrenen Insolvenzverwalter möglich sein, relativ schnell zu beurteilen, ob eine materielle Konsolidierung zu einem dem Kaldor-Hicks-Kriterium entsprechenden Ergebnis führen würde und welche mit einem Konzernvermerk versehene

943 Vgl. im Rahmen der Diskussion zum KIG beispielsweise *Leithaus/Lange*, NZI-Beilage 2018, 44 (45); *Flöther*, NZI-Beilage 2018, 6 (7).

944 Siehe dazu oben Seite 135 ff.

945 HambKomm InsO-*Thies/Lieder*, § 220 Rn. 10.

946 Anhand eines der anerkannten Bewertungsverfahren wird der Gesamtkaufpreis dann quasi retrograd auf die Insolvenzverfahren aufgeteilt, vgl. *Geiwitz*, in: Konzerninsolvenzrecht, § 4 Rn. 552 ff.

Konzerngesellschaften überhaupt in die materielle Konsolidierung einzubeziehen wären. Anhaltspunkt könnte beispielsweise die drohende Gefahr eines Domino-Effekts sein.

Nicht zuletzt sei darauf hingewiesen, dass auch das Insolvenzplanverfahren selbst anfangs nur zögerlich von der Rechtspraxis angenommen wurde, weil es zu aufwändig erschien.[947]

C. Zusammenfassung und Lösungsansatz de lege ferenda

Aus den gesetzgeberischen Regelungen zur gruppeninternen Drittsicherheit lässt sich die Diskussion um ein materielles Konzerninsolvenzrecht um eine Facette erweitern. Das Instrument einer Entschädigungsleistung als Kompensation für erlittene Rechtsverluste eignet sich zumindest grundsätzlich als Ausgangspunkt für eine umfassendere Kodifizierung eines materiellen Konzerninsolvenzrechts. Mit der Orientierung am modifizierten Kaldor-Hicks-Kriterium lässt sich berücksichtigten, dass das Insolvenzverfahren immer der bestmöglichen Gläubigerbefriedigung dienen muss und es den Gläubigern letztlich auf ihren wirtschaftlichen Vorteil ankommt. Außerdem wird die im Insolvenzrecht notwendige Verknüpfung von Rechts- und Wirtschaftswissenschaften hergestellt.

Die Einführung einer potentiellen materiellen Konsolidierung de lege ferenda könnte dabei auf den drei Säulen fakultativer Konzernvermerk im Handelsregister, wirtschaftliche Anknüpfung ans modifizierte Kaldor-Hicks-Kriterium sowie Umsetzung im Insolvenzplanverfahren ruhen.

Kernbestandteil dieser materiellen Konsolidierung de lege ferenda wäre die Möglichkeit der Eintragung eines Konzernvermerks im Handelsregister. Nur wenn sich die Gesellschafter im Vorfeld prinzipiell dazu entschlossen haben, einen solchen im Handelsregister eintragen zu lassen, soll eine materielle Konsolidierung überhaupt möglich sein. Dies trägt dem Umstand Rechnung, dass ein solch gravierender Eingriff in das auch insolvenzrechtlich verankerte Rechtsträgerprinzip nicht gegen den Willen der Gesellschafter erfolgen darf. Außerhalb des Insolvenzverfahrens sind sie es, die privatautonom entscheiden können, auf welche Art und Weise und insbesondere in welcher Gesellschaftsform sie am Markt tätig sein wollen. Dementsprechend sind

947 *Pape/Pape*, ZIP 2000, 1553 (1553); HambKomm InsO-*Thies/Lieder*, Vorbemerkung §§ 217 ff. Rn. 33.

auch Nachteile in Kauf zu nehmen, falls lediglich für einzelne (oder gar keine) Konzerngesellschaften ein Konzernvermerk eingetragen wird.

Soweit ein Konzernvermerk vorliegt und ein Antrag auf die Eröffnung eines Insolvenzverfahrens über das Vermögen einer der mit Konzernvermerk versehenen Konzerngesellschaften gestellt wird, würde den Gesellschaftern die Entscheidungshoheit indes entzogen. Um Missbrauch zu vermeiden, wären auch Löschungen von Konzernvermerken unbeachtlich, die im letzten Jahr vor diesem Antrag beantragt worden sind. Es läge nun allein in der Entscheidungsgewalt von Insolvenzverwalter und Gläubigergemeinschaft, ob und in welchem Umfang eine materielle Konsolidierung unter den Konzerngesellschaften mit Konzernvermerk durchgeführt wird. Liegt ein solcher vor, können auch solvente Konzerngesellschaften einbezogen werden.

Die Gläubiger werden sich bei ihrer Entscheidung am Kaldor-Hicks-Kriterium orientieren. Soweit die für den einzelnen Gläubiger aus einer materiellen Konsolidierung resultierenden Nachteile im Vergleich zum Mehrwert, der hierdurch für sämtliche Gläubiger erzielt werden kann, so gering sind, dass auch nach einem Ausgleich der Nachteile ein Rest-Mehrwert erzielt wird, würde eine materielle Konsolidierung durchgeführt. Durch die Verteilung des Mehrwerts unter den Insolvenzgläubigern würde jeder Insolvenzgläubiger in wirtschaftlicher Hinsicht besser gestellt, als er ohne die materielle Konsolidierung stände. Das gilt auch für Alt-Gläubiger.

Insgesamt bliebe der durch das rechtsstaatliche und in Art. 20 Absatz 3 GG verankerte Prinzip der Rechtssicherheit vermittelte Vertrauensschutz gegenüber allen Beteiligten gewahrt.[948]

Das Insolvenzplanverfahren wäre für die Umsetzung der materiellen Konsolidierung die geeignete Verfahrensart. In diesem können unterschiedliche Interessen der Gläubiger im Rahmen der Gruppenbildung berücksichtigt werden. Außerdem könnten dabei auch einzelne Konzerngesellschaften von der materiellen Konsolidierung ausgeschlossen werden, soweit dies im Sinne der bestmöglichen Gläubigerbefriedigung angezeigt wäre. Der Konzerninsolvenzverwalter wäre insoweit zur Freigabe befugt.

Voraussetzung dieses Lösungsansatzes wäre schließlich die gesetzliche Klarstellung, dass durch Beherrschungsverträge vermittelte Leitungsmacht – zumindest zwischen Konzerngesellschaften mit Konzernvermerk – auch im Fall der Insolvenz erhalten bleibt.[949]

948 Vgl. BGH, Urteil vom 26.11.2008, VIII ZR 200/05, CR 2009, 75 (78).
949 Siehe dazu oben Seite 58 ff. und Seite 127 f.

Neben einer bestmöglichen Gläubigerbefriedigung unter Wahrung der Konzerninteressen verspricht diese Lösung weitere Vermögensvorteile auch zugunsten der Konzerngesellschaften und ihrer Gesellschafter. Der Konzernvermerk führte zu einer (teilweisen) Beseitigung von Informationsasymmetrien. Hierdurch würden die Effizienzpotentiale des Konzerns außerhalb der Insolvenz besser nutzbar. Zum einen würde der nachteilige Effekt einer Negativauslese verringert. Zum anderen könnte die mit dem Konzernvermerk verbundene Organisationstransparenz zu einer positiveren Marktpositionierung führen. Dies könnte die Akzeptanz einer entsprechenden Lösung fördern.

Schlussbetrachtung

A. Ausblick

Es wird spannend zu beobachten sein, ob der Gesetzgeber mit den Regelungen zur gruppeninternen Drittsicherheit gleichsam die Büchse der Pandora geöffnet hat und weitere Regelungen folgen werden, die Konzerninsolvenzen in materiell-rechtlicher Hinsicht in den Blick nehmen. Es wäre zumindest nicht überraschend, wenn die Diskussion um die Einführung eines materiellen Konzerninsolvenzrechts eine neue Dynamik entwickeln wird. Durch die materiell-rechtlichen Regelungen zur gruppeninternen Drittsicherheit zeigt der Gesetzgeber, dass ausschließlich verfahrensrechtliche Regelungen, wie sie das auf Verfahrenskooperation und -koordination setzende KIG enthalten hat, offenbar nicht ausreichend sind, um konzerntypischen Problemen in der Insolvenz zu begegnen.

Grundsätzlich würden rechtsdogmatische Überlegungen weitergehenden Regelungen zumindest nicht zwingend entgegenstehen. Es bleibt daher dem Gesetzgeber überlassen, ob und in welchem Umfang er sich zukünftig von Opportunitätsüberlegungen leiten lassen möchte. Zu dieser Diskussion soll die vorliegende Untersuchung einen Beitrag leisten.

B. Zusammenfassung in Thesen

Die Ergebnisse der Untersuchung lassen sich zu folgenden Thesen verdichten:

I. Das materielle Konzerninsolvenzrecht umfasst die rechtlichen Regelungen, die Inhalt und Voraussetzungen von Rechtsverhältnissen (wie Entstehung, Untergang und Veränderung) regeln, wenn für mindestens eine der durch Mehrheitsbeteiligung oder Beherrschungsvertrag verbundenen Gesellschaften ein Eröffnungsgrund im Sinne von § 16 InsO vorliegt, und die es ermöglichen sollen, die verschiedenen Ziele der Beteiligten im Sinne einer bestmöglichen Gesamtreorganisation oder -liquidation auch gegen divergierende Einzelinteressen der verbundenen Gesellschaften und/oder einzelner Gläubiger durchzusetzen.

II. Das Kernziel der Insolvenzordnung ist eine bestmögliche gemeinschaftliche Befriedigung der Gläubiger. Dieses Ziel, an dem sich auch zukünftige Regelungsansätze zu einem materiellen Konzerninsolvenzrecht messen lassen müssen, kann mit der lex lata insbesondere in Konzernsachverhalten oft nicht erreicht werden.

III. Es gibt eine Vielzahl von Opportunitätsüberlegungen, die dafür sprechen, weitergehende materiell-rechtliche Regelungen eines Konzerninsolvenzrechts einzuführen. Zu erwarten sind eine Vereinfachung des Insolvenzverfahrens, eine Vergrößerung der Insolvenzmasse, die Bewahrung eines Konzernmehrwerts und die Lösung konzernspezifischer Probleme sowie die Verhinderung des Domino-Effekts.

IV. Gegen die Einführung eines umfassenden materiellen Konzerninsolvenzrechts sprechen insbesondere rechtsdogmatische Gründe. Zu nennen sind das insolvenzrechtlich verankerte Rechtsträgerprinzip mit seiner Haftungs- und Vermögenstrennung, der Grundsatz der Gläubigergleichbehandlung sowie die Privatautonomie und der Schutz des freien Wettbewerbs.

V. Die materielle Konsolidierung ist derjenige Ansatz eines materiellen Konzerninsolvenzrechts, mit welchem den konzernspezifischen Problemen in der Insolvenz am effektivsten begegnet werden könnte.

VI. Die Regelungen zur gruppeninternen Drittsicherheit stellen einen erforderlichen Eingriff des Gesetzgebers in das Rechtsträgerprinzip dar. Den spezifischen Problemen von Konzerninsolvenzen kann ohne einen solchen Eingriff nicht effektiv begegnet werden. Die Leistung einer angemessenen Entschädigung für wegen des Eingriffs erlittene Rechtsverluste ist eine pragmatische Lösung.

VII. Aus der Analyse von möglichen Varianten eines materiellen Konzerninsolvenzrechts und den Vorschriften der gruppeninternen Drittsicherheit lässt sich ein Regelungsansatz entwickeln, mit dem den berechtigten Bedenken gegen eine generelle Einführung einer materiellen Konsolidierung de lege ferenda begegnet werden könnte.

VIII. Die materielle Konsolidierung könnte unter zwei Voraussetzungen im Insolvenzplanverfahren durchgeführt werden.

Einerseits müsste ein Konzernvermerk für die Konzerngesellschaften im Handelsregister vorliegen, der auf die Zugehörigkeit zu einem Konzern und die damit verbundene Möglichkeit einer materiellen Konsolidierung hinweist. Über die fakultative Eintragung des Konzernvermerks entschieden die Gesellschafter in Ausübung ihrer unternehmerischen Freiheit für jede Konzerngesellschaft unabhängig. Die Eintragung kann auf einzelne Konzerngesellschaften beschränkt werden.

Andererseits müssten die für jeden einzelnen Gläubiger aus der materiellen Konsolidierung resultierenden Nachteile im Vergleich zum Mehrwert, der hierdurch für sämtliche Gläubiger erzielt werden kann, so gering sein, dass auch nach einem Ausgleich der Nachteile im konkreten Einzelfall ein Rest-Mehrwert erzielt würde. Der Rest-Mehrwert müsste tatsächlich unter den Insolvenzgläubigern verteilt werden. Durch diese modifizierte Anwendung des Kaldor-Hicks-Kriteriums würde jeder Insolvenzgläubiger in wirtschaftlicher Hinsicht besser gestellt, als er ohne die materielle Konsolidierung stände.

Literatur- und Quellenverzeichnis

Adam, Dietmar/*Poertzgen*, Christoph, Überlegungen zum Europäischen Konzerninsolvenzrecht, Teil 1 und Teil 2, ZInsO 2008, 281/347

Akerlof, George A., The Market for "Lemons": Quality Uncertainty and the Market Mechanism, The Quarterly Journal of Economics Vol. 84, No. 3, 1970, 488

Alter, Hannah/*Feuerhake*, Jörg/*Jacob*, Simon, Insolvenzstatistik in der Corona-Pandemie – Aktuelle Ergebnisse durch Webscraping, WISTA Wirtschaft und Statistik, 2021, 58

Altmeppen, Holger, Das neue Recht der Gesellschafterdarlehen in der Praxis, NJW 2008, 3601

Altmeppen, Holger, Aufsteigende Sicherheiten im Konzern, ZIP 2017, 1977

Andres, Dirk/*Leithaus*, Rolf/*Dahl*, Michael (Hrsg.), Insolvenzordnung (InsO), Kommentar (zitiert als: Andres/Leithaus InsO-*Bearbeiter*)

Andres, Dirk/*Möhlenkamp*, Andreas, Konzerne in der Insolvenz – Chance auf Sanierung?, Zum Diskussionsentwurf des BMJ für ein Gesetz zur Erleichterung der Bewältigung von Konzerninsolvenzen, BB 2013, 579

Baetge, Jörg/*Kirsch*, Hans-Jürgen/*Thiele*, Stefan (Hrsg.), Bilanzrecht, Handelsrecht mit Steuerrecht und den Regelungen des IASB, 103. Lieferung 2022 (zitiert als: Baetge/Kirsch/Thiele-*Bearbeiter*)

Bagaric, Samira, Insolvenz des Bauträgers, Auswirkungen der Insolvenz auf die Situation des Erwerbers, ZMR 2019, 655

Bartsch, Elga/*Thomas*, Ingo, Spieltheoretische Ansätze in der Rent-Seeking-Theorie, Ein Literaturüberblick, Kiel Working Paper, Institue of World Economics (IfW), No. 564, 1993

Bayer, Walter, Der an der Tochter beteiligte Mehrheitsgesellschafter der Mutter: herrschendes Unternehmen?, ZGR 2002, 933

Bayer, Walter/*Hommelhoff*, Peter/*Kleindiek*, Detlef (Hrsg.), GmbH-Gesetz, 20. Auflage, Köln 2020 (zitiert als: Lutter/Hommelhoff GmbHG-*Bearbeiter*)

Bayer, Walter/*Vetter*, Jochen (Hrsg.), Umwandlungsgesetz, 6. Auflage, Köln 2019 (zitiert als: Lutter UmwG-*Bearbeiter*)

Beck, Lukas, Die Auswirkung der Insolvenz auf den Fortbestand von Organschaft und Konzern, MwStR 2014, 359

Beck, Lukas, Perspektiven eines Konzerninsolvenzrechts, DZWIR 2014, 381

Beck, Lukas, Konzernhaftung in Deutschland und Europa 2018 (zitiert als: *Beck*, Konzernhaftung)

Beck, Siegfried/*Depré*, Peter (Hrsg.), Praxis der Insolvenz, Ein Handbuch für die Beteiligten und ihre Berater, 3. Auflage, München 2017 (zitiert als: *Bearbeiter*, in: Praxis der Insolvenz)

Becker, Moritz, Kooperationspflichten in der Konzerninsolvenz, Köln 2012 (zitiert als: *Becker*, Kooperationspflichten in der Konzerninsolvenz)

Becker, Roman A., Totgesagte leben länger – Limitation Languages bei Upstream-Besicherungen nach dem Urteil des II. Zivilsenats des BGH vom 21. 3. 2017, ZIP 2017, 1599

Behringer, Stefan, Konzerncontrolling, Berlin, Heidelberg 2014 (zitiert als: *Behringer*, Konzerncontrolling)

Beisel, Wilhelm/*Klumpp*, Hans-Hermann/*Beisel*, Daniel/*Schindler*, Darius O. (Hrsg.), Der Unternehmenskauf, Gesamtdarstellung der zivil- und steuerrechtlichen Vorgänge einschließlich gesellschafts-, arbeits-, und kartellrechtlicher Fragen bei der Übertragung eines Unternehmens, 7. Auflage, München 2016 (zitiert als: *Bearbeiter*, in: Der Unternehmenskauf)

Bezelgues, Sarkis, Konzerninsolvenzen in der Europäischen Union, Hamburg 2008 (zitiert als: *Bezelgues*, Konzerninsolvenzen in der Europäischen Union)

Bitter, Georg, Haftung von Geschäftsführern und Gesellschaftern in der Insolvenz ihrer GmbH, Teil 2, ZInsO 2018, 625

Bitter, Georg, Anfechtbarkeit ursprünglicher Sicherheiten für Gesellschafterdarlehen: Es lebe die Betriebsaufspaltung!, Zugleich Besprechung BGH v. 14. 2. 2019 – IX ZR 149/16, ZIP 2019, 666, ZIP 2019, 737

Bitter, Georg/*Bochmann*, Christian/*Cramer*, Carsten/*Crezleius*, Georg/*Scholz*, Franz/*Crezelius*, Georg (Hrsg.), Kommentar zum GmbH-Gesetz, Mit Anhang Konzernrecht, 12. Auflage, Köln 2021 (zitiert als: Scholz GmbHG-*Bearbeiter*)

Blair, John P./*Chatfield*, Walter, Pareto Optimal Growth, Public Choice Vol. 17, 1974, 93

Böcker, Philipp, Insolvenz im GmbH-Konzern (II), GmbHR 2004, 1314

Bode, Johannes/*Gätsch*, Andreas, Das Transparenzregister nach dem Regierungsentwurf des Transparenzregister- und Finanzinformationsgesetzes, NZG 2021, 437

Boor, Julian, Gewinnabführungs- und Beherrschungsverträge in der notariellen Praxis, RNotZ 2017, 65

Bork, Reinhard (Hrsg.), Handbuch des Insolvenzanfechtungsrechts, Köln 2006 (zitiert als: *Bearbeiter*, in: Insolvenzanfechtungsrecht)

Bork, Reinhard/*Hölzle*, Gerrit (Hrsg.), Handbuch Insolvenzrecht, 2. Auflage, Köln 2019 (zitiert als: *Bearbeiter*, in: Insolvenzrecht)

Bormann, Michael, GmbH & Co. KG: Bestellung einer dinglichen Sicherheit für Darlehensrückzahlungsanspruch eines Sicherungsnehmers gegen Gesellschafter als verbotene Auszahlung, GmbHR 2017, 643

Braun, Eberhard (Hrsg.), StaRUG: Unternehmensstabilisierungs- und -restrukturierungsgesetz, München 2021 (zitiert als: Braun StaRUG-*Bearbeiter*)

Braun, Eberhard (Hrsg.), Insolvenzordnung, 9. Auflage, München 2022 (zitiert als: Braun InsO-*Bearbeiter*)

Brinkmann, Moritz/*Schmoeckel*, Mathias (Hrsg.), Registerwesen, Grundlagen, Rechtfertigung, Potentiale, Baden-Baden 2020 (zitiert als: *Bearbeiter*, in: Registerwesen)

Brinkmann, Moritz/*Zipperer*, Helmut, Die Eigenverwaltung nach dem ESUG aus Sicht von Wissenschaft und Praxis, ZIP 2011, 1337

Brosent, Nora, Strategische Insolvenzen, Berlin 2018 (zitiert als: *Brosent*, Strategische Insolvenzen)

Brümmerhoff, Dieter/*Büttner*, Thiess, Finanzwissenschaft, 12. Auflage, Berlin/Boston 2018 (zitiert als: *Brümmerhoff/Büttner*, Finanzwissenschaft)

Brünkmans, Christian, Entwurf eines Gesetzes zur Erleichterung der Bewältigung von Konzerninsolvenzen: Kritische Analyse und Anregungen aus der Praxis, ZIP 2013, 193

Brünkmans, Christian/*Thole*, Christoph (Hrsg.), Handbuch Insolvenzplan, 2. Auflage, Köln 2020 (zitiert als: *Bearbeiter*, in: Insolvenzplan)

Bundesministerium der Justiz, Erster Bericht der Kommission für Insolvenzrecht, Köln 1985 (zitiert als: *Bundesministerium der Justiz*, Erster Bericht der Kommission für Insolvenzrecht)

Bundesministerium für Wirtschaft und Energie, Konzept für ein ordnungspolitisches Handlungsprogramm des Bundesministeriums für Wirtschaft und Energie zur Unterstützung des digitalen Wandels, Berlin 2020 (zitiert als: *Bundesministerium für Wirtschaft und Energie*, Digitale Ordnungspolitik)

Burg, Michael/*Westerheide*, Stefan, Praktische Auswirkungen des MoMiG auf die Finanzierung von Konzernen, BB 2008, 62

Busse von Colbe, Walther/*Ordelheide*, Dieter/*Gebhardt*, Günther/*Pellens*, Bernhard, Konzernabschlüsse, Rechnungslegung für Konzerne nach betriebswirtschaftlichen Grundsätzen sowie nach Vorschriften des HGB und der IAS/IFRS, 9. Auflage, Wiesbaden 2010 (zitiert als: *Busse von Colbe/Ordelheide u.a.*, Konzernabschlüsse)

Cranshaw, Friedrich L., Gläubigerprivilegien versus Gläubigergleichbehandlung, Zugleich ein Beitrag zu Ansprüchen des Kanzleiabwicklers gemäß § 55 BRAO im Insolvenzverfahren, ZInsO 2019, 1033

Cranshaw, Friedrich L./*Portisch*, Wolfgang, Paradigmen des Unternehmensstabilisierungs-und -restrukturierungsgesetzes (StaRUG) nach dem Regierungsentwurf aus Gläubigersicht – Teil 2, Ein wegweisender Entwurf?, ZInsO 2020, 2617

Cranshaw, Friedrich L./*Portisch*, Wolfgang, Systemische Strukturen der Rettung von Krisenunternehmen – Teil 1, ZInsO 2020, 2072

Danwerth, Christopher, Analogie und teleologische Reduktion zum Verhältnis zweier scheinbar ungleicher Schwestern, ZfPW 2017, 230

Desch, Wolfram, Der neue Stabilisierungs- und Restrukturierungsrahmen nach dem Regierungsentwurf StaRUG in der Praxis, BB 2020, 2498

Desch, Wolfram (Hrsg.), Das neue Restrukturierungsrecht, München 2021 (zitiert als: *Bearbeiter*, in: Das neue Restrukturierungsrecht)

Deyda, Stephan, Der Konzern im europäischen internationalen Insolvenzrecht, Baden-Baden 2008 (zitiert als: *Deyda*, Der Konzern im europäischen internationalen Insolvenzrecht)

Dörr, Julian/*Murmann*, Simona/*Licht*, Georg, The COVID-19 Insolvency Gap, First-Round Effects of Policy Responses on SMEs 2021 (zitiert als: *Dörr/Murmann u.a.*, The COVID-19 Insolvency Gap)

Druey, Jean Nicolas, Die Zukunft des Konzernrechts, in: Erle, Bernd/Goette, Wulf/Kleindiek, Detlef/Krieger, Gerd/Priester, Hans-Joachim/Schubel, Christian/Schwab, Martin/Teichmann, Christoph/Witt, Carl-Heinz (Hrsg.), Festschrift für Peter Hommelhoff zum 70. Geburtstag, Köln 2012 (zitiert als: *Druey*, in: FS Hommelhoff)

Edmans, Alex, Grow the pie, How great companies deliver both purpose and profit, Cambridge 2020 (zitiert als: *Edmans*, Grow the pie)

Ehricke, Ulrich, Das abhängige Konzernunternehmen in der Insolvenz, Wege zur Vergrößerung der Haftungsmasse abhängiger Konzernunternehmen im Konkurs und Verfahrensfragen; eine rechtsvergleichende Analyse, Tübingen 1998 (zitiert als: *Ehricke*, Das abhängige Konzernunternehmen in der Insolvenz)

Ehricke, Ulrich, Die Zusammenfassung von Insolvenzverfahren mehrerer Unternehmen desselben Konzerns, DZWIR 1999, 353

Ehricke, Ulrich, Zur gemeinschaftlichen Sanierung insolventer Unternehmen eines Konzerns, ZInsO 2002, 393

Eidenmüller, Horst, Unternehmenssanierung zwischen Markt und Gesetz, Mechanismen der Unternehmensreorganisation und Kooperationspflichten im Reorganisationsrecht, Köln 1999 (zitiert als: *Eidenmüller*, Unternehmenssanierung zwischen Markt und Gesetz)

Eidenmüller, Horst, Verfahrenskoordination bei Konzerninsolvenzen, ZHR 169 (2005), 528

Eidenmüller, Horst, Effizienz als Rechtsprinzip, Möglichkeiten und Grenzen der ökonomischen Analyse des Rechts, 4. Auflage, Tübingen 2015 (zitiert als: *Eidenmüller*, Effizienz als Rechtsprinzip)

Eidenmüller, Horst/*Frobenius*, Tilmann, Ein Regulierungskonzept zur Bewältigung von Gruppeninsolvenzen: Verfahrenskonsolidierung im Kontext nationaler und internationaler Reformvorhaben, Beilage ZIP 22, 2013, 1

Emmerich, Volker/*Habersack*, Mathias/*Schürnband*, Jan (Hrsg.), Aktien- und GmbH-Konzernrecht, Kommentar, 9. Auflage, München 2019 (zitiert als: Emmerich/Habersack-*Bearbeiter)*

Fleischer, Holger, Konzernrechtliche Vertrauenshaftung, ZHR 163 (1999), 461

Fleischer, Holger/*Goette*, Wulf (Hrsg.), Münchener Kommentar zum GmbH-Gesetz, 3. Auflage, München 2019 (zitiert als: MüKoGmbHG-*Bearbeiter)*

Flöther, Lucas, Die Gesetzesstruktur des neuen Konzerninsolvenzrechts, NZI-Beilage 2018, 6

Flöther, Lucas (Hrsg.), Konzerninsolvenzrecht, 2. Auflage, München 2018 (zitiert als: *Bearbeiter*, in: Konzerninsolvenzrecht)

Flöther, Lucas (Hrsg.), Sanierungsrecht, Einführung zur Richtlinie der Europäischen Kommission über präventive Restrukturierungsrahmen, München 2018 (zitiert als: *Bearbeiter*, in: Sanierungsrecht)

Fölsing, Philipp, Konzerninsolvenz: Gruppen-Gerichtsstand, Kooperation und Koordination, ZInsO 2013, 413

Freudenberger, Cristina, Das Schuldverschreibungsgesetz und die kollektive Bindung von Anleihebedingungen, Berlin 2014 (zitiert als: *Freudenberger*, Das Schuldverschreibungsgesetz)

Fridgen, Alexander/*Geiwitz*, Arndt/*Göpfert*, Burkard (Hrsg.), Beck'scher Online-Kommentar zum Insolvenzrecht, 25. Edition, Stand 15.10.2021 (zitiert als: BeckOK InsR-*Bearbeiter*)

Frind, Frank, Insolvenzordnung 2021: Überzeugendes Sanierungsrecht oder Stückwerk?, Zu den insolvenzgesetzlichen Änderungsvorschlägen im RefE eines SanInsFoG, NZI 2020, 865

Fülbier, Rolf Uwe/*Gassen*, Joachim, Kosten und Nutzen des faktischen Konzerns, in: Bergmann, Alfred/Drescher, Ingo/Fleischer, Holger/Goette, Wulf/Harbarth, Stephan/Hommelhoff, Peter (Hrsg.), Vom Konzern zum Einheitsunternehmen. Aktuelle Entwicklungsperspektiven des deutschen und europäischen Konzernrechts, Berlin/Boston 2020 (zitiert als: *Fülbier/Gassen*, in: Kosten und Nutzen des faktischen Konzerns)

Geißler, Markus, Die Mitwirkungspflicht (§ 97 Abs. 2 InsO) des Geschäftsführers im eröffneten Insolvenzverfahren der GmbH, ZInsO 2020, 1622

Geist, Andreas, Konzerninnenfinanzierung – Gibt es insolvenzfeste Alternativen zum Darlehen des Gesellschafters?, ZIP 2014, 1662

Goette, Maximilian, Das Transparenzregister, Aktuelle Fragen der Praxis unter besonderer Berücksichtigung der erweiterten FAQs des Bundesverwaltungsamts zur GmbH & Co. KG und der Umgang mit drohenden Bußgeldern, DStR 2020, 453

Goette, Wulf/*Habersack*, Mathias (Hrsg.), Münchener Kommentar zum Aktiengesetz, 5. Auflage, München 2019 (zitiert als: MüKoAktG-*Bearbeiter*)

Göhmann, Lars/*Winnen*, Armin, Anforderungen an die Beendigung von Unternehmensverträgen mit einer abhängigen GmbH, RNotZ 2015, 53

Goldschmidt, Christof-Ulrich/*Laeger*, Lars M., Risiken aus der Beendigung von Unternehmensverträgen beim Verkauf der Untergesellschaft, NZG 2012, 1201

Gottwald, Peter/*Haas*, Ulrich (Hrsg.), Insolvenzrechts-Handbuch, 6. Auflage, München 2020 (zitiert als: *Bearbeiter*, in: Insolvenzrechts-Handbuch)

Graeber, Alexa/*Graeber*, Thorsten, Zur Zulässigkeit der Beauftragung externer Schlussrechnungsprüfer durch Insolvenzgerichte, NZI 2014, 298

Graeber, Thorsten, Der Konzerninsolvenzverwalter – Pragmatische Überlegungen zu Möglichkeiten eines Konzerninsolvenzverfahrens – beck-online, NZI 2007, 265

Graf-Schlicker, Marie Luise (Hrsg.), InsO, Kommentar zur Insolvenzordnung, 6. Auflage, Köln 2022 (zitiert als: Graf-Schlicker InsO-*Bearbeiter*)

Grau, Conrad, Konsolidierung von Rechtsträgern einer Unternehmensgruppe in der Sanierung, Überlegungen zur Einführung einer insolvenzrechtlichen Konsolidierung in Deutschland mit rechtsvergleichendem Bezug zum neuseeländischen und US-amerikanischen Recht, Hamburg 2007 (zitiert als: *Grau*, Konsolidierung von Rechtsträgern einer Unternehmensgruppe in der Sanierung)

Grunewald, Barbara, Die Vertretung widerstreitender rechtlicher/wirtschaftlicher Interessen bei Mandaten für konzernierte Gesellschaften, in: Brinkmann, Moritz/Effer-Uhe, Daniel Oliver/Völzmann-Stickelbrock, Barbara/Wesser, Sabine/Weth, Stephan (Hrsg.), Dogmatik im Dienst von Gerechtigkeit, Rechtssicherheit und Rechtsentwicklung. Festschrift für Hanns Prütting zum 70. Geburtstag, Köln 2018 (zitiert als: *Grunewald*, in: FS Prütting)

Grunewald, Barbara/*Maier-Reimer*, Georg/*Westermann*, Harm Peter (Hrsg.), Bürgerliches Gesetzbuch, Handkommentar mit AGG, EGBGB (Auszug), ErbbauRG, LPartG, ProdhaftG, VBVG, VersAusglG und WEG, 16. Auflage, Köln 2020 (zitiert als: Erman BGB-*Bearbeiter*)

Hantzsch, Patrik-Ludwig, Insolvenzen in Deutschland 2020, Verband der Vereine Creditreform e.V., URL: https://www.creditreform.de/aktuelles-wissen/pressemeldungen-fachbeitraege/news-details/show/insolvenzen-in-deutschland-jahr-2020 [Stand: 25.04.2022], 2020 (zitiert als: *Hantzsch,* Insolvenzen in Deutschland 2020)

Harder, Sebastian, Das neue deutsche Konzerninsolvenzrecht im Überblick, NJW-Spezial 2017, 469

Harte-Bavendamm, Henning/*Ohly*, Ansgar/*Kalbfus*, Björn (Hrsg.), Gesetz zum Schutz von Geschäftsgeheimnissen, Kommentar, München 2020 (zitiert als: Harte-Bavendamm/Ohly/Kalbfus, GeschGehG-*Bearbeiter*)

Hauser, Matthias/*Warns*, Christian, Grundlagen der Finanzierung, 5. Auflage, Heidenau 2014 (zitiert als: *Hauser/Warns*, Grundlagen der Finanzierung)

Heerma, Hendrik/*Bergmann*, Robert, Die Fortgeltung der Limitation Language in der Insolvenz, ZIP 2017, 803

Heidel, Thomas (Hrsg.), Aktienrecht und Kapitalmarktrecht, 5. Auflage, Baden-Baden 2020 (zitiert als: Heidel SchVG-*Bearbeiter*)

Heidrich, Martin/*Gabriel*, Rebecca, Ein Überblick über die gesetzlichen Änderungen und Neuerungen nach dem SanInsFoG und dem StaRUG, SanB 2020, 164

Heim, Enrico-Karl, Sanierung: Welche inhaltlichen Vorgaben gelten für den Restrukturierungsplan?, GStB 2021, 288

Henckel, Wolfram, Sprache im Insolvenzrecht, in: Hübner, Ulrich/Ebke, Werner F. (Hrsg.), Festschrift für Bernhard Großfeld zum 65. Geburtstag, Heidelberg 1999 (zitiert als: *Henckel*, in: FS Großfeld)

Herzog, Roman/*Scholz*, Rupert/*Herdegen*, Matthias/*Klein*, Hans H. (Hrsg.), Grundgesetz Kommentar, 93. Lieferung, München 2020 (zitiert als: Maunz/Dürig GG-*Bearbeiter*)

Hicks, John R., The Foundations of Welfare Economics, The Economic Journal Vol. 49, No. 196, 1939, 696

Hirte, Heribert, Insolvenzanfechtung im Konzern: upstream guarantees als anfechtbare Rechtshandlungen, ZInsO 2004, 1161

Hirte, Heribert, Vorschläge für die Kodifikation eines Konzerninsolvenzrechts, ZIP 2008, 444

Hirte, Heribert, Die Tochtergesellschaft in der Insolvenz der Muttergesellschaft als Verpfändung von "Konzern"-Aktiva an Dritte – Überlegungen zur Entwicklungen des Konzerninsolvenzrechts, in: Bitter, Georg/Lutter, Marcus/Priester, Hans-Joachim/Schön, Wolfgang/Ulmer, Peter (Hrsg.), Festschrift für Karsten Schmidt zum 70. Geburtstag, Köln 2009 (zitiert als: *Hirte*, in: FS Karsten Schmidt)

Hirte, Heribert/ *Vallender*, Heinz (Hrsg.), Insolvenzordnung, Kommentar in 2 Bänden, 15. Auflage, München 2018 (zitiert als: Uhlenbruck InsO-*Bearbeiter*)

Hodgson, Nicolas A., Die Neufassung des Zahlungsverbots ab Insolvenzreife nach § 15b InsO, NZI-Beilage 2021, 85

Hoegen, Peter/*Kranz*, Christopher, Neue Möglichkeiten der Konzernsanierung durch SanInsFoG und StaRUG, NZI 2021, 105

Holzborn, Timo/*Vietinghoff*, Petra v. (Hrsg.), Haftung und Insolvenz im GmbH-Recht, München 2013 (zitiert als: *Bearbeiter*, in: Haftung und Insolvenz im GmbH-Recht)

Hommelhoff, Peter, Förder- und Schutzrecht für den faktischen GmbH-Konzern, ZGR (41) 2012, 535

Hommelhoff, Peter, Konzernorganisation und Haftungsbeschränkung, ZGR (48) 2019, 379

Hong, Yan, Materielle Konsolidierung bei Konzerninsolvenz, Eine Studie aus rechtsvergleichender Perspektive zu den USA, Deutschland und China, Baden-Baden 2019 (zitiert als: *Hong*, Materielle Konsolidierung bei Konzerninsolvenz)

Hopt, Klaus J. (Hrsg.), Handelsgesetzbuch, Mit GmbH & Co., Handelsklauseln, Bank- und Kapitalmarktrecht, Transportrecht (ohne Seerecht), 41. Auflage, München 2022 (zitiert als: Hopt HGB-*Bearbeiter*)

Humbeck, Jochen, Plädoyer für ein materielles Konzerninsolvenzrecht, NZI 2013, 957

Jacoby, Florian, Der Einwand der Anfechtbarkeit gegen den Nachrang nach § 39 Abs. 1 Nr. 5 InsO – Ein Beitrag zur Doppelinsolvenz im Konzern, ZIP 2018, 505

Jakobs, Carsten, Das Konzerninsolvenzverfahren, Ein Beitrag zur insolvenzrechtlichen Behandlung verbundener Kapitalgesellschaften, Berlin 2019 (zitiert als: *Jakobs*, Das Konzerninsolvenzverfahren)

Jensen, Christoph, Der Konzern in der Krise, Aktuelle Rechtsfragen im Kontext deutscher und europäisch-grenzüberschreitender Konzerninsolvenzen, Boston MA 2018 (zitiert als: *Jensen*, Der Konzern in der Krise)

Joost, Detlev/*Strohn*, Lutz (Hrsg.), Handelsgesetzbuch, 4. Auflage, München 2020 (zitiert als: EBJS HGB-*Bearbeiter*)

Jung, Burkhard/*Meißner*, Fabian/*Ruch*, Ann-Katrin, Der Entwurf eines Gesetzes zur Fortentwicklung des Sanierungs- und Insolvenzrechts (SanInsFoG) Zum Stand der aktuellen Diskussion, KSI 2020, 253

Kaldor, Nicholas, Welfare Propositions of Economics and Interpersonal Comparisons of Utility, The Economic Journal Vol. 49, No. 195, 1939, 549

Kayser, Godehard/*Thole*, Christoph (Hrsg.), Insolvenzordnung, 10. Auflage, Heidelberg 2020 (zitiert als: HKInsO-*Bearbeiter*)

Kayser, Godehard/*Thole*, Christoph (Hrsg.), Insolvenzordnung, Heidelberger Kommentar, 10. Auflage, Heidelberg 2020 (zitiert als: HK-InsO-*Bearbeiter*)

Keitz, Isabel von/*Wulf*, Inge/*Pelster*, Clemens (Hrsg.), Handbuch Unternehmensberichterstattung, Regulatorische Anforderungen – Entwicklungstendenzen – Perspektiven der Stakeholder, Berlin 2021 (zitiert als: *Bearbeiter* in: Unternehmensberichterstattung)

Kiefner, Alexander/*Bochum*, Matthias, Aufsteigende Sicherheiten bei GmbH und AG im Lichte der neuen Rechtsprechung des BGH zur Kapitalerhaltung, NZG 2017, 1292

Kluth, David/*Harder*, Phillip-Boie/*Harig*, Florian/*Kunz*, Daniel (Hrsg.), Das neue Restrukturierungsrecht, Unternehmensrestrukturierung durch StaRUG und Eigenverwaltung, Baden-Baden 2022 (zitiert als: *Bearbeiter*, in: Das neue Restrukturierungsrecht)

Koch, Jens (Hrsg.), Aktiengesetz, 16. Auflage, München 2022 (zitiert als: Koch AktG-*Bearbeiter*)

Konold, Felix, Konzerninsolvenz, Zuständigkeitskonzentration zur Bewältigung von Insolvenzen innerhalb einer Unternehmensgruppe, Berlin 2017 (zitiert als: *Konold*, Konzerninsolvenz)

Koppensteiner, Hans-Georg, Konzerne und Abhängigkeitslagen jenseits des Gesellschaftsrechts, in: Grundmann, Stefan/Haar, Brigitte/Merkt, Hanno/Mülbert, Peter O./Wellenhofer, Marina/Baum, Harald/Hein, Jan von/Hippel, Thomas von/Pistor, Katharina/Roth, Markus/Schweitzer, Heike (Hrsg.), Unternehmen, Markt und Verantwortung. Festschrift für Klaus J. Hopt zum 70. Geburtstag am 24. August 2010, Berlin/New York 2010 (zitiert als: *Koppensteiner*, in: FS Hopt)

Krafka, Alexander, Registerrecht, 11. Auflage, München 2019 (zitiert als: *Krafka*, Registerrecht)

Kramer, Ralph/*Peter*, Frank K., Insolvenzrecht, Grundkurs für Wirtschaftswissenschaftler, 3. Auflage, Wiesbaden 2014 (zitiert als: *Kramer/Peter*, Insolvenzrecht)

Krueger, Anne O., The Political Economy of the Rent-Seeking Society, The American Economic Review Vol. 64, No. 3, 1974, 291

Kübler, Bruno, Konzern und Insolvenz, Zur Durchsetzung konzernmäßiger Sanierungsziele an den Beispielsfällen AEG und Korf, ZGR 1984, 560

Kübler, Bruno/*Prütting*, Hanns/*Bork*, Reinhard (Hrsg.), InsO Kommentar zur Insolvenzordnung, 89. Ergänzungslieferung, Köln 2021 (zitiert als: Kübler/Prütting/Bork InsO-*Bearbeiter*)

Kußmaul, Heinz, Betriebswirtschaftslehre, 9. Auflage, Boston 2022 (zitiert als: *Kußmaul*, Betriebswirtschaftslehre)

Laroche, Peter, Das neue Konzerninsolvenzrecht nach InsO und EuInsVO – Probleme und Fragen aus gerichtlicher Sicht, ZInsO 2017, 2585

Leithaus, Rolf/*Lange*, Christian, Konzerninsolvenzrecht oder altes Recht – für alle Fälle geeignet?, NZI-Beilage 2018, 44

Leutheusser-Schnarrenberger, Sabine, Dritte Stufe der Insolvenzrechtsreform – Entwurf eines Gesetzes zur Erleichterung der Bewältigung von Konzerninsolvenzen, ZIP 2013, 97

Loecker, Jan de/*Eeckhout*, Jan/*Unger*, Gabriel, The Rise of Market Power and the Macroeconomic Implications, The Quarterly Journal of Economics (135) 2020, 561

Lürken, Sacha, Das StaRUG aus schuldverschreibungsrechtlicher Sicht, ZIP 2021, 1305

Lutter, Marcus, Die Haftung des herrschenden Unternehmens im GmbH-Konzern, Überlegungen zur „Autokran"-Entscheidung des BGH vom 16.9.1985, ZIP 1985, 1263, ZIP 1985, 1425

Lutter, Marcus, Stand und Entwicklung des Konzernrechts in Europa, ZGR 1987, 324

Lutter, Marcus, in: Reichert, Klaus (Hrsg.), Recht, Geist und Kunst. Liber amicorum für Rüdiger Volhard, Baden-Baden 1996 (zitiert als: *Lutter*, in: FS Volhard)

Lutter, Marcus/*Bayer*, Walter (Hrsg.), Holding-Handbuch, Konzernrecht, Konzernsteuerrecht, Konzernarbeitsrecht, Betriebswirtschaft, 6. Auflage, Köln 2020 (zitiert als: *Bearbeiter*, in: Holding-Handbuch)

Madaus, Stephan, Grundlage und Grenzen der Bestellung von Sachverständigen in der gerichtlichen Schlussrechnungsprüfung, NZI 2012, 119

Madaus, Stephan, Das Konzerninsolvenzrecht – die Ziele des Gesetzgebers, NZI-Beilage 2018, 4

Metoja, Erion, Externe Prüfung der insolvenzrechtlichen Rechnungslegung – ein Nutzen für die Verfahrensbeteiligten?, ZInsO 2016, 992

Möller, Christina Victoria, Upstream-Kreditsicherheiten, Die gesellschaftsrechtliche Haftung des Tochter-Geschäftsführers für ihre Gewährung im Konzern, Berlin 2015 (zitiert als: *Möller*, Upstream-Kreditsicherheiten)

Morgen, Christoph/*Arends*, Daniel/*Schierhorn*, Robin, Sanierungsmittel der Wahl – Insolvenzplan nach InsO n. F. oder Restrukturierungsplan nach StaRUG?, ZRI 2021, 305

Morsch, Stephan, Probleme der Kapitalaufbringung und der Kapitalerhaltung im Cash-Pool, NZG 2003, 97

Müller, Eva-Maria, Auf Schleichwegen doch noch zu einem privaten Handelsregister?, CR 1992, 71

Müller, Hans-Friedrich, Die Umsetzung der EU-Richtlinie über präventive Restrukturierungsrahmen, ZIP 2020, 2253

Mylich, Falk, Kreditsicherheiten für Gesellschafterdarlehen – Perspektiven und offene Fragen trotz und wegen der zwingenden Anwendung von § 135 Abs. 1 Nr. 1 InsO, ZIP 2019, 2233

Naraschewski, Alexander, Gläubigerschutz bei der Verschmelzung von GmbH, GmbHR 1998, 356

Noack, Ulrich/*Servatius*, Wolfgang/*Haas*, Ulrich (Hrsg.), Gesetz betreffend die Gesellschaften mit beschränkter Haftung, 23. Auflage, München 2022 (zitiert als: Noack/Servatius/Haas GmbHG-*Bearbeiter*)

Nodoushani, Manuel, Abschlagszahlungen unter einem BGAV, NZG 2017, 728

Ohly, Ansgar, Das neue Geschäftsgeheimnisgesetz im Überblick, GRUR 2019, 441

Pape, Irmtraut/*Pape*, Gerhard, Vorschläge zur Reform des Insolvenzverfahrens, insbesondere des Verbraucherinsolvenzverfahrens, Zugleich eine Stellungnahme zu den Vorschlägen der Bund-Länder-Arbeitsgruppe „Insolvenzrecht", ZIP 2000, 1553

Paulus, Christoph G., Konzernrecht und Konkursanfechtung, ZIP 1996, 2141

Paulus, Christoph G., Der Internationale Währungsfond und das internationale Insolvenzrecht, IPRax 1999, 148

Paulus, Christoph G., Verbindungslinien des modernen Insolvenzrechts, ZIP 2000, 2189

Paulus, Christoph G., Überlegungen zu einem modernen Konzerninsolvenzrecht, ZIP 2005, 1948

Paulus, Christoph G., Die Ratio Legis der Richtlinie, Zur Richtlinie (EU) 2019/1023 des Europäischen Parlaments und des Rates v. 20.6.2019, NZI-Beilage 2019, 8

Paulus, Christoph G., Der Wandel von einem gläubigerzentrierten zum einem schuldnerzentrierten Sanierungsansatz unter dem StaRUG, NZI-Beilage 2021, 9

Piepenburg, Horst, Faktisches Konzerninsolvenzrecht am Beispiel Babcock Borsig, NZI 2004, 231

Pleister, Christian, Behandlung von Drittsicherheiten in der finanziellen Restrukturierung von Konzernen, ZIP 2015, 1097

Pleister, Christian/*Sturm*, Michael, Die Herausforderungen des neuen Konzerninsolvenzrechts, ZIP 2017, 2329

Portisch, Wolfgang, Sanierung und Insolvenz aus Bankensicht, 4. Auflage, Berlin/Boston 2019 (zitiert als: *Portisch*, Sanierung und Insolvenz aus Bankensicht)

Preuße, Thomas (Hrsg.), SchVG, Gesetz über Schuldverschreibungen aus Gesamtemissionen: Kommentar, Berlin 2011 (zitiert als: Preuße SchVG-*Bearbeiter)*

Priester, Hans-Joachim, Unterjährige Aufhebung des Unternehmensvertrags im GmbH-Konzern, NZG 2012, 641

Priester, Hans-Joachim, Eintragung des Unternehmensvertrags im Handelsregister der herrschenden GmbH, GmbHR 2015, 169

Prinz, Ulrich/*Witt*, Sven-Christian (Hrsg.), Steuerliche Organschaft, 2. Auflage, Köln 2019 (zitiert als: *Bearbeiter*, in: Steuerliche Organschaft)

Proske, Stefan/*Streit*, Georg, Rettende Restrukturierung durch Rechtsrahmen? Lob und Kritik zum Regierungsentwurf des StaRUG, NZI 2020, 969

Prosteder, Dorothee, Der Begriff der Unternehmensgruppe – § 3e InsO nF, Art. 1 Nr. 2 des Gesetzes zur Erleichterung der Bewältigung von Konzerninsolvenzen, § 3e InsO nF, NZI-Beilage 2018, 9

Rasmussen, Robert K., The problem of corporate groups, a comment on Professor Ziegel, Fordham Journal of Corporate & Financial Law Vol. VII 2002, 393

Riesenhuber, Karl, Privatautonomie – Rechtsprinzip oder „mystifizierendes Leuchtfeuer“, ZfPW 2018, 352

Säcker, Franz Jürgen/*Rixecker*, Roland/*Oetker*, Hartmut/*Limperg*, Bettina (Hrsg.), Münchener Kommentar zum Bürgerlichen Gesetzbuch, 8. Auflage, München 2020 (zitiert als: MüKoBGB-*Bearbeiter*)

Salord, Aude, Rechtsstellung der vorrangigen Fremdkapitalgeber in der Insolvenz der Investmentbank, Köln 2015 (zitiert als: *Salord*, Fremdkapitalgeber in der Insolvenz)

Sanders, Anne/*Dauner-Lieb*, Barbara/*Kempny*, Simon/*Möslein*, Florian/*Veil*, Rüdiger, Gesetzentwurf GmbH mit gebundenem Vermögen – Verantwortungseigentum 2.0, GmbHR 2021, 285

Schade, Friedemann/*Nissen*, Timm, Insolvenzanfechtung von Upstream Guarantees in der Insolvenz der Konzernmutter, NZI 2015, 1010

Schelo, Sven, Konzerninsolvenz – Alles in einen "Topf'"?, NZI Editorial 12/2005, V

Schimansky, Herbert/*Bunte*, Hermann-Josef/*Lwowski*, Hans-Jürgen (Hrsg.), Bankrechts-Handbuch, 5. Auflage, München 2017 (zitiert als: *Bearbeiter*, in: Bankrechts-Handbuch)

Schmidt, Andreas, Ordnungsfunktion des Insolvenzverfahrens und Auswahl des Insolvenzverwalters – eine überfällige Verknüpfung, ZInsO 2008, 291

Schmidt, Andreas (Hrsg.), Hamburger Kommentar zum Insolvenzrecht, InsO – InsVV – SchVG – Haftungsrecht – Steuerrecht – Strafrecht, 9. Auflage, Hürth 2022 (zitiert als: HambKomm InsO-*Bearbeiter*)

Schmidt, Karsten, Insolvenz und Insolvenzabwicklung bei der typischen GmbH & Co. KG, Thesen und Fragen zur Verzahnung von Insolvenzverwaltung und -abwicklung bei der GmbH & Co. KG, GmbHR 2002, 1209

Schmidt, Karsten, Gesellschafterbesicherte Drittkredite nach neuem Recht, Die Nachfolgeregelungen zu § 32a Abs. 2, § 32b GmbHG im MoMiG, BB 2008, 1966

Schmidt, Karsten/*Bitter*, Georg, Doppelberücksichtigung, Ausfallprinzip und Gesellschafterhaftung in der Insolvenz, Eine Analyse der §§ 43, 52, 93 InsO und § 32a Abs. 2 GmbHG, ZIP 2000, 1077

Schmidt, Karsten/*Lutter*, Marcus (Hrsg.), Aktiengesetz, 4. Auflage, Köln 2020 (zitiert als: K. Schmidt/Lutter AktG-*Bearbeiter*)

Schmidt-Bleibtreu, Bruno/*Klein*, Franz/*Ulsamer*, Gerhard/*Bethge*, Herbert/*Coelln*, Christian von/*Grasshof*, Karin/*Haratsch*, Andreas/*Hömig*, Dieter/*Mellinghoff*, Rudolf/*Müller-Terpitz*, Ralf/*Niesler*, Andre/*Rozek*, Jochen (Hrsg.), Bundesverfassungsgerichtsgesetz Kommentar, 60. Ergänzungslieferung, München 2020 (zitiert als: Maunz/Schmidt-Bleibtreu/Klein/Bethge BVerfGG-*Bearbeiter*)

Schmollinger, Christian, Der Konzern in der Insolvenz, Berlin 2013 (zitiert als: *Schmollinger*, Der Konzern in der Insolvenz)

Schneider, Uwe H., Die Fortentwicklung des Handelsregisters zum Konzernregister, WM 1986, 181

Schneider, Uwe H., Europäisches Handelsregister? Europäisches Konzernregister?, EuZW 2011, 649

Schneider, Uwe H./*Burgard*, Ulrich, Treupflichten im mehrstufigen Unterordnungskonzern, in: Habersack, Mathias/Hommelhoff, Peter/Hüffer, Uwe/Schmidt, Karsten (Hrsg.), Festschrift für Peter Ulmer zum 70. Geburtstag am 2. Januar 2003, Berlin 2003 (zitiert als: *Schneider/Burgard*, in: FS Ulmer)

Schumann, Fabian, Die Unternehmensgruppe im Insolvenzrecht, Baden-Baden 2020 (zitiert als: *Schumann*, Die Unternehmensgruppe im Insolvenzrecht)

Schwerdtfeger, Armin, Gesellschaftsrecht, Kommentar, 3. Auflage, Köln 2015 (zitiert als: *Schwerdtfeger*, Gesellschaftsrecht)

Schwintowski, Hans-Peter (Hrsg.), Bankrecht, 5. Auflage, Köln 2018 (zitiert als: *Bearbeiter*, in: Bankrecht)

Seibt, Christoph H./*Westpfahl*, Lars, Auf dem Weg zu einem "Neuen Sanierungsgesellschaftsrecht"?, Ergebnisse einer Experten-Umfrage, ZIP 2013, 2333

Sester, Peter, Plädoyer gegen ein materielles Konzerninsolvenzrecht, ZIP 2005, 2099

Sieder, Ronald, Cash Pooling im GmbH-Konzern, Rechtliche Grenzen des Cash Pooling im GmbH-Konzern vor und nach dem Inkrafttreten des MoMiG unter dem Gesichtspunkt von Gläubiger- und Minderheitenschutz, Baden-Baden 2011 (zitiert als: *Sieder*, Cash Pooling im GmbH-Konzern)

Sieger, Jürgen J./*Hasselbach*, Kai, Konzernfinanzierung durch Cash Pools und Kapitalerhöhung, Im Blickpunkt: Probleme der Kapitalaufbringung im Lichte internationaler betrieblicher Liquiditäts-Management-Systeme, BB 1999, 645

Siemon, Klaus, Konzerninsolvenzverfahren – wird jetzt alles besser?, NZI 2014, 55

Siemon, Klaus/*Frind*, Frank, Der Konzern in der Insolvenz – Zur Überwindung des Dominoeffektes in der (internationalen) Konzerninsolvenz, NZI 2013, 1

Skauradszun, Dominik, Möglichkeiten und Grenzen der Anfechtung nach §§ 143 Abs. 3, 135 Abs. 2 InsO bei Sicherheiten durch Schwestergesellschaften in deren Insolvenz, Zeitschrift für Insolvenzrecht (KTS) 2020, 55

Skauradszun, Dominik, Die Vergleichsrechnung nach § 220 Abs. 2 InsO n. F., ZIP 2021, 1091

Skauradszun, Dominik/*Fridgen*, Alexander (Hrsg.), Beck'scher Online-Kommentar zum StaRUG, 3. Edition, Stand 15.11.2021 (zitiert als: BeckOK StaRUG-*Bearbeiter*)

Smid, Stefan, Der Erhalt von Arbeitsplätzen in der Insolvenz des Arbeitgebers nach neuem Recht, NZA 2000, 113

Smid, Stefan, Anforderungen an das außergerichtliche Planangebot und seine Annahme, Essentialia der §§ 17 ff. StaRUG, DZWIR 2021, 119

Sonnenschein, Jürgen/*Holdorf*, Britta, Unbegrenzte Haftung eines GmbH-Gesellschafters im Konzern, Gleichzeitig Besprechung des Urteils des BGH vom 23.9.1991 – II ZR 135/90, JZ 1992, 715

Spahlinger, Andreas, Die Rechtsstellung der Banken im Konzerninsolvenzrecht, NZI-Beilage 2018, 49

Spence, Michael, Job Market Signaling, The Quarterly Journal of Economics Vol. 87, No. 3, 1973, 355

Statistisches Bundesamt Destatis, Finanzen und Steuern, Umsatzsteuerstatistik (Voranmeldungen) 2019, Fachserie 14 Reihe 8.1, 2021 (zitiert als: *Statistisches Bundesamt Destatis*, Finanzen und Steuern)

Stengel, Arndt/*Leonard*, Nina/*Semler*, Johannes (Hrsg.), Umwandlungsgesetz, 5. Auflage, München 2021 (zitiert als: Semler/Stengel/Leonard UmwG-*Bearbeiter*)

Stürner, Rolf/*Eidenmüller*, Horst/*Schoppmeyer*, Heinrich (Hrsg.), Münchener Kommentar zur Insolvenzordnung, 4. Auflage, München 2019 (zitiert als: MüKoInsO-*Bearbeiter*)

Teichmann, Christoph, Europäisches Konzernrecht: Vom Schutzrecht zum Enabling Law, AG 2013, 184

Theisen, Manuel René, Der Konzern, Betriebswirtschaftliche und rechtliche Grundlagen der Konzernunternehmung, 2. Auflage, Stuttgart 2000 (zitiert als: *Theisen*, Der Konzern)

Thole, Christoph, Der Entwurf des Unternehmensstabilisierungs- und restrukturierungsgesetzes (StaRUG-RefE), ZIP 2020, 1985

Thole, Christoph, Stellungnahme als Sachverständiger zur öffentlichen Anhörung am 25.11.2020 im Ausschuss für Recht und Verbraucherschutz des Deutschen Bundestags zu dem Gesetzentwurf des SanInsFoG (BR-Drucks. 619/20) und dem Antrag der FDP-Fraktion (BT-Drucks. 19/20560) sowie zum Antrag der Fraktion BÜNDNIS 90/DIE GRÜNEN (BT-Drucks. 19/24379), URL: https://www.bundestag.de/resource/blob/807272/56e4f277fcfd5bb33b01d7b954e5793d/thole-data.pdf [Stand: 25.04.2022] 2020 (zitiert als: *Thole*, Stellungnahme als Sachverständiger)

Thommen, Jean-Paul/*Achleitner*, Ann-Kristin/*Gilbert*, Dirk Ulrich/*Hachmeister*, Dirk/*Jarchow*, Svenja/*Kaiser*, Gernot, Allgemeine Betriebswirtschaftslehre, 9. Auflage, Wiesbaden/Heidelberg 2020 (zitiert als: *Thommen/Achleitner u.a.*, Allgemeine Betriebswirtschaftslehre)

Timm, Wolfram, Die Sanierung von Unternehmen, ZIP 1983, 225

Trautmann, Theresa N., Die Legitimation der beschränkten Haftung im Konzern, Heidelberg 2020 (zitiert als: *Trautmann*, Die Legitimation der beschränkten Haftung im Konzern)

Trendelenburg, Hortense, Der Gewinnabführungs- und Beherrschungsvertrag in der Krise der Obergesellschaft, NJW 2002, 647

Uhlenbruck, Wilhelm, Konzerninsolvenzrecht über einen Insolvenzplan?, NZI 1999, 41

Vahs, Dietmar/*Schäfer-Kunz*, Jan, Einführung in die Betriebswirtschaftslehre, 8. Auflage, Stuttgart 2021 (zitiert als: *Vahs/Schäfer-Kunz*, Betriebswirtschaftslehre)

Vallender, Heinz, Konzernsanierung durch Aufrechterhaltung der (faktischen) Leitungsmacht mittels Eigenverwaltung, NZI 2020, 761

Vallender, Heinz/*Deyda*, Stephan, Brauchen wir einen Konzerninsolvenzgerichtsstand?, NZI 2009, 825

Verhoeven, Alexander, Die Konzerninsolvenz, Eine Lanze für ein modernes Insolvenzrecht, Köln 2011 (zitiert als: *Verhoeven*, Die Konzerninsolvenz)

Vetter, Eberhard, Zur Aufhebung eines Beherrschungs- und Gewinnabführungsvertrages im GmbH-Recht, ZIP 1995, 345

VID, Stellungnahme des Verbandes Insolvenzverwalter Deutschlands (VID) zum Referentenentwurf eines Gesetzes zur Fortentwicklung des Sanierungs- und Insolvenzrechts (SanInsFoG), URL: https://www.vid.de/wp-content/uploads/2020/10/VID-Stellungnahme-zum-RefE-SanInsFoG.pdf [Stand: 25.04.2022] (zitiert als: *VID*, Stellungnahme zum SanInsFoG-RefE)

Wackerbarth, Ulrich, Existenzvernichtungshaftung 2005: Unternehmerische Entscheidungen auf dem Prüfstand?, ZIP 2005, 877

Weber, Klaus (Hrsg.), Rechtswörterbuch, 24. Edition, München 2020 (zitiert als: Creifelds-*Bearbeiter*)

Wede, Marek, Die Pflicht zur Verlustübernahme im GmbH-Vertragskonzern, Erforderlichkeit und Rechtfertigung einer Analogie von § 302 AktG im GmbH-Recht 2016 (zitiert als: *Wede*, Die Pflicht zur Verlustübernahme im GmbH-Vertragskonzern)

Weidmüller, Juliane, Die Rückschlagsperre als Instrument zur gemeinschaftlichen Haftungsverwirklichung, Eine Analyse im Spannungsfeld zwischen Einzel- und Gesamtvollstreckung, Baden-Baden 2012 (zitiert als: *Weidmüller*, Die Rückschlagsperre als Instrument zur gemeinschaftlichen Haftungsverwirklichung)

Weitbrecht, Jannik, Mittelbare Planeingriffe in Sicherungsrechte, Baden-Baden 2019 (zitiert als: *Weitbrecht*, Mittelbare Planeingriffe in Sicherungsrechte)

Weitzmann, Jörn, Rechnungslegung-und-Schlussrechnungsprüfung, ZInsO 2007, 449

Wellensiek, Jobst, Risiken von Beteiligungen in (durch) Insolvenzverfahren der Muttergesellschaften, ZIP 1984, 541

Wenner, Christian/*Schuster*, Michael, Insolvenzanfechtung im Konzern, ZIP 2008, 1512

Westpfahl, Lars/*Dittmar*, Tom, Die Behandlung gruppeninterner Sicherheiten im StaRUG, NZI-Beilage 2021, 46

Westpfahl, Lars/*Janjuah*, Riaz K., Zur Modernisierung des deutschen Sanierungsrechts, Ein Beitrag zur aktuellen Diskussion über die Reformbedürftigkeit des deutschen Insolvenzrechts, ZIP 2008, 1

Wiedemann, Herbert, Spätlese zu Autokran, Besprechung der Entscheidung BGHZ 95, 330ff, ZGR 1986, 656

Wiedemann, Herbert, Aufstieg und Krise des GmbH-Konzernrechts, GmbHR 2011, 1009

Wiegand, Wolfgang (Hrsg.), J. von Staudingers Kommentar zum Bürgerlichen Gesetzbuch mit Einführungsgesetz und Nebengesetzen, Neubearbeitung 2021, Berlin 2021 (zitiert als: Staudinger BGB-*Bearbeiter)*

Wiester, Roland/*Wilk*, Hanno, Zur Einschaltung von Industriegutachtern durch den vorläufigen Insolvenzverwalter, NZI 2007, 12

Windbichler, Christine, Konzernrecht: Gibt es das?, NZG 2018, 1241

Wissenschaftliche Dienste Deutscher Bundestag, Konzernrecht – Haftung, Ausgliederung, Insolvenz, Sachstand WD 7 – 3000 – 070/20, URL: https://www.bundestag.de/resource/blob/711438/67e2f0373fc091b367ecb4ba5d041e4b/WD-7-070-20-pdf-data.pdf [Stand: 25.04.2022] (zitiert als: *Wissenschaftliche Dienste Deutscher Bundestag*, Konzernrecht)

Witt, Carl-Heinz, Dogmatische Grundlage der Existenzvernichtungshaftung, Anmerkung zu BGH, Urteil vom 16. 7. 2007 – II ZR 3/04, DNotZ 2008, 213

Wöhe, Günter/*Döring*, Ulrich/*Brösel*, Gerrit, Einführung in die allgemeine Betriebswirtschaftslehre, 27. Auflage, München 2020 (zitiert als: *Wöhe/Döring u.a.*, Betriebswirtschaftslehre)

Zeidler, Finn, Ausgewählte Probleme des GmbH-Vertragskonzernrechts, NZG 1999, 692

Zöller, Richard (Hrsg.), Zivilprozessordnung, 34. Auflage, Köln 2022 (zitiert als: Zöller ZPO-*Bearbeiter*)

Zöllner, Wolfgang, Vereinheitlichung der Informationswege bei Aktiengesellschaften?, NZG 2003, 354

Zuleger, Ralf, Kreditsicherheiten nach dem StaRUG, NZI-Beilage 2021, 43

www.ingramcontent.com/pod-product-compliance
Ingram Content Group UK Ltd.
Pitfield, Milton Keynes, MK11 3LW, UK
UKHW021850290926
8980IPUK00005B/749

9 783631 895153